新媒体 营销系列

新媒体数据分析与诊断

IMS（天下秀）新媒体商业集团　编著

清华大学出版社
北京

内容简介

新媒体数据分析与诊断是电子商务、新媒体等行业的重要基础。随着行业的快速发展,对相关领域的人才需求与日俱增。本书对新媒体数据分析与诊断进行基础讲解,目的是让学生们全面且细致地学习新媒体数据分析与诊断的相关专业知识。

本书采用"理论+实践"的教学模式,共10章,分别是数据分析概述、新媒体数据分析概述、微信公众号数据分析、微博数据分析、今日头条数据分析、小红书数据分析、网站数据分析、电商平台店铺数据分析、短视频数据分析和网络直播数据分析。每章包含基础理论知识与相关案例分析,重在引导学生掌握专业知识的同时思考新媒体数据分析与诊断的具体实践方式。用理论知识指导实践操作,用实践操作巩固理论知识,使课程循环渐进,渐入佳境。另外,本书还赠送授课大纲和PPT课件,以便学生学习和教师授课。

本书结构清晰、由简到难,图片与视频精美实用、分解详细,文字阐述通俗易懂,与实践结合非常密切,具有很强的实用性,适合高职、大中专院校相关专业的学生使用。

本书封面贴有清华大学出版社的防伪标签,无标签者不得销售。
版权所有,侵权必究。举报:010-62782989,beiqinquan@tup.tsinghua.edu.cn。

图书在版编目(CIP)数据

新媒体数据分析与诊断 / IMS(天下秀)新媒体商业集团编著. —北京:清华大学出版社,2022.7

(新媒体营销系列)

ISBN 978-7-302-61149-3

Ⅰ.①新… Ⅱ.①Ⅰ… Ⅲ.①数据处理-应用-传播媒介-教材 Ⅳ.①G206.2-39

中国版本图书馆CIP数据核字(2022)第110669号

责任编辑:张 敏
封面设计:郭二鹏
责任校对:徐俊伟
责任印制:朱雨萌

出版发行:清华大学出版社
网　　址:http://www.tup.com.cn, http://www.wqbook.com
地　　址:北京清华大学学研大厦A座　　邮　编:100084
社　总　机:010-83470000　　邮　购:010-62786544
投稿与读者服务:010-62776969, c-service@tup.tsinghua.edu.cn
质 量 反 馈:010-62772015, zhiliang@tup.tsinghua.edu.cn

印 装 者:北京鑫海金澳胶印有限公司
经　　销:全国新华书店
开　　本:170mm×240mm　　印　张:13　　字　数:370千字
版　　次:2022年9月第1版　　印　次:2022年9月第1次印刷
定　　价:59.80元

产品编号:097369-01

编 委 会

编 著 者：IMS（天下秀）新媒体商业集团

编委会成员（排名不分先后）：

王　薇	王冀川	卢　宁	李　檬	李　剑	李文亮
李云涛	李　杨	孙　宁	张南红	孙杰光	孙　琳
刘　鹤	张歌东	张宇彤	张建伟	张　烨	张笑迎
张志斌	陈　曦	陆春阳	徐子卿	韩　帆	郭　擂
段志燕	杨　丹	杨　羽	吴奕辰	袁　歆	唐　洁
雷　方	蔡林汐	韩世醒	秦　耘	樊仁杰	

前言 PREFACE

如今,新媒体行业依旧火热,尤其是短视频和直播这两种新形式的出现,使新媒体行业吸引了无数目光。如何运营好各类新媒体平台成为每个新媒体人都在思考的问题,技术的发展为这个问题带来了标准答案:通过数据分析与诊断完成新媒体平台的相关工作。面对蓬勃发展的新媒体行业,新媒体数据分析、新媒体运营等与数据分析相关的高等专业人才紧缺。因此,系统梳理新媒体数据分析的相关内容,并结合具体的新媒体平台探索其数据分析工具的使用以及数据分析的方式方法将有利于缓解当下行业人才缺乏的压力。本书聚焦于新媒体数据分析与诊断,通过理论知识与实践相结合的方法完成教学培养目标,重点培养学生关于新媒体数据分析与诊断等方面的专业能力,掌握新媒体数据分析的从业能力,了解运营的质量、预测运营的方向、控制运营的成本以及评估营销方案,为蓬勃发展的新媒体市场培养和输送更多的专业人才。

本书内容

本书共10章:第1章 数据分析概述;第2章 新媒体数据分析概述;第3章 微信公众号数据分析;第4章 微博数据分析;第5章 今日头条数据分析;第6章 小红书数据分析;第7章 网站数据分析;第8章 电商平台店铺数据分析;第9章 短视频数据分析和第10章 网络直播数据分析。

每章围绕一个知识主题,并设置相关的课堂讨论与时下热门案例的分析,采用案例教学、情景模拟和角色模拟等教学方法,注重实践分析工具的运用,进行"参与式"和"合作式"教学,旨在提升学生的团队协作能力、统筹管理能力、理解能力、资料搜集与整理的能力、分析能力、实践能力和创新能力。

本书依据新媒体运营、新媒体数据分析等相关职业岗位所需的行业基础知识要求而编写,以新媒体数据分析与诊断相关岗位所需的能力为出发点,充分考虑职场新人应具备的相关理论知识和实践能力,构建了本课程的理论教学内容。同时根据不同的理论教学内容,有针对性地加入实训环节,在实践中强化相关理论知识,为以后的课程学习打好基础。

本书特点

本书采用"理论+实践"的教学模式,用理论指导实践,用实践巩固理论,并配合相应的课堂讨论,对课堂学习成果进行巩固并加深学生对知识点的理解,采用互动式课堂,让每个学生参与进来,提高学生对学习的兴趣和自主学习的能力,丰富课堂教学形式与内容。

另外,本书还赠送授课大纲和PPT课件,以便学生学习和教师授课,学生可根据个人需求扫描下方二维码下载使用。

编 者
2022年5月

授课大纲

PPT课件

第1章 数据分析概述 ...001
1.1 数据分析的含义 ...001
1.1.1 数据分析的定义 ...001
1.1.2 数据分析的作用 ...001
1.1.3 数据分析常见误区 ...002
1.2 数据分析原理 ...003
1.2.1 逻辑树分析法 ...003
1.2.2 PEST 分析法 ...004
1.2.3 5W2H 分析法 ...005
1.2.4 SWOT 分析法 ...005
1.2.5 4P 营销理论 ...005
1.3 数据分析常用方法 ...007
1.3.1 对比分析法 ...007
1.3.2 分组分析法 ...008
1.3.3 结构分析法 ...008
1.3.4 矩阵分析法 ...008
1.3.5 因素分析法 ...008
1.3.6 漏斗分析法 ...009
1.3.7 归因查找法 ...010
1.4 数据分析的流程 ...010
1.5 数据分析常用术语和指标 ...012
1.6 本章小结 ...014

第2章 新媒体数据分析概述 ...015
2.1 数据概述 ...015
2.1.1 数据的含义 ...015
2.1.2 数据的分类与特点 ...015
2.2 新媒体数据概述 ...016
2.2.1 新媒体数据分析的含义 ...017
2.2.2 新媒体数据的类别 ...017
2.2.3 新媒体数据分析的作用 ...018
2.3 常用的新媒体数据分析工具 ...020

2.3.1　网站分析工具 ……………………………………………………… 020
　　2.3.2　自媒体分析工具 …………………………………………………… 022
　　2.3.3　第三方分析工具 …………………………………………………… 026
　　2.3.4　本地 Excel 工具 …………………………………………………… 027
2.4　本章小结 ……………………………………………………………………… 030

第 3 章　微信公众号数据分析 …………………………………………………… 031

3.1　微信公众号数据分析概述 …………………………………………………… 031
　　3.1.1　微信公众号数据分析的含义与作用 ………………………………… 031
　　3.1.2　微信公众号数据分析的常用指标 …………………………………… 032
　　3.1.3　微信公众号数据分析的过程 ………………………………………… 035
3.2　微信公众号数据分析常用工具 ……………………………………………… 035
　　3.2.1　西瓜数据 ……………………………………………………………… 036
　　3.2.2　清博指数 ……………………………………………………………… 036
　　3.2.3　新榜 …………………………………………………………………… 038
3.3　微信公众号数据分析实例 …………………………………………………… 041
　　3.3.1　微信公众号内容分析 ………………………………………………… 041
　　3.3.2　微信公众号用户分析 ………………………………………………… 042
　　3.3.3　微信公众号菜单分析 ………………………………………………… 044
　　3.3.4　微信公众号消息分析 ………………………………………………… 045
　　3.3.5　微信公众号接口分析 ………………………………………………… 046
　　3.3.6　微信公众号网页分析 ………………………………………………… 046
3.4　本章小结 ……………………………………………………………………… 046

第 4 章　微博数据分析 ……………………………………………………………… 047

4.1　微博数据分析概述 …………………………………………………………… 047
　　4.1.1　微博数据分析的含义 ………………………………………………… 047
　　4.1.2　微博数据分析的主要内容 …………………………………………… 048
　　4.1.3　微博账户认证类型 …………………………………………………… 048
4.2　微博数据分析常用工具 ……………………………………………………… 049
　　4.2.1　西瓜微数 ……………………………………………………………… 049
　　4.2.2　知微数据 ……………………………………………………………… 051
4.3　微博基本数据分析 …………………………………………………………… 052
　　4.3.1　微博粉丝变化数 ……………………………………………………… 052
　　4.3.2　微博互动数据 ………………………………………………………… 053
　　4.3.3　微博文章和视频 ……………………………………………………… 054
4.4　微博粉丝数据分析 …………………………………………………………… 055
　　4.4.1　粉丝数据分析的主要内容 …………………………………………… 056
　　4.4.2　粉丝的特征 …………………………………………………………… 058
4.5　微博账号数据对比分析 ……………………………………………………… 059
　　4.5.1　微博账号类型分析 …………………………………………………… 059
　　4.5.2　微博账号粉丝分析 …………………………………………………… 061

4.5.3　微博账号内容分析 061
　4.6　微博推广数据分析 062
　4.7　本章小结 063

第5章　今日头条数据分析 064
　5.1　今日头条数据分析概述 064
　　5.1.1　今日头条数据分析的含义与作用 064
　　5.1.2　今日头条数据分析的常用指标 066
　　5.1.3　今日头条数据分析的策略 068
　5.2　今日头条数据分析常用工具 069
　　5.2.1　巨量算数 069
　　5.2.2　创作中心 074
　5.3　今日头条个人账号数据运营 075
　　5.3.1　针对性运营 075
　　5.3.2　分层运营 077
　5.4　本章小结 078

第6章　小红书数据分析 079
　6.1　小红书数据分析概述 079
　　6.1.1　小红书数据分析的含义与作用 079
　　6.1.2　小红书数据分析的常用指标 080
　　6.1.3　小红书数据分析的过程 082
　　6.1.4　小红书数据分析的策略 082
　6.2　小红书数据分析常用工具 083
　　6.2.1　千瓜数据 083
　　6.2.2　新红数据 084
　　6.2.3　艺恩星数——小红书 085
　　6.2.4　iFans数据 086
　6.3　小红书数据分析之个人账号运营 087
　　6.3.1　千瓜数据助力小红书内容创作 087
　　6.3.2　新红数据助力小红书账号运营 091
　6.4　小红书数据分析之品牌方营销决策 094
　　6.4.1　iFans数据帮助品牌方提升营销效果 094
　　6.4.2　艺恩星数助力品牌方筛选优质小红书账号 096
　6.5　本章小结 097

第7章　网站数据分析 098
　7.1　网站数据分析概述 098
　　7.1.1　网站数据分析的含义与作用 098
　　7.1.2　网站数据分析的常用指标 099
　　7.1.3　网站存在的问题和网站数据分析的步骤 101
　7.2　网站数据分析常用工具 101

7.2.1 百度统计 101
7.2.2 谷歌分析 102
7.2.3 友盟＋ 103
7.2.4 智投分析 104
7.3 网站流量分析 104
7.3.1 浏览量分析 104
7.3.2 访客数分析 105
7.4 访问来源分析 107
7.4.1 来源分类分析 107
7.4.2 关键词和搜索词分析 108
7.5 受访页面分析 109
7.5.1 跳出率分析 109
7.5.2 访问时长分析 110
7.5.3 热力点击图分析 110
7.6 访客分析 111
7.6.1 地域分布分析 111
7.6.2 系统环境分析 112
7.6.3 新老访客分析 112
7.6.4 访客属性分析 113
7.6.5 忠诚度分析 113
7.7 本章小结 113

第8章 电商平台店铺数据分析 115
8.1 电商平台店铺数据分析概述 115
8.1.1 电商平台店铺数据分析的含义与作用 115
8.1.2 电商平台店铺数据分析的常用方法 116
8.1.3 电商平台店铺数据分析的常用指标 118
8.1.4 电商平台店铺数据分析的步骤 119
8.2 电商平台店铺数据分析常用工具 120
8.2.1 淘数据 120
8.2.2 ECdataway 数据威 121
8.2.3 生意参谋 122
8.2.4 量子恒道 123
8.2.5 京东商智 123
8.2.6 电商插件工具 123
8.3 市场行情与选品分析 124
8.3.1 整体市场行情 125
8.3.2 行业热词排行 126
8.3.3 行业飙升排行 129
8.3.4 属性成交分布 129
8.4 竞争对手分析 130

		8.4.1	什么是竞争对手	130

        8.4.1 什么是竞争对手 ················130
        8.4.2 搜集竞争对手的数据 ················131
        8.4.3 电商平台店铺竞争对手分析内容与方法 ················131
    8.5 商品定价分析 ················135
        8.5.1 商品定价策略 ················135
        8.5.2 商品定价方法 ················136
    8.6 店内流量分析 ················138
        8.6.1 电商平台店铺四大流量 ················138
        8.6.2 流量结构分析 ················139
        8.6.3 关键词分析 ················140
    8.7 运营与销售数据分析 ················147
        8.7.1 交易数据分析 ················148
        8.7.2 店铺运营数据分析 ················151
    8.8 本章小结 ················154

第9章 短视频数据分析 ················156

    9.1 短视频数据分析概述 ················156
        9.1.1 短视频数据分析的含义与作用 ················156
        9.1.2 短视频数据分析的常用指标 ················157
        9.1.3 短视频数据分析的目的 ················161
        9.1.4 短视频数据分析的使用策略 ················162
    9.2 短视频数据分析常用工具 ················163
        9.2.1 热浪数据 ················163
        9.2.2 新抖数据和新快数据 ················164
        9.2.3 清博大数据 ················165
        9.2.4 TooBigData 数据分析工具 ················165
        9.2.5 短鱼儿数据 ················165
        9.2.6 飞瓜数据 ················166
        9.2.7 卡思数据 ················167
        9.2.8 乐观数据 ················167
    9.3 短视频数据分析优化 ················168
        9.3.1 提升短视频的完播率 ················168
        9.3.2 提升短视频的点赞数 ················169
        9.3.3 提升短视频的评论数 ················169
        9.3.4 提升短视频的收藏数和转发数 ················170
    9.4 短视频数据分析实例 ················170
        9.4.1 新抖数据助力短视频带货选品 ················170
        9.4.2 通过短鱼儿数据把握短视频创作热点 ················173
    9.5 本章小结 ················176

第10章 网络直播数据分析 ················177

    10.1 网络直播数据分析概述 ················177

- 10.1.1 网络直播数据分析的含义与作用 177
- 10.1.2 网络直播数据分析的常用指标 179
- 10.1.3 网络直播数据分析的要点 184
- 10.1.4 网络直播间数据分析的误区 185
- 10.2 网络直播数据分析常用工具 186
  - 10.2.1 抖音电商罗盘 187
  - 10.2.2 知瓜数据 187
  - 10.2.3 抖抖侠 188
  - 10.2.4 蝉妈妈数据 188
  - 10.2.5 小葫芦 189
  - 10.2.6 抖查查 189
  - 10.2.7 灰豚数据 190
  - 10.2.8 萤火虫数据 191
  - 10.2.9 火烧云数据 191
- 10.3 网络直播数据分析与诊断 192
  - 10.3.1 从用户角度分析网络直播数据 192
  - 10.3.2 从带货角度分析网络直播数据 193
  - 10.3.3 从运营角度分析网络直播数据 194
- 10.4 实例：使用抖音后台数据工具查看直播间数据 195
- 10.5 本章小结 198

第1章　数据分析概述

数据分析是互联网时代企业运用的常用手段，利用数据分析能够用客观、实际的数据展示企业运营现状，揭露运营中产生的问题，为企业运转提供指导。无论是在传统行业，还是在互联网行业，数据分析对其发展都显现出至关重要的作用。只有洞悉数据的作用才能窥探到行业发展的前景与方向，并对当下的现状以及行业日后的发展前景做出更为明晰的判断。

例如，一名合格的主播运营人员具备的基本素质就包含较为优秀的数据分析能力。但需要牢记的是：不要为了做数据分析而做数据分析。一个专业的运营人员不仅仅要做到知其然，也要知其所以然。数据掉落是什么原因？数据上涨又是什么原因？企业如何才能操控数据？如何找到数据增长的魔法数字？企业怎么样去为改变和推动数据增长调整其运营策略？这就是数据分析的魅力。

本章主要讲解数据分析的基本知识，认识数据分析的基本概念，了解数据分析常用原理、方法和流程，带领读者初步了解数据分析，以便于进一步的学习和操作。

1.1　数据分析的含义

数据分析作为任何一个研究对象都是不可或缺的一种考察方式，早在20世纪初期就已经成立，直到计算机和互联网的飞速发展，才慢慢被人们应用和熟知。与传统的市场问卷调查等形式相比，其优势不言而喻。在万物互联的今天，数据分析在企业分析、项目管理、市场调研、日常生活等方面的作用越发凸显。

1.1.1　数据分析的定义

数据分析源于统计学概念，是一种统计分析方法，指利用适当的统计方法对收集来的数据进行处理与分析，并加以整理、汇总，提取有用信息。运用数据分析的目的是从大量看似杂乱无章的数据中提取出有效信息，以求最大化地发挥数据的价值。

换言之，数据分析是指用适当的统计分析方法对收集来的大量数据进行分析，将它们加以汇总和理解并消化，以求最大化地开发数据的功能，发挥数据的作用。数据分析是为了提取有用信息和形成结论而对数据加以详细研究和概括总结的过程。

数据分析的数学基础在20世纪早期就已确立，但直到计算机的出现才使得实际操作成为可能，并使得数据分析得以推广。数据分析是数学与计算机科学相结合的产物。

1.1.2　数据分析的作用

数据分析是把隐藏在一大批看似杂乱无章的数据背后的信息集中和提炼出来，总结出所研究对象的内在规律。在企业的日常经营分析中有三大作用。

1. 现状分析

现状分析即现阶段的整体运营情况，数据分析通过对企业经营指标的分析评估衡量企业的运营状态和这种状态目前的程度如何。现状分析一般通过日常通报来完成，如日报、周报、月报等形式。例如，内容平台的运营人员的日报中会包括新增用户数、新增投稿数、投稿留存率、稿件消费等指标。

2. 原因分析

原因分析是对现状的进一步探究，现状分析显示企业运营状况以及这一状况的程度如何，但只是一种描述性的分析，原因分析则是在此基础上探究背后的原因。例如，某内容网站周报中显示某品类稿件投稿数量大幅下跌，这时就需要对此现象做专项分析，寻找投稿数量下跌的原因，是由于某一圈层用户数量的下降或是受当地时间节点、节假日的影响。图 1-1 所示为内容平台稿件消费的差异。

图 1-1　内容平台稿件消费的差异

3. 预测分析

预测分析是基于现状分析和原因分析所做出的分析，是对企业未来发展趋势做出预测，为企业下一阶段运营活动提供有效的参考和指导，主要帮助企业确立运营目标，调整运营策略。相较于现状分析和原因分析，预测分析通常周期较长，一般按季度或年度进行。通过上述的原因分析，可以针对性做出一些政策调整。比如通过原因分析，我们可以得出面包的销量在台风来临之际销量会突增，那么我们在下次台风来临之前就应该多准备面包货源，同时为了获得更多的销量做一系列准备。

1.1.3　数据分析常见误区

一般来说，通过数据分析得出的结果客观、科学，能够帮助和指导企业更好地进行运营活动，但是在实际的数据分析操作中分析人员也可能会陷入一些误区，导致偏误的产生。以下列举 3 个需要警惕的常见误区。

1. 选取的数据不合适

数据是进行数据分析的关键，在数据收集阶段收集的样本不合适会导致分析结果出现较大的偏颇。以样本容量的选择为例来说明：样本容量的大小与推断估计的准确性有着直接的联系，在总体既定的情况下，样本容量越大其统计估计量的代表性误差就越小；反之，样本容量越小其估计误差也就越大。如某对城镇和农村的用户满意度进行网络问卷调研，城镇用户网络较为发达，参与问卷调查人数多，而农村用户参与人数少，假设极端情况下只有一人参与，那是否可以认为这一人可以代表所有农村用户的满意度呢？这样得出的结论肯定是错误的，因此在选取数据时应充分考虑数据的获取规则、获取途径是否科学可靠。

2. 对数据的解读过于片面

使用不同的指标和分析方法对同一组数据进行分析可能得出不同的结果,对结果的解读不能停留在表面,要结合实际背景和其他因素来考虑,如果过于集中某个或某些指标结论也会趋于片面。例如,对某短视频内容平台电商稿件消费数据进行分析,结果显示稿件播放量和投稿者粉丝数量成正比,即投稿者粉丝数越高,该投稿者的稿件播放量也就越高,按照这样的结果得出为了增加稿件播放量需要提高粉丝数的结论。但是在实际操作中会发现,稿件播放量和投稿者粉丝数存在一定的关系,但粉丝数并不能决定播放量的高低,观察同一投稿者的不同稿件也能发现播放量的差距。出现这样的情况是因为影响短视频播放量的因素除了投稿者粉丝数之外还有很多,例如,稿件选题、稿件质量、投稿节点等,都会影响稿件的播放量。图 1-2 所示为同一投稿者不同稿件的播放量差异。

图 1-2 同一投稿者不同稿件的播放量差异

3. 分析目标不够明确

数据分析的目的不是为了处理数据,而是对企业运营作出指导,因此所有数据分析的流程都因紧紧围绕分析目标,明确通过数据分析达到怎样的目的,解决怎样的问题,获得怎样的指导,而不是专注于数据和结果本身,忽略了其创造的价值。在选择分析方法时根据目标选择合适的方法,而不是一味求新求难,展示数据分析的技巧。

课堂讨论: 在市场营销中数据分析能够运用到哪些环节?能想到哪些现实中遇到过的例子?

1.2 数据分析原理

数据分析的原理主要用来指导数据分析师建立数据分析框架,从宏观角度指导如何进行数据分析,理清分析思路,进而确定数据分析的内容或指标。没有方法论的前期指导,数据分析难以有效、合理展开。接下来将介绍 5 个常用的数据分析原理,包括逻辑树分析法、PEST分析法、5W2H 分析法、SWOT 分析法、4P 营销理论,为便于理解将结合案例进行说明。

1.2.1 逻辑树分析法

逻辑树分析法又称为问题树分析法、演绎树分析法,所谓逻辑树就是把一个复杂的问题拆分成若干个子问题,最初的问题为树干,拆分后的子问题为树枝,以此类推,从树干到树枝层层拓展。逻辑树分析法通过解决子问题最终得出问题的答案。图 1-3 所示为逻辑树示意图。

透过逻辑树的层层推演,可将问题抽丝剥茧,严密地探索问题背后的每一个原因,并有助于使用者将表面化的问题,以因果逻辑为线索,在深度与广度上寻找真正问题的成因。图1-4所示为使用逻辑树分析法梳理思路。

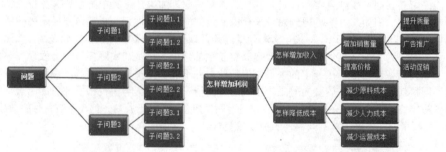

图1-3 逻辑树示意图　　　　图1-4 使用逻辑树分析法梳理思路

图1-4展示逻辑树的核心问题是"怎样增加利润",与利润有关的两个直接因素是收入和成本,因此将该问题拆分成"怎样增加收入"和"怎样降低成本"两个子问题。其中,"怎样增加收入"可以通过"增加销售量"和"提高价格"的方法来实现;"怎样降低成本"则可以通过"减少原料成本""减少人力成本"和"减少运营成本"来实现。在此基础上,每一个子问题又可继续拆分,直至找到可落地实行的解决方案。

1.2.2　PEST分析法

PEST分析法适用于宏观环境分析。宏观环境是指影响一切行业和企业的宏观力量,一般是从政治(Politics)、经济(Economy)、社会(Society)、技术(Technology)4个影响企业的主要外部环境因素进行分析。图1-5所示为PEST分析法示意图。

图1-5　PEST分析法示意图

1. 政治环境

政治环境是指一个国家的政治制度、体制、方针政策、法律法规等方面。政治环境对于企业活动有着十分重大的影响力,企业或个体在进行经营活动之前应着重分析政治环境的稳定性、国家政策、市场道德标准、企业所在地的文化等外部政治因素。

2. 经济环境

经济环境包括宏观经济环境和微观经济环境。宏观经济环境是指构成企业生存和发展的社会经济状况和国家经济政策,包括经济体制、社会经济结构、宏观经济政策、经济发展水平等多种因素;微观经济环境是指所在地区域服务地区的消费者收入水平、支出模式、消费偏好等因素。

3. 社会环境

社会环境主要包括一个国家或地区中成员的人口规模、性别分布、年龄结构、教育程度以及文化传统、民族特征、宗教信仰、价值观念等因素。

4. 技术环境

技术环境是指一个国家或地区的技术水平、技术政策、技术手段以及技术开发能力等因素。重点分析技术发明、传播、更新的速度以及商业化速度和发展趋势,国家重点支持项目,国家投入的研发费用、专利个数等。

以上4个因素构成PEST分析法的影响因素,从多个方面把握外部环境现状及变化趋势,运用PEST分析法深入了解用户的需求,制定有针对性的运营方案。

1.2.3 5W2H 分析法

5W2H 分析法又称七问分析法,是从 5 个以 W 开头的英文单词和 2 个以 H 开头的英文单词进行设问,探寻解决问题的线索:Why(为什么)、What(做什么)、Who(谁来做)、When(何时)、Where(何地)、How(如何做)、How much(多少)。

该方法操作简单、方便,广泛用于企业营销、管理活动。5W2H 分析法用于理清思路、预设问题,对于执行性和决策性活动都非常有帮助。值得指出的是,运用该方法进行逻辑思考不应只停留在 5W 和 2H 的表面问题,正确的做法是在此基础上进行拓展、深挖,按照 5W2H 的 7 个维度多次设问。

1.2.4 SWOT 分析法

SWOT 分析法也称 TOWS 分析法,来自麦肯锡咨询公司,包括分析企业的优势(Strengths)、劣势(Weaknesses)、机会(Opportunities)、威胁或风险(Threats)。SWOT 分析法是对企业内部、外部条件各方面内容进行评估,用来确定企业自身的竞争优势、竞争劣势、机会或威胁的一种科学分析方法。图 1-6 所示为 SWOT 分析法示意图。

图 1-6 SWOT 分析法示意图

SWOT 分析法通常分为优劣势分析和机会与威胁分析两部分。优劣势分析集中于企业与竞争对手的比较,在比较的过程中分析得出企业的优势和劣势;而机会与威胁分析着眼于外部环境对企业可能造成的影响。

1. 优劣势分析

对企业进行优劣势分析时必须从各个环节进行,将价值链拆分,与竞争对手作横向对比,例如,产品是否新颖、营销是否到位、价格是否具有优势等。

2. 机会与威胁分析

机会与威胁分析集中于外部环境,因此可以采用 PEST 分析法,选择政治环境、经济环境、社会环境、技术环境 4 个方面的因素,从机会与威胁两方面分析。

1.2.5 4P 营销理论

4P 营销理论产生于 20 世纪 60 年代的美国,4P 即产品(Product)、价格(Price)、渠道(Place)、推广(Promotion),这 4 类营销要素概括了市场营销需考虑的多重因素,可以说一切营销动作都可以用 4P 理论来运行,将产品、价格、渠道、推广结合起来指导营销活动,从而达到盈利的目的。图 1-7 所示为 4P 营销理论示意图。

图 1-7　4P 营销理论示意图

1. 产品

产品指能够提供给市场,被人们消费和使用,满足人们某种需要的任何东西,包括有形的物品、无形的服务、组织、观念或它们的组合。简单来说,为了满足市场需要而创建的用于运营的功能及服务就是产品。产品包含 5 个层次,分别是核心产品、形式产品、期望产品、延伸产品、潜在产品。

2. 价格

从市场营销的角度来讲,价格一般指进行交易时消费者购买产品所付出的价格。产品的价格由价值决定,受到供求关系、国家政策、消费者心理、竞品价格等因素的影响。价格或价格决策对营销活动的制定至关重要。如"双 11"电商大型促销活动,电商平台联合商家降低商品价格促使消费者大量购买。

3. 渠道

渠道是指产品从企业流转到用户手上的全过程中所经历的各个环节。近年来,诸多知名护肤彩妆品牌,如欧莱雅、雅诗兰黛等,积极开拓线上电商渠道,采取参加电商促销活动、进驻头部主播直播间等方式降低价格吸引消费者购买。电商渠道价格的低廉一方面驱使消费者竞相购买,另一方面却也限制了品牌线下实体的销售。

4. 推广

推广是指将产品通过营销手段让更多的用户了解、接受,从而达到宣传、普及的目的。常见的推广方式有投放广告、明星代言、让利促销等,网络直播兴起后与头部主播直播间合作也成为有效的推广方式之一。国产彩妆品牌花西子与某头部主播合作大幅度提升其品牌知名度和产品销售量,并推出该主播定制版彩妆,进一步培养直播间粉丝的品牌用户。

案例　星巴克咖啡馆SWOT分析

星巴克作为一家美国连锁咖啡公司,在世界各地都能看到它的身影。作为当前全球最大的咖啡连锁公司,仅在中国就有 5000 余家。通过 SWOT 分析法,我们能更好地看出其发展的特点。

优势:星巴克产品的原材料品质较高,定期推出新产品,这使得它的品牌认知度高,品牌理念坚固地植入消费者的心中。星巴克具有严格的选址要求,他们将门店选取在世界各大主流城市的主流商业圈。

劣势:星巴克的定价相较于其他咖啡品牌价格偏高,因此其消费群体较窄。在现有的经营模式之下难以吸引更多新的消费者。

机遇:以中国为例,随着中国整体市场快速发展,咖啡消费市场依然是上升趋势,这有利于星巴克扩大品牌效应,增加顾客群体。

威胁:竞品层出不穷,消费者对外来品牌的认可度正在下降。

课堂讨论:本节介绍的方法论在实际应用中分别适用于哪些场景?有什么不同?

1.3 数据分析常用方法

数据分析方法是进行数据分析的手段和途径，根据数据分析目的选择合适的分析方法完成数据分析，才能得出可靠的结论。本节选取 7 种常用的数据分析方法进行详细介绍并举例说明，包括对比分析法、分组分析法、结构分析法、矩阵分析法、因素分析法、漏斗分析法和归因查找法。

1.3.1 对比分析法

对比分析法就是用两组或两组以上的数据进行比较，分析它们的差异，是数据分析最通用的方法。对比分析可以直观地发现数据的变化规律，并且可以准确量化出变化的数值，因此使用频繁，经常和其他方法搭配使用。运用对比分析法需要选定指标从不同的维度进行对比。

1. 指标的确定

指标是用于衡量事物发展程度的单位或方法，例如，GDP、用户数、利润率、留存率等。指标可以分为绝对数指标和相对数指标，前者是反映规模大小的指标，如用户数、渠道数、GDP、收入等，后者是用来反映质量高低的指标，如利润率、覆盖率、人均 GDP、人均收入等。在对比分析时可以选择数量（Quantity）和质量（Quality）两个方面的指标，称为 QQ 模型分析法。表 1-1 所示为 QQ 模型内容。

表 1-1 QQ 模型内容

指标	数量	质量
具体分类举例	• 用户数 • 渠道数 • GDP • 收入	• 利润率 • 覆盖率 • 人均 GDP • 人均收入

例如，在分析某款产品时常将活跃用户数和留存率组合分析。如统计某直播间某月活跃用户数，统计口径是该月第一天到最后一天在直播间成单的用户数，留存率则通常用上期活跃用户数作为基数，上期活跃用户在本期仍然活跃可视为留存，该月留存的活跃用户数与上月活跃用户数的比值即为该月用户留存率。

2. 维度的选择

维度是事物或现象的某种特征，如时间、地区、产品类型、用户类型等都是维度。参照不同的维度进行对比，产生的结果也不相同。主要有以下维度：

（1）同一业务不同时期对比；
（2）同一时期同级部门或不同地区对比；
（3）同一时期行业内对比；
（4）与目标对比，将实际完成值与目标完成值进行对比。

如常出现的"较去年同期上涨 / 下跌"就是以时间为维度对同一业务的不同时期对比，对比上年同一时间段内指标的增幅，以年为单位同期对比主要为了消除淡旺季变化的影响，使结果更具科学性。

1.3.2 分组分析法

分组分析法是把数据分析对象按照某一特征属性划分为不同的部分和类型进行研究,对比分析各组之间差异的一种分析方法。将数据进行分组是为了将具有同一性质的数据归类,类与类之间进行对比,从而揭示组间差异。分组的指标可分为定性和定量两大类。

1. 定性指标

定性指标是指按照事物的固有属性进行分组,如性别、地区、受教育水平等属性。例如,人口普查数据通常会采用地区、性别等分组依据进行分组,第七次全国人口普查结果显示的我国人口地区分布、性别构成、受教育程度人口、城乡人口等统计结果就是将统计数据以定性指标进行分组处理再进一步分析。

2. 定量指标

定量指标是指按照数值进行分类,一般采取指令式分组或组距式分组。指令式分组是按照指令依据对数据分组,如按照少年儿童、青少年、中年、老年的年龄范围对某一地区人口进行分组;组距式分组适用于预先未指定分组区间的大量数据,根据组数和组距确定分组,然后划分数据。

1.3.3 结构分析法

结构分析法是在分组分析法的基础上,计算总体内的各部分与总体之间的比值,即总体内各部分占总体的比例,进而分析总体的内部构成特征。结构分析法主要采用定性分组,如用户的性别结构、地区结构、公司的产品结构等。一般某部分的比例越大,说明其重要程度越高,对总体的影响越大。

结构指标的计算公式为:

$$结构指标(\%) = (总体中某一部分 / 总体总量) \times 100\%$$

通过结构分析可以认识总体的构成特征。例如,据统计数据显示,截至 2020 年 3 月,我国网络购物用户规模达 7.10 亿,占网民整体的 78.6%;手机网络购物用户规模达 7.07 亿,占手机网民的 78.9%,意味着网络购物用户已经成为网络用户整体中影响力非常大的群体,而手机网络购物用户更是网络购物用户的主要组成部分。

1.3.4 矩阵分析法

矩阵分析法是指选择事物的两个重要属性作为分析的依据,进行分类关联分析,找出解决问题的一种分析方法,也称为矩阵关联分析法。首先引入两个指标分别作为横轴和纵轴构成矩阵,再将矩阵分为四个象限,将要分析的事物按照指标高低对应投射至四个象限内,因此也称为象限图分析法。图 1-8 所示为矩阵分析法示意图。

运用矩阵分析法构造出来的矩阵图(象限图)直观清晰,各事物相对指标的高低一目了然,便于科学评估,及时调整业务方向。

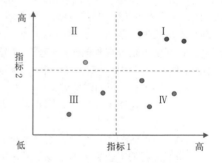

图 1-8 矩阵分析法示意图

1.3.5 因素分析法

因素分析法又称为指数因素分析法,是把综合性指标分解为各个可计量因素,从而分析各个因素对综合性指标总变动的影响程度的一种统计分析方法,使用因素分析法能够使复杂的研究问题在保持其信息量的原则下大为简化。因素分析法包括连环替代法、差额分析法、指标分解法、定基替代法等,下面主要介绍连环替代法和差额分析法。

1. 连环替代法

连环替代法是根据因素之间的内在依存关系,顺次用各因素的比较值替代基准值,以此测定各因素变动对经济指标差异影响的一种分析方法。应用连环替代法的前提条件:经济指标与它的构成因素之间有着可计量的因果关系,并且可以用代数式来表示。

例如,某指标与其有关因素的关系式为:$P=A+B+C$,假设实际指标为:$P_0=A_0 \times B_0 \times C_0$,标准指标为:$P_1=A_1 \times B_1 \times C_1$,那么,实际指标与标准指标的总差异为 P_0-P_1,计算 A、B、C 三个因素的变动对总差异分别造成的影响可以采用连环替代法。表 1-2 所示为连环替代计算表。

表 1-2 连环替代计算表

A 因素变动的影响	$\Delta A = A_0 \times B_1 \times C_1 - A_1 \times B_1 \times C_1$
B 因素变动的影响	$\Delta B = A_0 \times B_0 \times C_1 - A_0 \times B_1 \times C_1$
C 因素变动的影响	$\Delta C = A_0 \times B_0 \times C_0 - A_0 \times B_0 \times C_1$

2. 差额分析法

差额分析法是连环替代法的一种简化形式,是利用各个因素的比较值与基准值之间的差额来计算各因素对指标的影响。

例如,某指标与其有关因素的关系式为:$P=A+B+C$,假设实际指标为:$P_0=A_0 \times B_0 \times C_0$,标准指标为:$P_1=A_1 \times B_1 \times C_1$,那么,实际指标与标准指标的总差异为 P_0-P_1,计算 A、B、C 三个因素的变动对总差异分别造成的影响可以采用差额替代法。表 1-3 所示为差额分析法计算表。

表 1-3 差额分析法计算表

A 因素变动的影响	$\Delta A = (A_0 - A_1) \times B_1 \times C_1$
B 因素变动的影响	$\Delta B = A_0 \times (B_0 - B_1) \times C_1$
C 因素变动的影响	$\Delta C = A_0 \times B_0 \times (C_0 - C_1)$

使用因素分析法要注意以下问题:①连环替代法在计算每一个因素变动时都是在前一次计算的基础上进行的,即计算时前一个因素已经发生变动;②连环替代法的结果会随着因素替代顺序的不同而有所差异。

1.3.6 漏斗分析法

漏斗分析法也叫漏斗图分析法,是以漏斗的形式展示分析过程和结果,适用于流程分析。例如,用漏斗图展示购物网站用户从选购商品到最终转化成购买这一流程中每个关键环节,并同时展示每个环节的转化率。图 1-9 所示为漏斗分析法示意图。

整个漏斗模型就是先将整个购买流程拆分成一个个步骤,然后用转化率来衡量每一个步

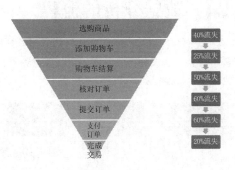

图 1-9 漏斗分析法示意图

骤的表现，最后通过异常的数据指标找出有问题的环节，从而解决问题，优化该步骤，最终达到提升整体购买转化率的目的。

1.3.7 归因查找法

归因查找法就是将业务流程进行拆解，并根据业务的性质，确定在整个流程中哪些事件是影响整个事件完成的关键部分。确定了关键部分之后，选择不同的归因查找方法。

常见的归因查找法有 3 种，它们也分别有不同的适用场景。

1. 末次归因

末次归因通常适用于把贡献归结到用户最后一次接触到的产品界面或功能、按钮。

例如，我们现在操盘一款陌生人社交的产品，加好友有很多模式，比如附近的人、语音匹配、话题广场等。最近我们上了一个智能匹配的功能，想知道用户在真正加好友的过程中到底是通过哪个功能去加好友的。在这个场景里，转化路径比较短（使用某个功能，加了一个好友），并且事件之间有很强的关联性（加好友要么是通过附近的人，要么是语音匹配，要么是话题广场或者是新上线的智能匹配功能）。因此，在这类型的场景里我们可以运用末次归因，把所有的贡献给到最后一个行为。

2. 递减归因

递减归因适用于转化路径比较长，非目标事件（不是最终事件）差异不大的，没有哪一步起到一个完全主导的作用。

例如，一个在线的项目管理工具，这个工具提供了待办事件列表、番茄钟、日历管理等功能，如果付费升级到高级版就可以免广告。因此，整个产品的观察目标是用户可以消除广告，在这个方法里不能把一个事件的发现归因到离它最近的那一步，而是从最后一步开始，逐渐把这个因子往前递减。

3. 首次归因

首次归因适用于强流量依赖的业务场景，拉人比后续所有事都重要。

完全不管后面的所有事件，只把最终事件的发生和第一步关联在一起。比方说，我们目前的这个业务缺流量，需要大量的人来访，这一步主要对应的是市场手段和运营手段，通过归因到第一步，我们就可以去调整相应的市场策略或运营策略。

在工作中我们去作归因查找时，肯定还会遇到其他的一些情况，甚至还会有其他的一些归因查找方法，但是大部分的归因查找方法都是基于这三种演化的。

> **课堂讨论：** 不同的分析法之间有哪些相同点和不同点？有哪些优势和劣势？

1.4 数据分析的流程

数据分析不是一蹴而就的过程，需要根据分析目的将整个流程拆分为各个步骤，一般来说可分为：需求分析、数据收集、数据处理、数据分析、数据展示、报告撰写。图 1-10 所示为数据分析流程图。

图 1-10 数据分析流程图

1. 需求分析

数据分析的第一步需要进行需求分析。需求是数据分析所要解决的核心问题，通过数据分析想要解决什么问题，得出怎样的结论，达到怎样的效果，明确数据分析的需求也就是数据分析的目的。需求分析是分析问题、拆分问题的过程，将问题拆解为若干分支，通过需求分析让目标具体化，有利于梳理数据分析思路。

在具体操作过程中，这一步可借助逻辑树分析法、PEST 分析法、SWOT 分析法等经典理论指导，搭建起数据分析逻辑体系，即明确数据分析该分析什么，先分析什么，再分析什么，使数据分析能逻辑化、系统化地进行。

2. 数据收集

数据收集是数据分析流程中关键的一步，常用的数据收集方法有：公开数据查询、数据抓取、市场调查。

1) 公开数据查询

可借助公开出版物、公开数据库、互联网搜索引擎等方式获取数据。常用的如出版物《中国统计年鉴》《世界经济年鉴》、国家统计局官方网站等。图 1-11 所示为国家统计局官方网站。

2) 数据抓取

网络信息时代互联网储存着数量庞大的数据，这些数据分散而庞杂，为有选择的筛选获取数据信息，可使用网络爬虫工具定向抓取网络数据，该方法适用于大量数据的获取，但操作难度较大。

图 1-11　国家统计局官方网站

3) 市场调查

由于分析需求和目的的不同，有些数据分析需要特定用户或对象进行数据采集，这时现成的数据不能满足或不能完全满足数据分析的需求，可以采用市场调查的方法收集所需数据。市场调查就是指运用科学的方法有目的地收集、记录、整理有关市场营销的信息和资料，分析市场情况。进行市场调查首先要确定调查目标、确定调查的对象，设计合理、有效的调查方案，面对用户的调查常用问卷调查、实地调研、用户访谈的形式。

数据收集是否完整科学对接下来的数据处理尤为关键，错误的数据无法得出科学的结论，对数据收集应抱有谨慎的态度，在已建立好的逻辑框架下进行。

3. 数据处理

通过数据收集得来的数据体量大，且通常存在数据形式不统一、含有干扰数据、重复数据等问题，因此在数据分析之前需要先对收集到的数据进行预处理，排除异常值、空白值、无效值、重复值等，从大量数据中提取出有效数据，并进行整理。数据处理主要包括数据的清洗、合并、抽取、转换、归整等。

4. 数据分析

数据分析指利用适当的统计方法对收集来的数据进行处理与分析，并加以整理、汇总，提取有用信息。在这一步进行分析的数据已经过预处理，符合数据分析的要求。数据分析是整个数据分析流程最为核心的一步。根据搭建好的分析框架选择不同的分析方法，常用的数据分析软件主要有 Excel、SPSS、Python 等。如图 1-12 所示为 Excel、SPSS、Python 软件图标。

图 1-12　Excel、SPSS、Python 软件图标

5. 数据展示

将数据分析的结果以图表的形式展示，包括饼图、柱形图、条形图、折线图、散树状图、漏斗图、帕累托图等。这一步的目的是使数据分析的结果更加直观，便于对结果进行解读。图 1-13 所示为常见的数据展示方式。

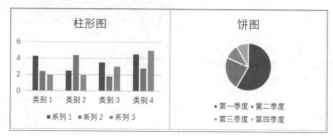

图 1-13　常见的数据展示方式

6. 报告撰写

数据分析的最后一步是撰写数据分析报告。数据分析报告是对整个数据分析流程的总结与展示，把数据分析的需求、过程以及结果完整地呈现出来。一个完整的数据报告，应至少包含以下 6 部分内容：①报告背景；②报告目的；③数据基本情况：包括数据来源、数量、可靠性等；④数据分组情况、分析方法；⑤分析结果图表展示，得出结论；⑥发展性策略或预测，提出可操作计划。

以上 6 部分内容只是一份合格的数据报告所包含的基本内容，实际撰写时可根据实际情况对板块进行增加或者替换。其中，报告的背景和目的说明报告出现的原因和需要解决的问题；数据基本情况说明数据获取的渠道、数据量、样本量等情况，告知查看报告的人使用数据的可信度，只有可靠的数据才能得出可靠的结论；数据的处理过程和结果以及得出的结论是报告的主体部分，需要用图表进行展示，按照预先搭建的逻辑逐个解决目标问题；一份好的数据分析报告不能缺少对下一步营销策略的规划和预测，数据分析报告的目的是指导营销活动的进行，恰当的策略或建议可以为报告加分。

课堂讨论：简单谈谈完成一次完整的数据分析流程有哪些值得注意的地方？

1.5　数据分析常用术语和指标

在进行数据分析时经常会用到一些专业的分析指标和术语，对于初学者来说不了解这些指标和术语会对数据分析的学习造成阻碍，不利于理解和思考，因此本节主要介绍一些数据分析常用术语和指标。

1. 平均数、众数、中位数

平均数一般指算术平均数，就是一组数据的算术平均值，即全部数据累加除以数据个数的结果。例如，某直播间 1～4 季度的销售额分别为 260 万元、320 万元、220 万元、400 万元，那么平均季度销售额为（260+320+220+400）/4 万元 =300 万元，即平均季度销售额为 300 万元。

众数是指数据集合中出现次数最多的数值。如果有两个或多个数值出现次数并列最多，那么这两个或多个数值都是该集合的众数。例如，数据集合{8、7、2、6、5、7、2}中众数为 7。

中位数只是将数据集合中所有数据按照升序或降序排列，居于最中间的数值即为该集合的中位数，若集合中数值个数为奇数，取最中间一个为中位数；若集合中数值个数为偶数，取最中间两个数值的算术平均数为中位数。例如，{2、5、6、9、13、15、20}中位数为 9；{3、5、6、8、9、12、13、17}中位数为（8+9）/2=8.5。表 1-4 所示为数据分析常用术语。

表 1-4　数据分析常用术语

数据分析常用术语	术语概念
平均数	一组数据的算术平均值，即全部数据累加除以数据个数的结果
众数	数据集合中出现次数最多的数值
中位数	将数据集合中所有数据按照升序或降序排列，居于最中间的数值即为该集合的中位数

2. 绝对数与相对数

绝对数是反映客观现象总体在一定时间、地点条件下的总规模、总水平的综合指标。例如，公司年销售额 2000 万元，公司总人数 160 人等；绝对数也可以表现为某现象总体在一定时间、地点条件下数量增减变化的绝对数，例如，A 产品的年销售额比 B 产品的年销售额多 260 万元。

相对数是指两个有联系的指标对比计算而得出的数值，它是反映客观现象之间的数量联系紧密程度的综合指标。相对数的计算公式为：

相对数 = 比较值（笔数）/ 基础值（基数）

相对数一般以倍数、成数、百分数等表示，它反映客观现象之间数量的联系程度。例如，某直播平台女主播人数占比总主播人数的 65%；公司男女员工比例为 1∶5；本月销售额是上个月的 3 倍。

3. 百分比与百分点

百分比是相对数中的一种，它表示一个数是另一个数的百分之几，也称为百分率或百分数。例如，某直播间第一季度销售额为 200 万元，第二季度销售额为 300 万元，可以说第二季度销售额比第一季度上涨 10%。

百分点指不同时期以百分数形式表示的相对指标（如速度、指数、构成等）的变动幅度。例如，公司所有产品销售总额中，A 产品的销售占比由去年的 25% 上升到今年的 35%，可以说公司销售总额中，A 产品所占的比重，今年比去年上涨了 10 个百分点；但不能说上涨了 10%。

4. 频数和频率

频数是指在一组数据中，某个数据出现的次数叫作频数。

频率是指某个数据出现的次数与总次数的比值称为频率。

例如，某公司将 100 个员工（70 个男员工，30 个女员工）按性别分组，分为男、女两组，男员工组的频数为 70，女员工组的频数为 30；70 个男员工在 100 个员工中出现的频率是 70%，30 个女员工在 100 个员工中出现的频率是 30%。

5. 比例和比率

比例表示总体中的某一部分数量占总体数量的比重，反映总体的构成或者结构。一般用百分比的形式表示。

比率表示总体中两个部分之间的比较，反映总体中各部分的关系，用几比几的形式表示。

例如，某直播机构旗下有50名主播，男主播30人，女主播20人，男主播比例是30∶50，女主播的比例是20∶50，男主播与女主播的比率是30∶20。图1-14所示为男、女主播比例饼状图。

6. 倍数与番数

倍数表示一个数据是另一个数据的几倍，通常用一个数据除以另一个数据获得。例如，A/B=C，那么A是B的C倍。

番数指原来数量的2的n次方倍。例如，公司去年利润为200万元，今年利润比去年翻一番，即400万元（200×2）；今年利润比去年翻两番，即800万元（200×2×2）。

7. 同比与环比

同比指与历史同时期进行比较得到的数值。例如，某电商直播间今年一季度A产品销售额同比增加35%，意思是今年一季度A产品销售额比去年一季度A产品销售额增加35%，这是同比。

环比是指与前一个统计期进行比较得到的数值，可以是2月与1月相比、8日与7日相比、二季度与一季度相比等。例如，某淘宝店今年二季度B产品销售额环比增加30%，意思是今年二季度B产品销售额比一季度增加30%。

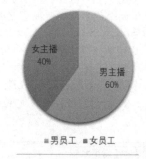

图1-14　男、女主播比例饼状图

课堂讨论：你还知道哪些数据分析的指标或术语？这些指标和术语的含义是什么？

1.6　本章小结

互联网时代数据无处不在，怎样利用好数据是每一个互联网人都必须思考和解决的问题，数据分析为利用数据提供了一个有效的途径。通过本章的学习初步了解数据分析的含义、作用，以及其背后的原理和方法，掌握撰写数据分析报告必备的内容，树立职业道德意识和团队合作意识，将这些基础的理论贯穿数据分析学习的全过程。

第2章 新媒体数据分析概述

数据是事物显示出的事实结果,是通过一定逻辑方式和要求对客观事物的归纳总结,是人们用来进一步分析、加工的重要内容。在当今的新媒体兴盛的时代,新媒体平台背后的数据内含有大量的有效信息,涵盖了大量的用户行为内容等,这些数据支撑着新媒体平台运营。决策者与运营者通过后台数据进一步对内容进行改进与分析,从而及时调整和改进新媒体平台的运营内容和运营模式,以便在瞬息万变的信息时代紧跟时代的步伐。

2.1 数据概述

数据是各种信息的表现形式和载体,可以是多种形式的,如文字、数字、图像、符号等。

2.1.1 数据的含义

数据是指对客观事件进行记录并可以鉴别的符号,它主要是通过任何以电子或其他方式对信息的记录;也指信息可再解释的形式化表示,以适用于通信、解释或处理,可以通过人工或自动手段处理数据;还指通过事实或观察的结果,是对客观事物的逻辑归纳,是用于表示客观事物的未经加工的原始素材,它是可识别的、抽象的符号。数据往往是以数字、字母、文字、图形、图像和视频等形式呈现,经过加工这些数据往往会成为有用的信息。目前数据的来源主要可以分为三个方面,分别是企业内部、三方数据、采集数据,具体内容如表2-1所示。

表 2-1 数据来源汇总表

数据来源	含 义
企业内部	企业在运行过程中产生的交易、运营、财务和人力等部门所产生的数据
三方数据	网络数据、通信数据、信用数据、客户数据等
采集数据	通过传感器、图像视频、社交媒体、物联网等途径接收到的数据

2.1.2 数据的分类与特点

数据按照不同的分类规则具有不同的划分类型,当前主要有如下几种分类形式及特点。

1. 按照数据取值的连续性可以分为计量数据和计数数据

计量数据主要指可以连续取值,能用具体的测量工具测量出具体精确的数值的数据,叫作计量数据。如用体温计测出的体温、卷尺测量出的长度、电子秤测量出的重量等,都属于计量数据。图2-1所示为计量数据工具。

计数数据主要指的是无法连续取值,无法用测量工具测量出精确的数值,而只能用简单的数值表示的数据,这类数据往往能够较为直观地表现出来,如一杆秤、一支体温计、一台电脑。图2-2所示为某年部分省市汽车销量计数数据。

地区	销量（辆）	同比(%)	人口（万人）	万人销量（辆）
上海	690630	-1.5	2418	285.62
浙江	1584910	-2.9	5657	280.17
北京	501062	-14.2	2171	230.80
广东	2506915	3.3	11169	224.45
江苏	1670782	-10.2	8029	208.09
河北	1375723	-14	7520	182.94
陕西	643176	-2	3835	167.71
天津	260895	4.8	1557	167.56
山东	1610790	-10.7	10006	160.98
重庆	489104	-1.5	3075	159.06
贵州	564620	-7.4	3580	157.72

图 2-1 计量数据工具　　　　图 2-2 某年部分省市汽车销量计数数据

2. 按照数据的预定义可以分为结构化数据和非结构化数据

结构化数据是指那些数据结构较为完整，具有预定含义的数据，通过这类数据可以直观地了解数据展示的对象相关具体信息，这类数据通常以表格的形式呈现，表格之间的数据会对描述对象产生更为具体的、全方位的展示，如汽车参数表、体检表等。图 2-3 所示为体检表结构化数据。体检表中往往会包含血压、心率、身高、视力、血液等全方面的身体指标，这些项目虽然有不同的指标参数，但是最终可以形成对数据对象的全方位了解。

短视频平台、直播平台的数据统计往往也是通过结构化数据来判断视频内容的受欢迎程度，这种量化的数据不仅可以对当前的视频内容进行评价，也为日后的内容生产提供一个指向。图 2-4 所示为抖音结构化数据。

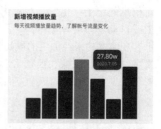

图 2-3 体检表结构化数据　　　　图 2-4 抖音结构化数据

非结构化数据是指数据结构不规则、不完整，难以形成数据模型，无法形成具体的表格对相应的指数进行分析的数据。这类数据主要是以图片、视频、音频和特殊符号的形式展现出来。如抖音视频，在视频中观众可以通过视频判断出视频博主的性别、大致年龄，以及视频博主是北方人还是南方人。

课堂讨论： 请对你平时接触到的数据作一个分类。

2.2　新媒体数据概述

新媒体的后台数据反映着新媒体平台的运营情况，记录着平台用户的行为习惯和各种用户隐私。所以新媒体的运营数据不仅关系着平台的经营，同时平台也有着保护用户个人隐私的重要义务和责任。

2.2.1　新媒体数据分析的含义

数据分析是一个宽泛的概念，狭义的数据分析主要指的是运营这一工作岗位。它跟内容运营、产品运营、活动运营、用户运营一样，属于运营的一个分支，从事数据采集、清理、分析、策略等工作，支撑整个运营体系朝精细化方向发展。

广义的新媒体数据分析是为了更好地了解运营的质量、预测运营的方向、控制运营的成本以及评估营销方案，为新媒体产业发展提供重要的数据参考的行为可以称之为新媒体数据分析。

2.2.2　新媒体数据的类别

在新媒体运营的工作中每个平台都会产生大量的数据，但因为平台不同，所以数据展示形式也不一样，自然统计方式和分析方式也会有一定的差别，因此要想快速了解新媒体数据分析方法，就必须要先了解和掌握常见的新媒体数据展现形式和类别，这样在日后的工作中才可以针对性地分析不同的数据。

作为新媒体数据类别一般包括两种展现形式，分别是数值型和图文型。

1. 数值型

数值型的数据主要是由数字组成，可以通过数字进行对应的统计和分析，可以很好地总结并评估运营的结果。常见的数值型数据包括我们常说的阅读量、粉丝量、网店的销售数据、短视频浏览数据、直播间人数以及各种活动的参与统计数据等，这些都是数值型数据。图2-5所示为直播间的观看人数，属于数值型新媒体数据。

图 2-5　直播间的观看人数

2. 图文型

图文型数据是由数字和图片组合而成。图文型的数据一般是指网站栏目分类、账号粉丝分类、消费者反馈以及各种平台矩阵分布等。对于图文型的数据来说，我们了解它的目的并非制定考核指标的量化结果，而是这类数据可以帮助我们找到正确的运营方向。因此，图文型数据也是非常重要的数据类别之一。图2-6所示为微信公众号的图文型新媒体数据。

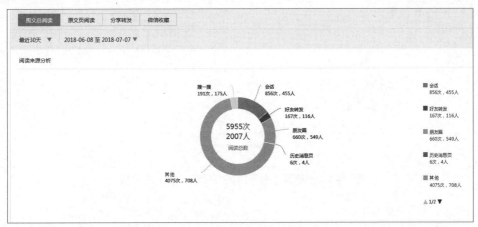

图 2-6　微信公众号的图文型新媒体数据

课堂讨论： 谈一谈你所了解的数值型和图文型新媒体数据具体包括哪些。

2.2.3 新媒体数据分析的作用

正如前文所述,数据分析是反映产品和用户状态真实的一种方式,通过数据指导运营决策、驱动业务增长。因此,数据分析在企业经营中起着至关重要的作用,这就要求企业需要有数据收集能力,能够将收集到的数据进行汇总整理,只有这样才能充分发挥数据的重要作用。数据分析的作用不仅仅是体现在传统行业之中,对于当下发展蒸蒸日上的新媒体行业显得更为重要,这是由于新媒体行业在数据收集时的便利性是其他行业难以比拟的。因此,新媒体行业的蓬勃发展,离不开数据分析的重要作用。

从当前新媒体数据分析的模式来看,它主要起着如下的作用。

1. 了解新媒体运营的质量

新媒体数据分析的第一大意义是了解运营质量,新媒体运营的日常工作包括网站内容更新、微信公众号推广、微博发布、今日头条推送、朋友圈推送、视频推广、直播分享、粉丝维护、社群运营、微店运营、线上线下活动策划与组织等。这些工作是否有价值、是否能够有效实现营销目标,需要通过数据来了解与判断。

对于新媒体运营质量数据,不同的平台关注点不同,目前大部分企业需要关注的运营数据包括网站流量数据、微信公众号粉丝数据、微博阅读数据、今日头条内容数据活动转发与评论数据等。

2. 预制新媒体运营方向

新媒体数据分析的第二大意义是预制运营方向。现阶段百度、腾讯等大型互联网公司都已经将大量数据开放,网民可以直接登录相关网站查看大数据。分析网民大数据,有助于判断新媒体内容、活动、推广是否要和网络热点结合。

常见的行业相关大数据包括百度指数、新浪微指数、微信指数、头条指数等,图2-7所示为巨量算数对于热词(火锅)的走向分析。

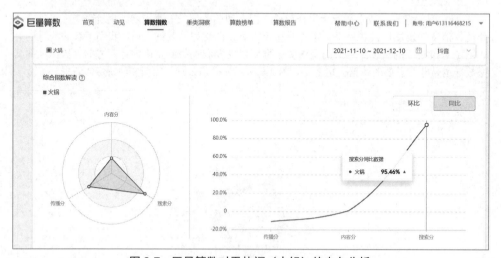

图2-7 巨量算数对于热词(火锅)的走向分析

3. 控制新媒体运营成本

新媒体数据分析的第三大意义是控制运营成本。企业新媒体营销,一方面,需要关注销售额的增长及品牌价值的提升;另一方面,也需要时刻关注运营成本,尤其是广告成本。

目前国内网民达10亿以上,如果企业的新媒体广告投放没有精准的方向,极有可能使广告费用打水漂。因此,新媒体团队需要分析用户的分布城市、购买或阅读时间、常用App、惯用机型等数据,每次广告投放前要综合近期的投放情况进行调整与优化,以控制成本。

4. 评估新媒体营销方案

新媒体数据分析的第四大意义是评估营销方案。营销方案只是新媒体团队根据以往经验而制定的工作规划,但在制定一段时间后,需要对数据进行评估。一方面,分析最终完成数据,可以反推方案中目标的可行性;另一方面,分析过程数据,可以及时发现方案制定后在执行过程中遇到的问题,作为下次营销方案制定的参考。

在评估新媒体营销方案的过程中,数据分析又可以起到明晰目标用户、规划出品、推广产品和危机预警的作用。

1)明晰目标用户

企业通过线下、线上的形式可以了解到客户或用户的相关信息,企业通过此数据和产品进行有机串联,对分析用户的喜好、定向推送广告有着重要的意义和帮助。例如,某品牌商品想要制定下一年的销售计划,想要分析出哪个城市的用户才是自己的主要用户群体,这就需要通过数据分析来明晰自己的目标用户。图2-8所示为数据分析帮助企业明晰目标用户。

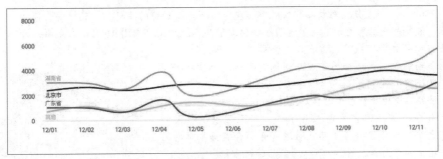

图2-8 数据分析帮助企业明晰目标用户

2)规划出品

数据不仅改变了数据的组合方式,而且影响到企业出品和服务的提供。通过用数据规划出品内容,可以帮助企业发掘传统数据中无法得知的价值组合方式,而且能给商家提供组合产生的细节问题的有效解决方案。通过数据分析后而得出的出品方案往往能够在很大程度上去规避风险,真正做到未雨绸缪。

3)推广产品

在企业传统的运营方式中,如果想要对市场进行预测,大多数需要自身的经验、积淀以及掌握的公共关系。通过这样的方式得到的数据不仅简单,而且往往是滞后的。通过数据分析,可以最大程度上增强数据的时效性,对企业日后的运营方向提供更为明晰的目标和方向,对产品的推广、定价、分层等方面都有着指导作用。例如,某品牌快餐在得到客户新闻、微博、微信、抖音及其他来源的信息中,发现受众当前更注重的是快餐的中西结合,于是在推广新产品时会优先推广中西结合元素更多的产品,希望可以在商品进入市场后能够获得较好的关注度。

4)危机预警

传统的危机公关往往是舆情到达一定程度后的补救措施,但是这种补救往往是相对滞后的,为了消除负面影响需要付出的努力会大得多。舆情危机的爆发与扩散在某些方面甚至是要超过病毒的传播,企业潜在的舆情危机一旦发生,对于企业而言其后果都是严重的,甚至会导致企业破产。而基于新媒体平台下的数据运算可以更有效地对当下的舆情做出判断,更早地发出警报,将影响控制在最小的范围。

案例　某品牌帆布鞋依靠数据分析"涅火重生"

小白鞋在抖音有多火？带上小白鞋话题的视频，在抖音已经被播放了超过25.7亿次。而国潮品牌的复苏离不开数据分析的帮助。设计师通过数据分析，对当下的受众喜好的元素以及消费心理的掌握变得唾手可得。经过消费者感兴趣的穿搭博主视频推荐，使得很多消费者看了视频后被"种草"，然后下单。某品牌帆布鞋是小白鞋品类不可忽视的一个品牌。在抖音上的板鞋/休闲鞋爆款榜中，某品牌的一款帆布休闲鞋，冲进了Top5，累计2.8万双的销量，占据着绝对的优势。

和不少品牌相比，某品牌鞋有着更为悠久的历史。它的源头要追溯到1927年，于1935年正式注册品牌，品牌内涵象征着能够战胜困难的巨大力量。新中国成立后，这一股力量注入体育界，此品牌开始为各种体育项目的国家队选手设计比赛专用鞋。在20世纪七八十年代，普通工人一个月的工资不到30块钱，而一双某品牌鞋接近10块钱，买双鞋就意味着要花掉1/3的工资，这也让此品牌成为那个时代的奢侈品。作家王朔曾用一段话形容当年该品牌鞋的红火："这款鞋和军帽一样是小流氓抢劫的主要目标，经常看到某帅哥神气地出去了，回来光着脚，鞋让人扒了。"

2000年，华谊集团对该品牌实施重组整合。迈入新世纪的品牌，一直想要从颓势中谋求复苏，最终是线上电商渠道救了这个年迈的国货品牌。2016年7月16日，在上海传奇地标老码头启动品牌升级战略，宣布以"终端直供＋电商平台"双轮驱动的新模式，全力打造全新国货品牌。公开数据显示，2016年，电商渠道销售额突破了1亿元，线上门店也成为该品牌全球销量最大的单店。

如今，该品牌官方也入驻了抖音平台，旗下各大经销商也纷纷开设了抖音小店，通过抖音平台直播带货的同时，输出创意内容。图2-9所示为某品牌帆布鞋。

图2-9　某品牌帆布鞋

课堂讨论： 试分析数据分析还有哪些作用。

2.3　常用的新媒体数据分析工具

数据分析的工具有很多，数据分析师往往会根据数据的用途以及数据的特点来选择合适的数据分析工具。本节针对当前数据分析需求情况，主要介绍网站分析工具、自媒体分析工具、第三方分析工具、本地Excel分析工具。需要注意的是，本节列举的常用新媒体数据分析工具只是部分工具，后面的章节中会结合不同的新媒体形式对数据分析工具进行详细的讲解。

2.3.1　网站分析工具

网站分析工具是用来分析用户对于网页的浏览情况，通过分析软件可以了解到用户在何处产生了点击（浏览），为什么离开网站，更便捷地了解网页丢失用户的原因，使得网页有更加明晰的提升方案。

网页分析可以使分析师更为清楚地了解网站上发生了什么，用户作为网络另一端的独立个体，如果仅靠人工收集显然是不可能的。因此，Yandex Metrica的重要意义就在于可以帮助网站实时地收集到用户的行为。图2-10所示为Yandex Metrica的Logo。

Yandex Metrica的重要作用就在于设计以用户为核心的产品和内容服务，帮助用户解决日常生活中和工作中会遇到的种种难题。Yandex Metrica 具有强大的广告投放功能，越来越多的中国企业开始重视其在广告投放中的作用。Yandex Metrica 的工作原理主要是用户通过在带有计算器代码功能的网站网页中浏览操作，用户的操作数据会实时地被记录并储存在数据基地，然后经过处理后形成具象的报表。图 2-11 所示为 Yandex Metrica 的工作原理。

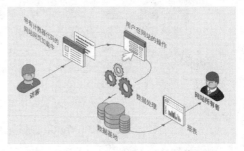

图 2-10　Yandex Metrica 的 Logo　　　图 2-11　Yandex Metrica 的工作原理

从用户开始访问网页到最后的报表形成，这一过程中主要经历了两个阶段。

1. 数据收集阶段

如果用户需要查询某一内容或者商品，用户会通过搜索界面、其他网站链接、社交媒体链接或者其他方法访问商家的网站。在这个过程中，网页的 HTML 代码加载到用户的浏览器上，如果在网站上安装了 Yandex Metrica，这时网站的 HTML 代码中将会出现 Yandex.Metrica 计数器的代码，这一代码会将用户的操作信息发送到 Yandex.Metrica 服务器上。

那什么是 HTML 代码呢？简单来说 HTML 是一种标记语言，用它可以说明文字、图片、视频、表格、链接等内容。图 2-12 所示为 HTML 代码。

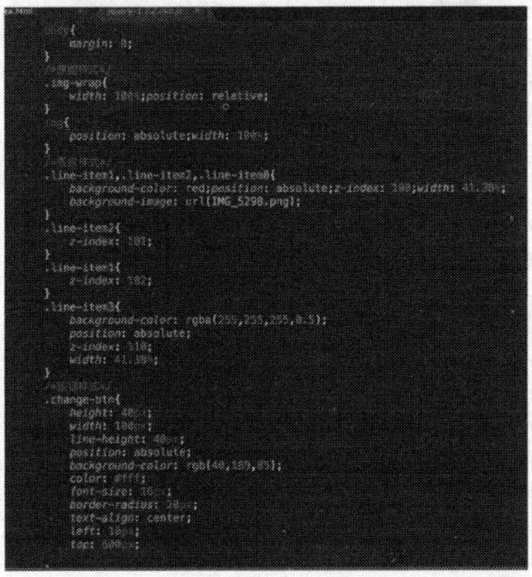

图 2-12　HTML 代码

Yandex Metrica 对于数据的收集不仅仅是在于用户对网页的浏览，其重要意义还在于它能够记录收集用户的操作信息。例如，用户在购物网站中点击操作后，用户的购买操作就可以被记录下来，这样的数据收集经过计算更有利于广告的精准投放。图 2-13 所示为 Yandex Metrica 搜索界面。

2. 数据整理阶段

进入 Yandex Metrica 个人中心后，可以看到计数器列表。在计数器列表中可以看到一系列的访问数据，获取的数据结果将会在 Yandex Metrica 的报表中生成表格，表格中的每一行都会对应一组用户会话，并且每一组数据都将被展示其指定的指标。从表格中可以选择其中的数据，用不同的图表呈现出来，同时还可以随时查看任意一个指标的动态变化。图2-14所示为Yandex Metrica数据界面。

图2-13 Yandex Metrica搜索界面

图2-14 Yandex Metrica数据界面

总体而言，Yandex Direct的计数功能在精准投放广告上有着重要的作用。因此，越来越多的商家都会在网站上安装Yandex Metrica计数器，用来后期追踪网站的数据，包括用户年龄构成、收入、网页停留时间和使用移动设备的品牌等数据。通过安装的Yandex Metrica计数器可以帮助数据分析师完成广告投放、用户分析等众多任务目标。

2.3.2 自媒体分析工具

自媒体运营不仅是要实现内容的输出，还需要分析整合内容，在这个过程中需要考虑的是数据的采集和数据的分析。当前，较为火热的自媒体平台均具有数据分析的功能，这些功能既可以为生产者提供指向参考，同时也对平台的运营有着重要意义。

值得注意的是，不同的自媒体会有不同的分析工具，下面以抖音平台和哔哩哔哩视频网站为例，介绍自媒体分析工具。

1. 抖音

抖音当前有着一套成熟的视频生成流程。简单来说，创作者通过视频创作投入平台，用户可以通过点赞、分享和评论的方式与创作者产生交互，创作者再通过回复用户的评论与用户产生深层次的交流。图2-15所示为抖音创作流程。

进入抖音App后，点击"我"，点击右上角 图标后可以看到创作者服务中心，在创作者服务中心可以看到数据中心。图2-16所示为抖音创作者服务中心界面。

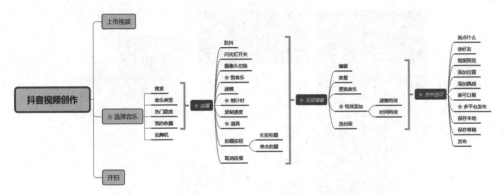

图 2-15 抖音创作流程

图 2-16 抖音创作者服务中心界面

在抖音的数据中心中,视频发布者可以直接看到电商数据、粉丝净增量、新增视频播放量、新增点赞量和主页访问人数、完播率等数据。通过这些数据参数可以更好地了解用户的视频偏好,为视频内容制定指向,控制视频的时长来满足用户的口味与需求。图2-17所示为抖音数据中心。

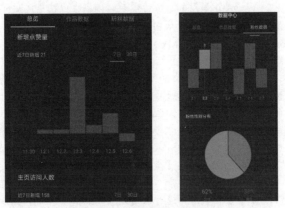

图 2-17 抖音数据中心

在抖音数据中心,直播带货用户可以看到以下关键数据。

(1)成交数据:商家可以看到商品入口展示次数,用户点击商品详情页次数、成交订单数和成交金额。

(2)流量数据:商家可以看到商品橱窗访问次数、商品分享视频发布次数、商品分享直播次数、商品分享直播时长等数据。图2-18所示为抖音直播带货。

图 2-18　抖音直播带货

（3）互动数据：可以看到商品分享视频点赞和评论次数、直播购物车点赞次数、弹幕数等数据。

案例　某国产美妆品牌的成功营销之路

在化妆这个行为不仅成为一种日常礼仪，更是代表个人提升、个人欣赏的今天，化妆带来的美妆热已席卷了全球各个国家和地区。同时，化妆已经不再是女性的专利，我国的青年男性也越来越注意个人的外在形象，化妆已经成为人们生活中不可缺少的重要一环。以前人们追逐价格不菲的国外品牌化妆品，现国货低廉的价格与优质的品质也使国货美妆受到人们的追捧，更是带动了"学生党"对于美和化妆的追求。

某国货美妆品牌成立于2017年，距今公司成立还不到5年，却已成为我国知名品牌，被粉丝成为"国货之光"。在2019年，该品牌获得新一轮融资，估值已超过10亿美金。虽然美妆市场的竞争十分激烈，但该品牌不但从国货圈杀出重围，并且全面赶超其他国际大牌，仅在2018年，在天猫的商品交易总额（GMV）就高达6.5亿元。

该品牌如此火爆，其成功策略就是小红书投放和完善的用户运营体系。

该品牌一改以往品牌聘请明星代言的广告机制，而是选择依靠大量网红结合该品牌的产品在小红书、微博等社交媒体平台通过视频、图文等形式的内容传播该品牌，从而为品牌造势，成为该品牌的广告推广。明星与网红的不同在于，人们对明星的认识主要通过明星本人作品等巨大的影响力认识明星，很大程度上是被动的认识；而人们之所以愿意关注网红，则是网红的某一方面打动了人们，是一种人们主动选择的结果，相较于被动认识的明星，对于主动选择的网红，人们对于网红的忠诚度会更高。而网红贩卖商品带货，忠诚度比知名度要更为重要。同时，人们对于商品的评价与使用体验的重视也为现代产品的营销带来新的思路。网红通过直播带货分享经验，用户通过收看获得双向体验反馈，这种方式相较于以往明星宣读广告词单向冷冰冰地传播要显得更有互动交流感，深受现代消费者喜爱。在社交媒体发达的时代，越来越多的人加入在社交媒体上分享使用心得和体验的大军，成为潜在推销产品的一员。

该品牌每年3月到4月，9月到10月两个时间段上线大量新品，在一个月的时间里，依靠小红书、微博、抖音等平台打造1到2个爆款，从前期造势，到后期维护运营，总共用时一个半月左右。然后，利用天猫"6·18"和"双11"活动的巨大势能，把产品销量推到一个较高的水平。通过产品质量和用户需求的把控，也让品牌的爆款具有更长久的吸引力。因而，该品牌的销量上去之后，并没有滑坡式下降，反而呈现阶梯式上升的情况。

同时，品牌推出精心的爆款产品吸引消费者的目光，某十二色眼影盘自从上线后，销量从未跌出过该品牌天猫官方店的前10名。企业推出一个爆款，就等于拥有了一棵摇钱树，在长时间里带来高销量，而且还能带动其他产品的销售。图2-19所示为某美妆品牌的化妆品。

图2-19　某美妆品牌的化妆品

2. 哔哩哔哩视频网站

哔哩哔哩视频网站作为现在国内年轻人的一大文化社区，其主要特色在于"弹幕"功能。这种独特的视频体验让基于互联网的弹幕能够强化用户与创作者之间的联系。

哔哩哔哩视频网站也是具有后台数据统计功能，点击创作中心、内容管理、视频管理便可以看到视频获得的点赞数、观看数、打赏数、转发数、评论数等数据。图2-20所示为哔哩哔哩视频网站创作中心。

图2-20　哔哩哔哩视频网站创作中心

在哔哩哔哩视频网站的创作中心中，视频博主可以看到自己的粉丝数、播放量、评论数、分享数、点赞数以及弹幕数。这些数据可以帮助视频博主对自己账号的影响力有一个更为清晰的判断，并为自己账号的运营提供指向。图2-21所示为哔哩哔哩视频网站账号影响力。

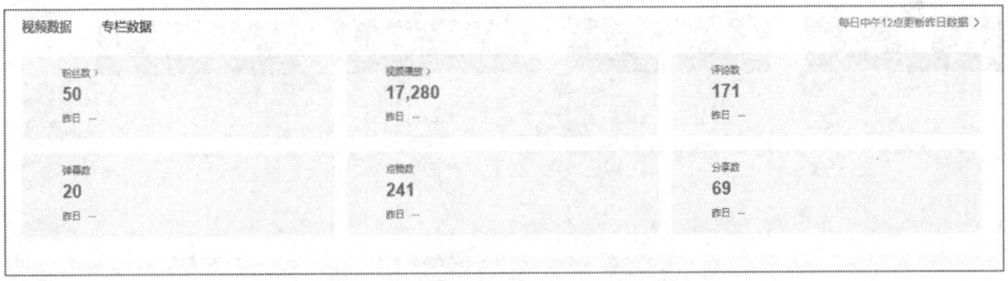

图2-21　哔哩哔哩视频网站账号影响力

除了对账号影响的分析以外，其创作中心另外一个重要的作用是可以对单个视频的数据展示。图2-22所示为哔哩哔哩视频网站单个视频数据。

图2-22　哔哩哔哩视频网站单个视频数据

单个视频数据包括用户使用的设备、弹幕热点区域分布图、用户离开趋势图等。这对于视频博主发掘用户的兴趣点以及改进自己的视频有着重要的作用。图 2-23 所示为哔哩哔哩视频网站用户参与互动数据。

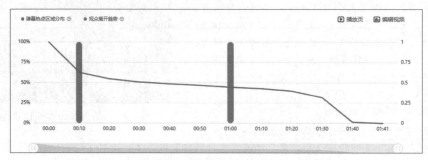

图 2-23　哔哩哔哩视频网站用户参与互动数据

2.3.3　第三方分析工具

数据时代，想要在海量且繁杂的数据中寻找到有用的线索是一件十分困难的事情。当前，越来越多的第三方数据分析工具为商家、公司、个人提供专业化的服务，这极大地提升了商户对于数据的使用率，也提升了数据分析师日常的工作效率。下面为大家推荐几款当下较火的第三方分析工具。

1. 百度智能云

百度智能云于 2015 开始运营，以"云智一体"为核心赋能千行百业，为企业提供人工智能、大数据、云计算等服务。图 2-24 所示为百度智能云产品概述。

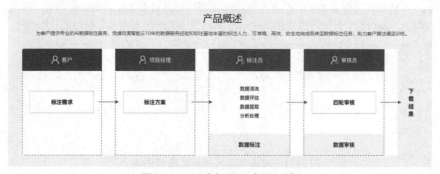

图 2-24　百度智能云产品概述

2. 神策数据

神策数据分析用于整合广告投放、分析用户行为、业务经营等多种数据资源，覆盖全场景的业务分析与用户洞察，多维度的数据分析和决策方案提供。图 2-25 所示为神策数据分析简介。

3. 腾讯云

腾讯云是腾讯集团下的云计算品牌，主要提供的是云计算、大数据、人工智能等技术产品与服务。图 2-26 所示为腾讯云的产品体系。

课堂讨论：还有哪些第三方数据分析工具？

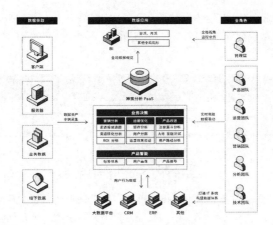

图 2-25　神策数据分析简介

图 2-26　腾讯云的产品体系

2.3.4　本地 Excel 工具

Excel 是微软公司的一款电子表格软件。可以说，从 Excel 发布之日起它便成为了电子表格的霸主。Excel 表格主要用于数据记录和整理、数据的加工计算、数据的统计分析、图形报表的制作等方面。图 2-27 所示为 Excel 图标和微软公司。

图 2-27　Excel 图标和微软公司

1. Excel界面介绍

Excel 的界面主要包含功能区、名称框、编辑栏、工作表区、状态栏等部分。

（1）功能区。功能区就是根据功能的不同，将常用到的功能命令进行分类显示，主要可以分为选项卡（开始、插入、页面布局、公式、数据、审阅等）、组（字体、对齐方式、数字、样式等)、在每一个命令组中还会有具体的命令(比如字体组中包含字号、字体、字体颜色、左对齐、右对齐、自动换行等命令),如图 2-28 所示。

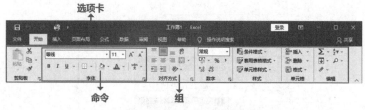

图 2-28　Excel 功能区

(2)名称框。名称框中会显示出选择的目标,如果选择的目标为单个单元格,此时会显示单元格所在的地址。字母(A、B、C、D、E、F 等)显示的为列,阿拉伯数字(1、2、3、4、5、6 等)显示的为行。例如,B3 则是说明选中的位置为第二列第三行。图 2-29 所示为 Excel 名称框。

(3)编辑栏。编辑栏显示的是当前单元格的内容,同时编辑栏也可以对单元格内的内容进行编辑。编辑栏主要显示的是输入的文本、日期等或者函数公式。图 2-30 所示为 Excel 编辑栏。

图 2-29　Excel 名称框

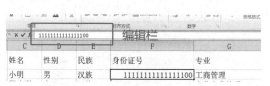
图 2-30　Excel 编辑栏

(4)工作表区。工作表区占据了操作页面最大的比例,用户的大多数操作如数据输入、表格制作、数据计算等都是在这里完成。图 2-31 所示为 Excel 工作表区。

(5)状态栏。状态栏在操作界面的最下边,主要显示的是 Excel 当前的状态,以及实现界面的缩放、预览模式的切换等功能。图 2-32 所示为 Excel 状态栏。

图 2-31　Excel 工作表区

图 2-32　Excel 状态栏

2. Excel 基本函数

Excel 作为最基础的数据统计工具,其数据统计离不开函数计算功能,Excel 的函数实际上是一些复杂的计算公式,而函数的意义就在于省去了人为计算的步骤。下面为大家讲解部分常用的函数。

(1)求和(SUM 函数)。SUM 函数的作用是求和,函数公式为 =SUM()。其意义在于将多个数据求和,省去了人工单独计算的过程,极大地提升了数据统计的效率。例如,需要将 A1,A2,A3 数据求和,可以输入 =SUM(A1,A2,A3),便可以计算出三个数据的和。图 2-33 所示为 Excel 求和。

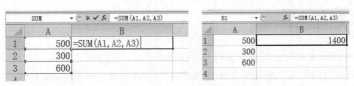

图 2-33　Excel 求和

（2）平均数（AVERAGE 函数）。AVERAGE 函数的作用是计算平均数，函数公式为 =AVERAGE（）。其意义在于将多个数据求平均数，而平均数也是在日常数据统计中常用的数据，使用函数计算极大提升了数据统计的效率。例如，A1,A2,A3 数据求平均数，可以输入 =AVERAGE（A1,A2,A3），便可以计算出三个数据的平均数。图 2-34 所示为 Excel 求平均数。

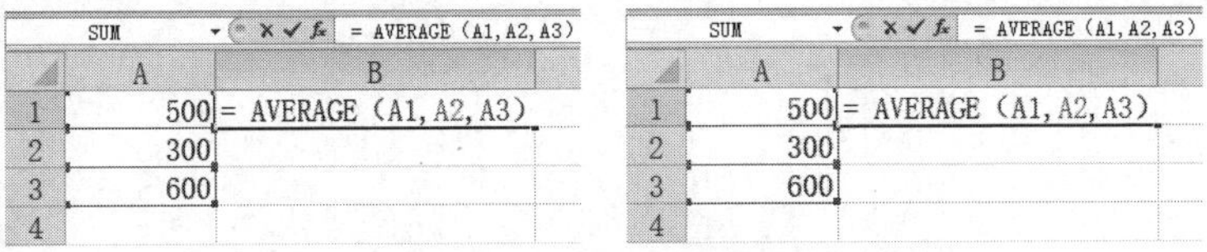

图 2-34　Excel 求平均数

（3）四舍五入（ROUND 函数）。ROUND 函数的作用是将数据取整，函数公式为 =ROUND（）。其意义在于将多个带有小数的数据按照四舍五入的逻辑进行取整。例如，A1 数据需要四舍五入取整并保留一位有效数字，可以输入 =ROUND（A1,1），便可以计算出 A1 四舍五入后的数据。图 2-35 所示为 Excel 数据四舍五入取整。

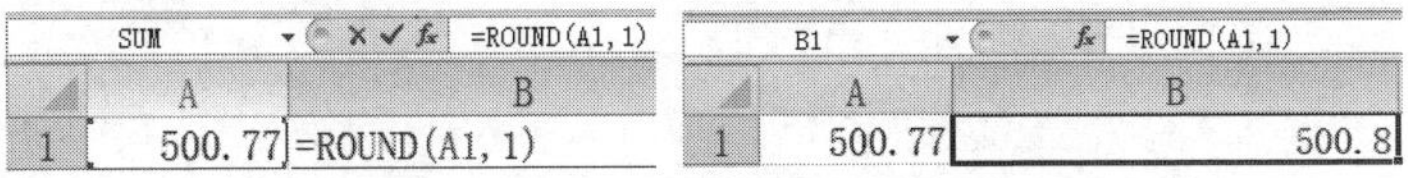

图 2-35　Excel 数据四舍五入取整

（4）日期（DATE 函数）。DATE 函数的作用是将分开的年月日合并在一起，函数公式为 =DATE（）。例如，表中已经统计好小明的出生日期为 2021 年 1 月 2 日，现在需要将其合并在一起可以输入 =DATE（B2,C2,D2），便可以统计出小明的生日。图 2-36 所示为 Excel 日期函数。

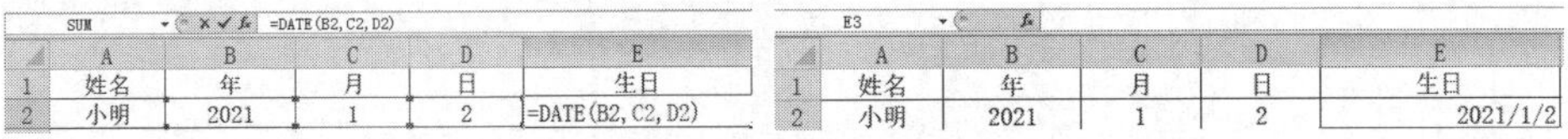

图 2-36　Excel 日期函数

（5）最大值（MAX 函数）。MAX 函数的作用是在多个数据中寻找最大数据，函数公式为 =MAX（）。例如，需要统计某款汽车某年中最大销量的月份，可以输入 =MAX（A1:A12），便可以得出这 12 个数据中的最大数据。图 2-37 所示为 Excel 最大值函数。

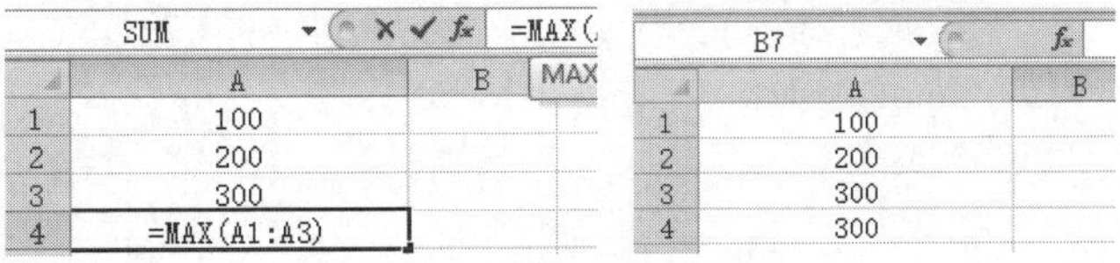

图 2-37　Excel 最大值函数

课堂讨论： 你还知道哪些 Excel 常用的函数？

2.4 本章小结

数据对于新媒体平台的运营可以说是至关重要的，关系着平台的顺利运营。因此看懂数据并能够合理地运用数据、掌握数据的处理是我们应该所具有的基本能力。同时数据并不是枯燥乏味的，通过研究、分析后台数据，往往能发现具有巨大价值的信息。

第3章 微信公众号数据分析

微信公众平台,被大众简称为"公众号"。个人、企业、商家等可以通过公众号进行自媒体活动,简单来讲就是进行一对多的媒体性行为活动。所以微信公众号不只拥有大众印象中狭义的传播新闻资讯、娱乐等功能,随着微信公众号的进一步升级,微信公众号优越的服务功能进一步凸显。

截至 2019 年 8 月 26 日,微信公众平台已经汇聚超过 2000 万的公众账号,为自媒体经营者提供了广阔的发展空间,不少作者通过原创文章和视频形成了自己的品牌,成为了微信里的创业者。

微信公众号同时与社交媒体微信互联的特征可以满足用户碎片化的阅读需求,给用户带来更高效便捷的体验。用户可以在收发个人消息的同时关注公众号内推送的内容或是通过他人分享发现其他内容,为用户提供一种更加有效快速了解消息的方式。

视频和图文是当下自媒体传播的两大主要方式,虽然当下视频的传播方式更受到人们欢迎,而文字所想要表达的内容依然是视频无法替代的。视频的兴起为微信公众号的未来发展提供了新的挑战和机遇,也迫使微信公众号的运营者进行转型,这要求运营者需要具有更新的思路和创意,挖掘探索图文所拥有的不可替代性。同时,微信公众平台也应在服务和互动方面更好地融合和发展,为用户创造更好的使用体验和服务。

3.1 微信公众号数据分析概述

微信公众号是开发者或商家在微信公众平台上申请的应用账号,该账号与微信账号互通,平台上实现和特定群体的文字、图片、语音、视频的全方位沟通、互动,形成一种主流的线上线下微信互动营销方式。根据腾讯发布的 2021 年第三季度财报显示,当前微信的月活跃账户高达 12.6 亿人。

3.1.1 微信公众号数据分析的含义与作用

微信公众平台如今已经是第 10 个年头了,微信公众号的核心价值在于优质内容的创作,微信公众号的优质内容不仅依靠创作者较好的文笔,还需要一次次数据反馈后的纠错与打磨。微信公众号的运营离不开数据分析与研究,透过数据可以更为清晰地发现账号出现问题的原因,由此可见数据分析对于公众号运营是十分重要的。

2012 年微信推出了微信公众号功能并且快速在微信中裂变,斩获了无数用户。对于普通用户来说,微信公众号是一个很好的查阅资料、了解动态、与政府部门沟通、情感交流的平台。对于政府来说,微信公众号极大增强了政府与群众的联系、拓宽了服务群众的渠道,对扩大政府影响力,站稳舆论阵地有着重要意义。对于企业来说,微信公众号是扩大品牌效应、维护企业形象,实现大数据精准营销,降低宣传成本的重要方式。因此,时至今日,微信公众号依然在各个领域、各个行业发挥着重要的作用。通过数据分析,用户能够洞悉公众号的特点以及当前问题,为账号运营提供有力的支撑。图 3-1 所示为微信公众号。

图 3-1 微信公众号

课堂讨论：你都关注了哪些微信公众号？为什么？

3.1.2 微信公众号数据分析的常用指标

在数据驱动运营的时代，数据对于运营行业是其核心的要素，微信公众号也不例外。微信公众号每天会生产出海量的数据，在这海量数据中需要一定的指标去进行衡量。

1. 微信公众号常用的指标

单篇文章的数据分析是指在某个微信公众号中发表的某篇内容的数据，这些数据是以公开的形式呈现出来，文章作者可以看到，其他用户也可看到。这些数据指标主要包含阅读量、点赞量、留言数、看一看数，这些数据可以在单篇文章的下方查看。

1）阅读量

阅读量是指一篇文章或视频被查看的次数，次数越高则受关注程度越高。一篇内容的阅读量取决于单篇内容的质量和本身账号的质量，一般情况下账号粉丝数越多，运营方式越科学的账号，单篇文章的阅读量会越高。图 3-2 所示为微信公众号阅读量。

图 3-2 微信公众号阅读量

2）点赞量

点赞量是指一篇文章或视频被用户执行点赞操作的次数。对于一般用户来说，只有真正能够与其产生共情的内容，用户才愿意执行点赞操作，因此一篇文章的点赞数要远低于阅读量。在微信公众号的数据运营过程中，提升点赞量是提升账号质量的重要方式。图 3-3 所示为微信公众号点赞量。

图 3-3　微信公众号点赞量

3）留言数

留言数是指用户在文章后进行留言操作的数量，留言的功能基本等同于评论功能。在微信公众号中无法直接显示留言的数量，因此大多情况下需要依靠后台数据统计才能够查看具体数量。在留言数中，其他用户可以执行点赞操作对其留言内容进行点赞。获得较高点赞的留言，便是能够引起用户兴趣点的重要内容，因此也是在数据分析中需要着重把握的内容。图 3-4 所示为微信公众号的留言和留言点赞数。

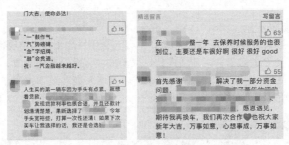

图 3-4　微信公众号的留言和留言点赞数

4）看一看数

看一看数是指用户通过公众号文章下方的看一看功能让微信好友可以看到你正在看的推文内容，也能够让微信公众号运营者看到，从而加强了用户的互动性。图 3-5 所示为微信公众号看一看功能。

图 3-5　微信公众号看一看功能

5）原创数和朋友关注数

原创数指的是微信公众号原创文章或内容的数量，朋友关注数是指微信好友列表中一共有多少人关注此公众号。图3-6所示为微信公众号原创数和朋友关注数。

图3-6　微信公众号原创数和朋友关注数

2. 微信公众号的用户常用指标

公众号后台数据统计与抖音、小红书和微博等自媒体平台既有相似性又有很大的不同。微信公众号用户分析不同于其他自媒体平台的地方主要有用户分析指标、消息分析指标、菜单分析指标。

1）用户分析指标

用户分析指标是数据分析最基础的指标，主要包含用户增长和用户属性两个方面。

用户增长包含4个关键指标，新增人数、取消关注人数、净增人数、累积人数。新增人数和取消关注人数是每天实时涨粉、掉粉的数据，净增人数＝新增人数－取消关注人数，而累积人数是当前实时关注总人数。图3-7所示为微信公众号新增人数。

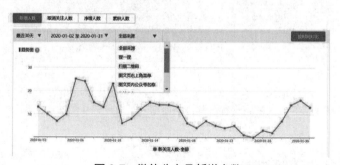

图3-7　微信公众号新增人数

用户属性包括关注来源、性别、年龄、地域等数据。微信公众号的用户流量来源主要有搜索关注、扫码关注、图文关注和支付关注等。

2）消息分析指标

微信公众号具有较强的互动功能，这种互动体现它的"消息"功能上。微信公众号更像是微信好友中的一个万能小助手，用户可以根据关键词向你关注的公众号进行提问或活动。引导用户关键词回复设置也是知道公众号运营效果的重要指标，例如，绘画教学公众号通过回复可以获得一堂免费的课程，心理辅导机构通过回复可以获得免费心理测试等。图3-8所示为微信公众号消息回复功能。

3）菜单分析指标

微信公众号与用户之间的产品互动是依靠菜单功能完成的，用户可以根据自己的需求在菜单处寻找自己所需要的服务。通过对菜单栏某个按钮的点击次数监控，及时调整按钮的位置和文案，使链接到按钮的内容获得更多点击。图3-9所示为微信公众号菜单功能。

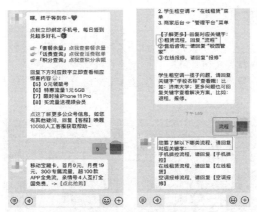

图 3-8　微信公众号消息回复功能

图 3-9　微信公众号菜单功能

3.1.3　微信公众号数据分析的过程

微信公众号数据分析的目的是提升账号的影响力，如果账号粉丝较少，企业该如何通过数据分析提升账号影响力呢？

首先，企业要明确分析的目的。当前的主要问题是粉丝数少、涨粉速度迟缓的问题，那企业的目的就是要解决这一问题。明确目的之后要去锁定问题的关键，也就是什么样的原因造成了这一问题，在这一过程中企业需要去分析用户的性别、年龄、地区等数据来勾勒出完整的用户画像。

其次，根据数据有了初步的判断之后要去寻找关键问题的原因。此时企业需要关注的数据是一切能够调动的数据，包括阅读量、粉丝数、涨粉数等。

最后，为关键问题寻找对策和制定目标。通过数据分析，企业可以统计出用户更喜欢的操作界面，用户更能接受的语言表达，甚至是图片、排版等日常难以注意到的关键信息。

课堂讨论： 试分析微信公众号和其他自媒体平台有何差异。

3.2　微信公众号数据分析常用工具

数据分析是指用适当的统计分析方法对收集来的大量数据进行分析，将它们加以汇总和理解并消化，以求最大化地开发数据的功能，发挥数据的作用。数据分析无论是数据的获取，还是数据的处理都离不开数据分析工具的帮助。在微信公众号数据分析中效果较好的有西瓜数据、清博指数和新榜。

3.2.1 西瓜数据

西瓜数据主要提供全网优质公众号查询、监控及诊断等数据服务，并提供多维度的公众号榜单排名、公众号推荐等实用功能，是一款公众号运营及广告投放效果监控的专业工具。目前“西瓜数据”公众号数据已经覆盖全国 333 个地级市，是公众号大数据服务商。图 3-10 所示为西瓜数据界面。

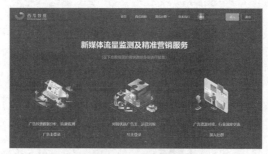

图 3-10　西瓜数据界面

西瓜数据的主要业务有广告投放数据分析、流量监测，对接优质广告主、运营周报，广告资源对接、行业深度交流等方面。西瓜数据的特色功能主要有以下两点。

1. 跨群合作

西瓜数据提供资源社群，社群中的成员包括教育、美食、美妆、家电母婴等多个行业，通过跨群合作的方式获悉一手数据资源。

2. 案例分析

通过以往成功的公众号数据运营案例，组织操作分享会，帮助运营者或公众号用户了解微信公众号生态，洞悉公众号新机遇。

3.2.2 清博指数

清博指数是清博智能旗下的一款产品，清博智能大数据支持平台把微信、微博、今日头条、报刊、网页和海外媒体等各个平台的行业数据全部打通，将结构化后的内容数据以来源、时间、地域、类型、专题等方面进行重新聚合与分析，从而形成一个行业媒体资讯内容汇聚中心。清博指数涵盖微信公众号榜单、头条榜单、抖音榜单、快手榜单等多方面内容。图 3-11 所示为清博指数中的微信榜单。

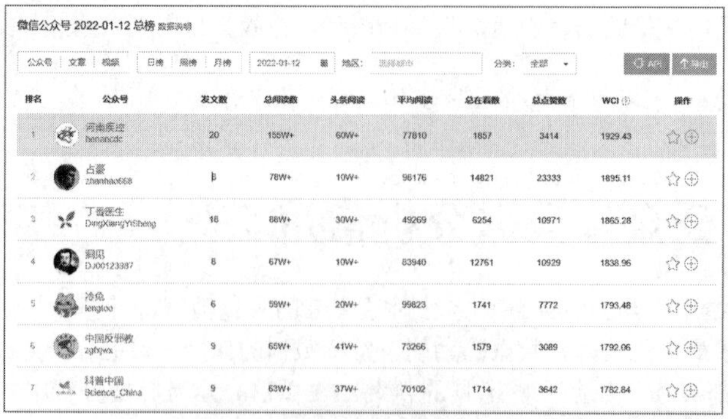

微信公众号 2022-01-12 总榜

排名	公众号	发文数	总阅读数	头条阅读	平均阅读	总在看数	总点赞数	WCI	操作
1	河南疾控 henancdc	20	155W+	60W+	77810	1857	3414	1929.43	
2	占豪 zhanhao668	8	78W+	10W+	98176	14821	23333	1895.11	
3	丁香医生 DingXiangYiSheng	18	88W+	30W+	49269	6254	10971	1865.28	
4	洞见 DJ00123987	8	67W+	10W+	83940	12761	10929	1838.96	
5	冷兔 lengtoo	6	59W+	20W+	99823	1741	7772	1793.48	
6	中国反邪教 zgfxjwx	9	65W+	41W+	73266	1579	3089	1792.06	
7	科普中国 Science_China	9	63W+	37W+	70102	1714	3642	1782.84	

图 3-11　清博指数中的微信榜单

需要注意的是，清博指数中对于微信公众号的排名主要是通过 WCI 公式计算得出。WCI 是由微信的文章历史消息数据，通过 WCI 计算公式推算出来的标量数值，是一种考虑各数据维度后得出的综合指标。首先，用总阅读数、平均阅读数、最高阅读数、总点赞数、平均点赞数和最高点赞数 6 个指标对账号进行评估，其次，为了让不同维度的指标之间可以相互比较、运算，对各个指标进行对数形式标准化。最后，考虑到各指标在反映传播能力方面存在差异，赋予 6 个指标不同的权重，总阅读数、平均阅读数、最高阅读数、总点赞数、平均点赞数、最高点赞数的权重分别为 40%、45%、15%、40%、45% 和 15%。图 3-12 所示为微信的 WCI 计算方法。

WCI计算方法								
	数据源	输入	标准化方法	举例	Ln*权重	Ln*权重求和	一级指数得分	一级指数得分汇总
阅读指数	总阅读数R	10000	Ln(R+1)	9.210440367	3.684176147	6.617046919	5.293637535	
	平均阅读数R/n	100	Ln(R/n+1)	4.615120517	2.076804233			
	最高阅读数Rmax	300	Ln(Rmax+1)	5.707110265	0.85606654			6.414729206
点赞指数	总点赞数Z	4000	Ln(Z+1)	8.294299609	3.317719844	5.605458353	1.121091671	
	平均点赞数Z/n	40	Ln(Z/n+1)	3.713572067	1.67110743			
	最高点赞数Zmax	60	Ln(Zmax+1)	4.110873864	0.61663108			
WCI	411.4875079							

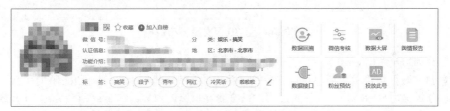

图 3-12　微信的 WCI 计算方法

1. 特色功能

清博指数的特色功能包括数据回溯、微信考核、数据大屏、舆情报告、数据接口、粉丝预估、投放此号。图 3-13 所示为清博指数的特色功能。

图 3-13　清博指数的特色功能

2. 文章账号数据

文章账号数据中主要显示的是总阅读量、头条总阅读量、微信总榜排名、当天文章总在看数、当天文章总点赞数、平均阅读量以及 WCI 指数。通过这些数据可以有效地判断一个账号的价值，为企业的商业合作提供重要参考。图 3-14 所示为文章账号数据。

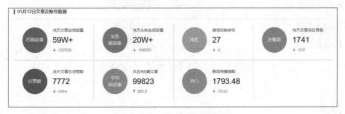

图 3-14　文章账号数据

3. 近7天账号数据趋势图

这一模块是将微信公众号的总阅读数、头条阅读数、平均阅读数、在看数和点赞数等账号数据以直观的折线图展现出来。图3-15所示为近7天账号数据趋势图。

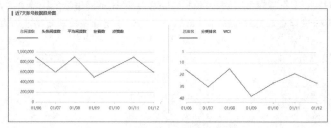

图3-15　近7天账号数据趋势图

4. 近30天文章发布数据

这一数据显示的是公众号24小时发布习惯，分析公众号在哪一时间段（时间和日期）发布的频率最高，再结合其他的数据可以分析其是否适合公司广告业务的投放或是公众号如何调整发布时间来贴合受众的需求。图3-16所示为近30天文章发布数据。

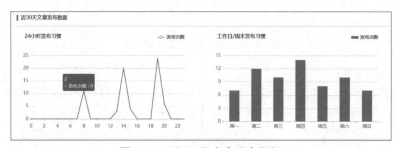

图3-16　近30天文章发布数据

5. 近30天热文Top10

热文数据板块中主要包括阅读数、在看数、点赞数的Top10，通过Top10的排名情况可以分析出用户的喜好，以便日后生产贴合粉丝口味的内容。图3-17所示为近30天热文Top10。

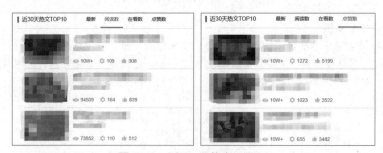

图3-17　近30天热文Top10

3.2.3　新榜

新榜于2014年11月11日起正式运营，目前在上海、北京、成都、杭州、广州设有办公室。作为数据驱动的互联网内容科技公司，新榜覆盖全平台各层级新媒体资源，提供内容营销、直播电商、培训运营、版权分发服务，助力中国企业数字化内容资产获取与管理，服务于内容产业，以内容服务产业。图3-18所示为新榜界面。

图 3-18　新榜界面

新榜数据主要有账号资料、榜单数据、发布规律和阅读原文几个板块组成，其在分析微信公众号数据时的主要特点和优势如下。

1. 账号资料

账号资料中显示的是微信公众号的基本信息，包括当前公众号的热度、其他平台的账号、子账号等信息。图3-19所示为微信公众号账号的热度。

图 3-19　微信公众号账号的热度

2. 榜单数据

榜单数据包括榜单排行、历史排名、数据表现三个方面。

1）榜单排行

榜单排行展示的是微信公众号近期的排名情况，主要的参考标准是阅读数、再看数、点赞数。通过以上数据可以对账号的质量进行总体性把握。图3-20所示为微信公众号榜单排行。

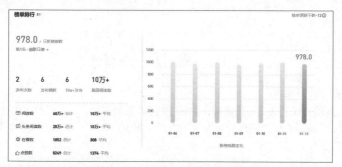

图 3-20　微信公众号榜单排行

2）历史排名

历史排名板块显示的是微信公众号近期的变化情况。图 3-21 所示为微信公众号历史排名。

图 3-21　微信公众号历史排名

3）数据表现

数据表现是指微信公众号近期的阅读数、总在看数、总点赞数、平均点赞数等数据信息，通过此板块数据可以分析公众号粉丝的活跃度和内容的质量。图 3-22 所示为微信公众号数据表现。

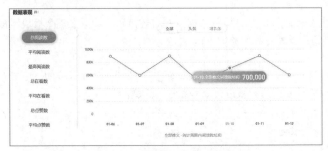

图 3-22　微信公众号数据表现

3. 发布规律

发布规律板块主要包含发布频次、头条阅读数分布、发布趋势。

1）发布频次

发布频次主要展现的是每日推文次数，这一数据可以反映出账号的活跃程度和内容产量，一般情况下产量较高的公众号可以获得更多的阅读数和更高关注度。图 3-23 所示为微信公众号发布频次。

图 3-23　微信公众号发布频次

2）头条阅读数分布

头条阅读是指公众号的头条推送阅读量达 10 万以上的内容。对于此数据的分析，可以把握用户的兴趣点，从而迎合用户的兴趣点去生产内容。图 3-24 所示为微信公众号头条阅读数分布。

3）发布趋势

发布趋势展现的是公众号发布的具体时间段，可以用于分析公众号活跃的时间以及此时间段能否和用户的空闲时间相吻合。图 3-25 所示为微信公众号发布趋势。

图 3-24　微信公众号头条阅读数分布

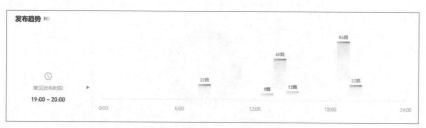

图 3-25　微信公众号发布趋势

课堂讨论： 请尝试用一款软件分析一个你喜爱的微信公众号。

3.3　微信公众号数据分析实例

微信公众号数据分析与诊断最终是要投入实际应用中去，本节我们从微信公众号运营中的实例出发，讲解运营者们如何通过数据来分析数据，最终对自己的账号进行优化。

以微信公众平台统计的数据为例，一个完整的微信公众号数据分析应该包括内容分析、用户分析、菜单分析、消息分析、接口分析和网页分析 6 个方面。

3.3.1　微信公众号内容分析

内容分析主要是指公众号内推送的文章或视频数据，主要有关键指标、渠道构成、数据趋势。

1. 关键指标

关键指标包括阅读次数、分享次数、完成阅读次数。其中需要注意的是完成阅读次数是指用户将运营者推送的内容滑动到底部的次数。如果一个账号阅读次数较多，而完成阅读次数较少就需要注意。出现这现象可能有两方面的问题：一是该账号存在买流量的行为；二是文章或推送内容仅是标题较为吸引人，而无法引起粉丝的兴趣将内容完全看完。图 3-26 所示为关键指标。

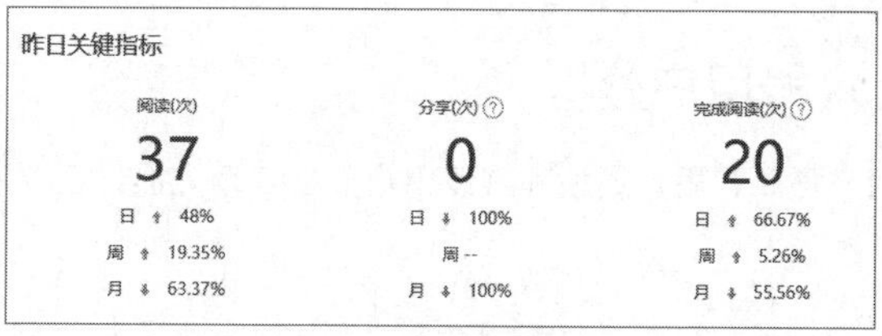

图 3-26　关键指标

2. 渠道构成

渠道构成是指用户是通过何种渠道看到此条公众号内容，通过分析阅读来源，可以推测出读者的阅读场景，知道他们是在哪个渠道看到文章的，方便账号运营优化。

渠道构成包括公众号会话、聊天会话、朋友圈、朋友在看、更多。公众号会话是指文章在选定的时间内通过公众号推送获得的阅读量统计。聊天会话是指用户通过与他人聊天时点击他人的转发获得的阅读量统计。朋友圈是指用户通过点击微信朋友圈的动态信息获得的阅读量统计。朋友在看是用户通过微信看一看中的好友观看推荐而关注到内容的阅读量统计。图 3-27 所示为微信公众号渠道构成。

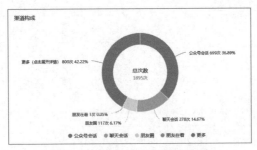

图 3-27　微信公众号渠道构成

3. 数据趋势

数据趋势包括数据类型、数据指标、数据时间以及传播渠道。通过数据趋势分析可以获悉文章标题和内容的关系，以及粉丝观看的心理。图 3-28 所示为微信公众号数据趋势。

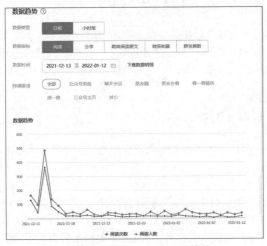

图 3-28　微信公众号数据趋势

3.3.2　微信公众号用户分析

用户分析包括用户增长、用户属性和常读用户分析三个方面，需要着重注意的是用户增长和用户属性。

1. 用户增长

用户增长主要包括新关注人数、取消关注人数、净增关注人数和累计关注人数。在分析数据时，通过用户增长的趋势图可以看到粉丝的峰值数据。峰值数据是数据分析时应特殊注意的关键节点。当涨粉或是掉粉在某一天达到波峰时，应该特别注意当日所生产的内容。此时需要考虑的是粉丝方面的问题还是文章方面的问题。图3-29所示为新增粉丝和取消关注粉丝趋势图。

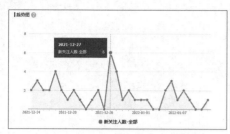 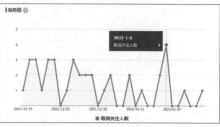

图 3-29　新增粉丝和取消关注粉丝趋势图

粉丝方面的问题通常是由于并非所有粉丝都是被账号的内容所吸引，他们更多是被运营者近期的活动或是抽奖所吸引进来，等待活动结束后账号便对其没有了吸引力，因此会出现掉粉的峰值。同时，在数据分析时，对于涨粉的峰值应该分析帮助账号涨粉的原因，以便日后可以模仿。图3-30所示为用户增长数据。

图 3-30　用户增长数据

文章方面的问题则是说明文章问题导致的掉粉，文章的选题、文笔、排版、推送时间、图片选取等多方面的问题都有可能导致粉丝的流失。

2. 用户属性

用户属性主要包括人口特征、地域归属、访问设备等数据。

人口特征主要包括性别、年龄、语言。以此公众号为例，这是一个教育类的公众号，它的主要受众群体是具有独立判断能力的中国学生。因此，性别分布较为均衡，年龄段在18～25岁居多，使用的语言均为中文。那么，该公众号在内容生产时要注意男女兴趣的均衡，减少其他类别语言的推送。图3-31所示为微信公众号人口特征。

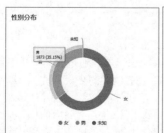 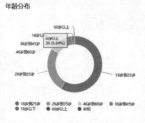 

图 3-31　微信公众号人口特征

地域归属主要是粉丝的省级分布和地级分布，这个数据可以使企业清晰地知道自己在各个城市的业务能力，依据此数据可以做一些关键决策。图3-32所示为用户省级分布和地级分布。通过该图可以发现该账号64.8%均为河南省用户，那么在内容生产时可以采用方言或是更具有地域特色的内容以此增强用户的认同感，强化用户黏性。

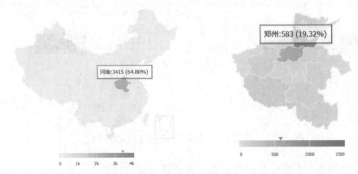

图3-32　用户省级分布和地级分布

访问设备主要是用户的终端分布情况，也就是用户使用的是手机还是电脑，是安卓系统还是苹果系统。同样的标题和封面在不同系统显示的效果是不一样的。如果发现安卓的用户最多，那么整个图文的排版、图片尺寸的选择、标题的长度等方面的设置都要尽量满足这一部分用户的操作习惯，以保证最大比例的用户有一个较好的体验。图3-33所示为用户访问设备。

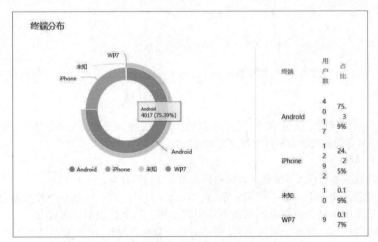

图3-33　用户访问设备

3.3.3　微信公众号菜单分析

菜单分析主要包括菜单点击次数、菜单点击人数、菜单点击分布，通过对菜单栏某个按钮的点击次数监控，可以及时调整按钮的位置和文案。例如，在餐饮类的公众号里，一级菜单"会员中心"点击量最高，"更多"作为一级菜单，指向太模糊，该列菜单包含"门店信息"和"加入我们"，均有一定点击量，可以考虑将"更多"改为"联系我们"，提高"门店信息"和"加入我们"的曝光，而一级菜单"好食材"点击量几乎可以忽略。因此，菜单的设置至关重要，要不断发掘用户的兴趣点和需求。图3-34所示为用户点击菜单频次。

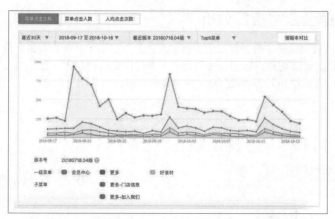

图 3-34　用户点击菜单频次

3.3.4　微信公众号消息分析

微信公众号消息分析包括公众号消息分析和公众号关键词分析两个方面。消息分析主要是指粉丝在公众号回复消息情况。在此板块"小时报/日报/周报/月报"查看相应时间内的消息发送人数、次数以及人均发送次数。图 3-35 所示为微信公众号消息数据。

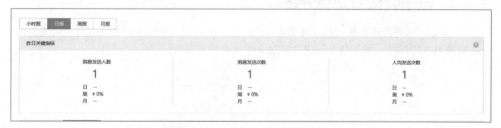

图 3-35　微信公众号消息数据

消息数据需要着重分析消息关键词。消息关键词是公众号拥有者提前设置的，用户只需要回复指令便可以收到对应的推送。例如，公众号为运动类公众号，可以提前设置用户通过回复便可以获得一份增肌攻略。关键词回复分析有助于得出用户与平台互动的频率、文章的回复率，对分析文章的好坏有很大的帮助。除此之外，通过关键词的分析，从而找出用户的主要疑惑点，为接下来的内容生产提供指向。图 3-36 所示为消息关键词。

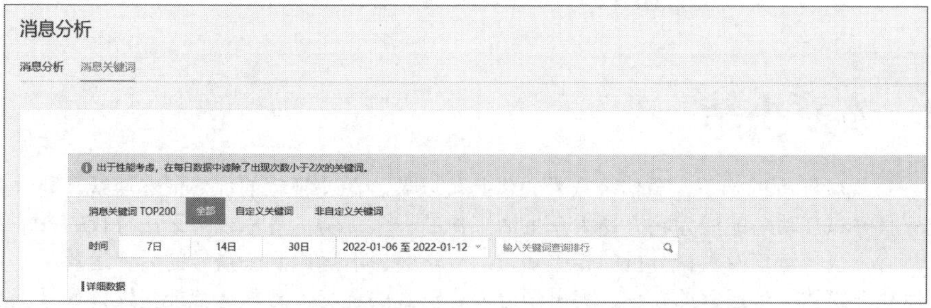

图 3-36　消息关键词

3.3.5　微信公众号接口分析

微信公众号接口分析中的关键指数包括调用次数、失败率、平均耗时、最大耗时。接口数据对于用户数据运营的作用较小，主要是为了通过监测用户调用次数、失败次数来提升整个程序的质量。图 3-37 所示为微信公众号接口分析界面。

图 3-37　微信公众号接口分析界面

3.3.6　微信公众号网页分析

微信公众号网页分析统计的是页面访问量，方便拥有后台接口来源的公众号及时查看每个接口被调用的数据。图 3-38 所示为微信公众号网页分析界面。

图 3-38　微信公众号网页分析界面

3.4　本章小结

在短视频流行的当下，微信公众号凭借其可以聚合图文视频的优势依然活跃。同时微信公众号服务和互动功能成为它方便大众生活工作的一大优势，是短视频无法替代的。本章学习了微信公众号运营及数据分析的相关知识，应学会灵活运用到公众号的后台运营中，并联系其他社交媒体平台运营的知识，突出平台内容形式的优势，合理运营社交媒体账号，激发学生的创新能力和创造活力。

第4章 微博数据分析

微博是一种基于用户信息分享、传播的网络社交平台，自2009年新浪推出新浪微博后，国内多家网络公司先后推出了自己的微博社交平台，其中包括腾讯微博、网易微博等。

回顾以往发生的重大事件，几乎都会通过微博迅速登上热搜，完成事件发酵、深度解读和裂变传播的过程。微博成为广大网络用户获悉最新资讯、花边新闻甚至是政策文件的重要平台。与此同时，微博的流量变现价值也被越来越多的商家和运营者所重视。

微博营销势在必行，对微博进行数据分析有利于人们更好地去运营微博，那么微博数据具体收集什么呢？从数据上看又能看出什么呢？

从粉丝来看，粉丝数多的人自然能引起人注意，如果增长快又能说明什么问题？

从博主的微博内容来看，都是什么类型的微博呢？是单纯的原创，还是活动类的，比如投票、有奖转发？博主每天发内容的频率如何？微博内容的来源，是原创的产品资讯还是各类的分享，还是说来自网络素材库呢？

从微博转发来看，什么样的微博转发高，转发数多少，在转发的同时评论的人多吗？如果说转发多而且评论的人也多的话能说明什么问题，转发高的微博的内容是什么类型，为什么转发高？还有其他一些细小的，比如是否可以私信，企业认证版的微博版块有什么不同？

思考上述问题，让我们带着这些问题一起走进本章的内容。

4.1 微博数据分析概述

作为一种网络社交平台，新浪微博打败了国内众多竞争对手后脱颖而出，其月活跃用户高达5亿，日活跃用户高达2亿。时至今日，人们再谈起"微博"一词时，默认的都是新浪微博。

4.1.1 微博数据分析的含义

随着计算机技术全面地融入社会生活，信息爆炸已经积累到一个开始引发变革的程度，它不仅使得世界上充斥着比以往更多的信息，而且增长速度也在逐步加快，驱使着人们进入一个崭新的大数据时代。各行各业无时无刻不在产生着海量的数据，无论是线下的大超市还是线上的商城，每天都会产生TB级以上的数据量。

作为网民重要的社交平台，微博吸引了爱好、性格、性别、年龄迥异的庞大用户群体。因此，许多微博账号想要在庞大的用户群体中脱颖而出无疑成为较困难的事情。微博数据的分析意义也是基于这样的问题，通过挖掘微博数据背后的信息帮助目标用户提升账号的价值。图4-1所示为微博图标和微博Logo。

图4-1 微博图标和微博Logo

4.1.2 微博数据分析的主要内容

微博数据分析主要包括微博基本数据分析、微博内容数据分析、微博粉丝数据分析、微博账号数据分析。

1. 微博基本数据分析

微博基本数据分析主要指的是微博粉丝变化数、互动和关注等最基本的数据，这些数据是最直观反映出微博账号价值的参数，而分析的目的也是通过运营提升微博基本数据的影响力。

2. 微博内容数据分析

微博内容数据分析主要是指依靠微博自带的数据分析工具或是第三方数据分析工具，对微博博主的发布量、评论数、互动数等进行运营分析。运营者可以选择任意的数值进行比较分析，探寻微博内容如何受到更多关注。

3. 微博粉丝数据分析

对于微博粉丝的分析仅仅看到其变化量是远远不够的，需要通过对粉丝的性别、年龄、收入、所在区域、兴趣点甚至是星座等信息去了解粉丝的喜好，通过运营增加粉丝的黏性并吸引更多粉丝的加入。

4. 微博账号数据分析

微博在 2019 年营收 122.4 亿元，其中广告营收达到 106 亿元。而账号的影响力便是广告投入价格区分的主要因素。有些账号可以获得几千万的粉丝数，而有的账号仅仅能获得几千的粉丝数。账号数据分析的意义就在于剖析目标用户的账号和同类有较多关注账号的区别，以期为目标账号提供获得较多关注的方案。

4.1.3 微博账户认证类型

微博账户认证分为政府官方、媒体、企业、机构、校园、公益等多种类型。

1. 政府官方认证

政府官方认证主要包含公安、司法、交通、医院、市政、工商等政府机构官方账号认证。

2. 媒体认证

媒体认证主要是报纸、杂志、广播电台、栏目等账号认证。

3. 企业认证

企业认证指的是持有营业执照、具有经济法人资格的企业、个体商户官方账号认证。

4. 机构认证

机构认证主要是指场馆、粉丝团体、体育俱乐部、车友会等官方账号认证。

5. 校园认证

校园认证主要指的是校园官方、团委、院系、学校社团、校友会等官方账号认证。

6. 公益认证

公益认证主要是慈善基金会、公益机构、公益项目等官方账号认证。

除此之外，微博账号在头像下方会有不同颜色的"V"用于区分不同性质的用户，主要分为蓝色、红色和黄色。

1）蓝 V 博主

蓝 V 博主要包含政府官方认证、企业认证、机构认证、媒体认证、校园认证的账户，例如，某市公安局的官方微博、某高校的官方微博等，图 4-2 所示为蓝 V 博主。

2）红 V 和黄 V 博主

红 V 和黄 V 博主是个人认证，其言论仅代表个人，发布的内容和自身的喜好、学历、精神状态等息息相关，其内容的真实性和客观性远远低于蓝V博主。红V博主和黄V博主的区别在于红V对于粉丝数量和阅读量有较高要求。图4-3所示为黄V和红V博主。

图4-2　蓝V博主

图4-3　黄V和红V博主

📌 **课堂讨论：** 请谈一谈微博和其他社交平台的主要区别。

4.2　微博数据分析常用工具

当前，微博愈发注重博主广告质量和微博电商的发展，微博作为一个开放式的流量池，广告主投放广告的展示形式也逐渐多元化。那么，面对形式多样且数量庞大的微博后台数据，就需要依靠数据分析工具来帮助运营者精准投放。

4.2.1　西瓜微数

西瓜微数是西瓜数据的专业微博数据平台，其主要功能在于可以洞悉品牌及竞品传播的概况，掌握品牌舆情口碑与动态营销，为营销策略提供数据支持。同时，西瓜微数通过多项内容全面解读微博达人、红人，运用AI技术、人工智能技术评估账号真实价值，可以有效地挖掘优质达人。图4-4所示为西瓜微数界面。

图4-4　西瓜微数界面

西瓜数据的主要的功能有以下3种。

1. 博主查找

博主查找功能可以看到微博博主近7天、30天的发博数、平均评论数和发博总趋势等。广告主也可以通过这个功能查看特定博主的历史微博、历史广告微博数据情况。这一界面可以展现粉丝画像，清晰地描绘出粉丝的变化趋势、基本信息、地域分布、喜好和活跃时间等重要信息。这些基本数据对于广告主在投放时具有重要的参考价值，可以有针对性地选择适合投放的产品。图4-5所示为西瓜微数博主搜索界面。

图4-5　西瓜微数博主搜索界面

2. 电商数据分析

电商数据分析主要包括商品搜索、商品排行榜、商品监控、广告微博榜、广告视频榜和电商达人榜等。通过多维度的分析可以寻找到优质的带货博主，同时也可以帮助微博博主筛选不同类型商品的投放情况，帮助其选择合适的广告商品或业务。图4-6所示为西瓜微数电商数据分析界面。

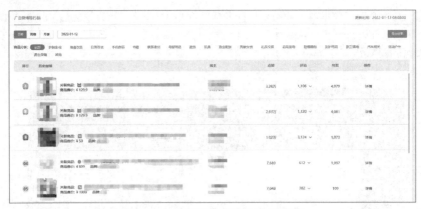

图4-6　西瓜微数电商数据分析界面

3. 微博数据监控

微博数据监控功能包括微博监控、热搜监控和直播监控。此功能是为了实时监控微博的转发、评论、点赞情况，分析了解当前的热点，以便于了解广告或商品的真实流量数据。图4-7所示为微博数据监控界面。

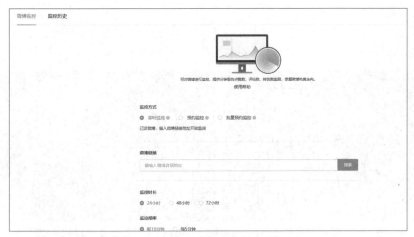

图 4-7　微博数据监控界面

4.2.2　知微数据

知微数据是一款强大的微博数据分析工具，它着眼于社交媒体中传播的最小信息单元，可以对单条微博的传播路径、参与人群、引爆点、短链、水军情况等内容进行多维度分析，帮助运营者理清微博传播特征，建立用户画像。图 4-8 所示为知微数据界面。

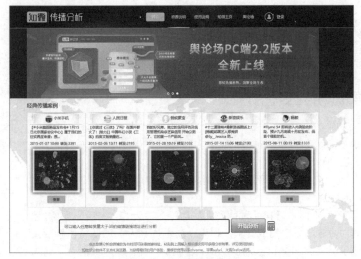

图 4-8　知微数据界面

知微数据除了常见的建立用户画像功能以外，其主要特色功能还包括引爆点和传播路径。

1. 引爆点

引爆点是指某一事件由较少关注到受到较大关注的过程中，发生质变的关键点。引爆点的分析在整个数据分析过程中意义重大，量变会引起质变，小众可以变为流行，掌握引爆点数据在数据运营中是使小众事件上升为群体事件的关键。图 4-9 所示为某微博内容的引爆点。

2. 传播路径

传播路径包括传播路径图和传播层级。此功能是为了分析微博关键传播账号的传播路径和转发的最大深度、各层级转发数量、占比。图4-10所示为某微博内容的传播路径。

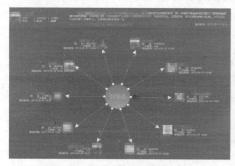

图4-9 某微博内容的引爆点

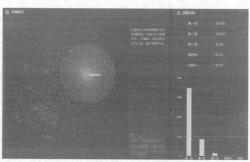

图4-10 某微博内容的传播路径

第一层传播是指直接转发原微博内容或与之产生互动的用户；第二层传播是指用户转发第一层参与传播的用户的内容；第三层传播是指用户转发第二层参与传播的用户的内容。在层级分析中既可以看出微博原内容的影响力，也可以看出在传播过程中帮助微博内容实现二、三、四级传播的关键用户。

> **课堂讨论**：尝试用微博数据分析工具分析一条你的微博并讨论传播过程中的特点。

4.3 微博基本数据分析

微博的基本数据包括微博粉丝变化数、微博互动数据、微博文章和视频。

4.3.1 微博粉丝变化数

"粉丝"一词主要指的是崇拜、迷恋某个名人的群体，也就是常说的"追星族"。微博的兴起使普通人有了成为明星的可能，普通人也可以收获几万甚至几千万的忠实拥护者，而这批人则被称为微博粉丝。

微博的粉丝变化中有以下两个重要的指标。

1. 新增粉丝人数

新增粉丝人数指的是近期通过微博关注功能关注到博主的用户人数，这一指数能够反映出近期微博博主内容的影响力或受关注程度。图4-11所示为微博粉丝新增人数。

2. 减少粉丝人数

减少粉丝人数包括粉丝主动取消对博主的关注，也包括博主主动移除粉丝的关注。减少粉丝人数能够反映出微博博主近期的受关注情况，可以及时根据粉丝减少人数来调整自己的内容生产。图4-12所示为微博粉丝减少人数。

> **课堂讨论**：你关注了哪些微博博主？为什么关注？

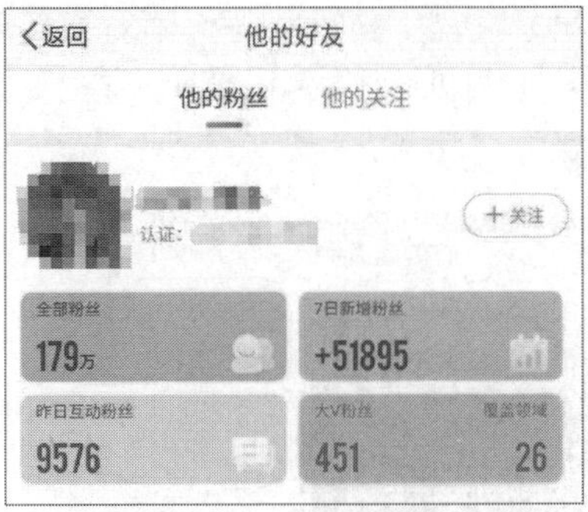

图4-11 微博粉丝新增人数 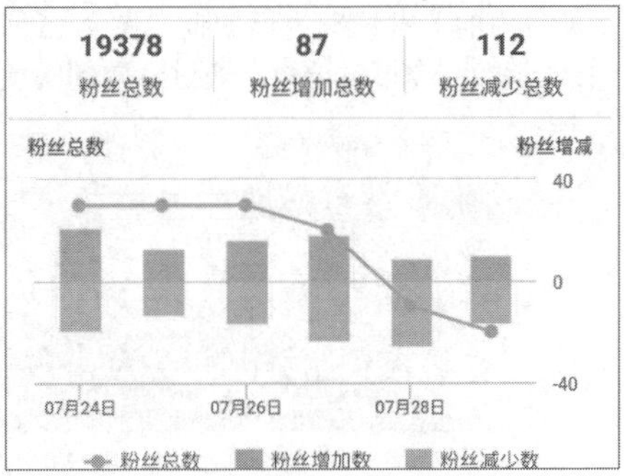　　　图4-12 微博粉丝减少人数

4.3.2 微博互动数据

微博中的互动主要指的是博主生产内容的阅读数和互动数。微博互动率高的博主，微博官方会对此账号有较好的评价，因此在流量、推送、权限等方面有更多的优势。高互动率代表着能获得较高的阅读数，如果有粉丝将博主生产的内容分享、转发等，那么此内容获得高阅读量的概率会迅速的提升。图4-13所示为微博互动数。

序号	姓名	互动总量（亿）	发博总数（条）	平均每条发博互动量（万）	互动量均值排名
1	迪██	0.8706	66	131.9	
2	孟██	0.7502	111	67.6	4
3	杨██	0.6976	131	53.3	6
4	吴██	0.6302	86	73.3	3
5	Sun██	0.4169	87	47.9	7
6	傅██	0.3403	105	32.4	9
7	杨██	0.3399	116	29.3	12
8	鞠██	0.3299	54	61.1	5
9	宋██	0.3225	100	32.3	10
10	杨██	0.2982	91	32.8	8
11	Angelababy	0.2689	85	31.6	11
12	赵██	0.2413	29	83.2	2
13	Y██	0.2053	120	17.1	14
14	谢██	0.1971	172	11.5	15
15	赖██	0.155	78	19.9	13

图4-13 微博互动数

微博的互动主要包含以下几种形式。

1. 转评赞

转评赞指的是微博中的转发、评论、点赞功能，这是最直观的微博互动数据，在每一条微博下边都包含最基本的3个数据。图4-14所示为微博的转发数、评论数和点赞数。

2. 话题互动

微博的话题互动是指根据微博热点、个人兴趣、网友讨论等多种渠道的内容，经过话题主持人补充修饰和加以编辑的，与某个话题词有关的专题页面。微博用户可以在话题界面进行讨论，同时话题页面也会自动收录含有该话题词的相关微博。在发布微博时，输入双井号

图4-14 微博的转发数、评论数和点赞数

"##"，#号内的关键词即为话题词。图4-15所示为微博话题，可以看到"#你好八月#"话题的今日阅读数和今日讨论数，通过话题的阅读数和讨论数可以判断该话题的热度。

图4-15 微博话题

微博话题往往可以聚合较多的用户，因此也是博主获得更多关注的重要方式，在选取话题时要选取话题粉丝较多且活跃、话题粉丝参与性强、显示热门讨论的话题，这样更容易获得较多的关注。通过参与话题发布适合的内容，可以增加博主帖子的曝光度，从而增加帖子的互动性，这里的互动不仅仅局限于自己的粉丝，还可能吸引更多对此话题感兴趣的人与博主产生互动，从而增加账号的影响力。

3. 抽奖互动

抽奖互动是一种较为讨巧的增强互动的方式，奖品可以根据自身的账号属性和目标进行灵活的设置。有了奖品便可以吸引更多的用户参与到活动当中，极大地提高了微博的阅读率、评论率和转发率。图4-16所示为微博抽奖互动。

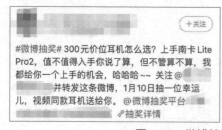 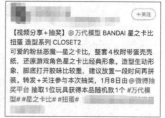

图4-16 微博抽奖互动

在微博抽奖互动中，博主可以设置相应的条件，例如，只有点赞、关注、转发、评论才能参与到抽奖中，由于有了实质性的奖励，用户大多数是愿意参与进来，这极大地提升了账号的影响力。同时，由于有了"微博抽奖平台"的官方介入，保证了抽奖的公平性和真实性，使得更多的用户愿意与其互动并参与进来。

4. 私信互动

私信互动不同于微博评论功能，它具有一定的隐私性，使用户有了一个宣泄自我情绪、情感的平台，可以建立起博主与用户更为亲密的联系，从而增强用户的黏性。如果用户可以收到博主的回复，该用户便会成为其忠实的粉丝。

课堂讨论：哪种微博互动方式你更愿意参与进去？

4.3.3 微博文章和视频

微博博主生产的内容除了博文以外还包含两个模块，一个是文章，另一个是视频，这也是微博不同于抖音、斗鱼等内容生产平台的一大特征。微博的文章和视频数据分析主要包含的内容基本相同，主要是播放趋势、播放人数、转评赞。

1. 视频播放趋势

播放趋势中主要包含视频或文章的总发布数量、视频或文章总播放量以及走势图。图 4-17 所示为微博视频播放趋势分析内容。

2. 视频播放人数

播放人数中主要包含视频或文章总播放人数、视频或文章日均播放人数以及走势图。图 4-18 所示为微博视频播放人数和分析的主要内容。

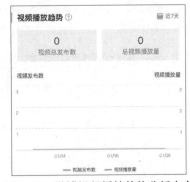

图 4-17 微博视频播放趋势分析内容

图 4-18 微博视频播放人数和分析的主要内容

3. 视频转评赞

视频和文章转评赞主要包含转发总数、评论总数、赞总数以及走势图，这也是能直观看出视频或文章质量的数据。图 4-19 所示为微博视频的转评赞。

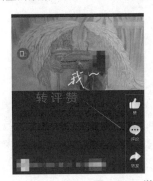 

图 4-19 微博视频的转评赞

4.4 微博粉丝数据分析

微博粉丝是在微博里对某一博主保持持续关注的人类群体，当微博的博主在其微博上发表新的留言，大多数情况下第一时间关注他的就是该微博的粉丝。同时，粉丝们又通过评论、转发、分享的方式将其传播到更大的范围，使得博主的影响力逐步扩大，由此引发了粉丝数量上的竞争。

微博粉丝数据分析主要有粉丝数据分析的主要内容和粉丝的特征,对于微博粉丝的特征分析有利于了解粉丝喜好,利于做好运营规划。

4.4.1 粉丝数据分析的主要内容

随着大数据运用的不断深入,各个自媒体平台均有自己的数据后台,同时也有许多第三方公司在从事运营服务。对于粉丝分析当前主要包括粉丝趋势分析、粉丝来源、粉丝性别、粉丝年龄、粉丝分布区域、粉丝兴趣标签和粉丝星座等方面。

1. 粉丝趋势分析

粉丝趋势分析是用来表现微博博主的粉丝总数、新增粉丝数、粉丝减少数、粉丝增长率等相关数据。

2. 粉丝来源

粉丝来源主要是通过了解粉丝关注博主的来源,可以分析出粉丝主要通过哪种渠道关注到博主,可以有效地帮助博主优化来源比例较低的渠道。粉丝来源分析可以查询全部粉丝与近7日新增粉丝数据。当前,粉丝来源主要分为微博推荐、第三方应用、微博搜索、找人4个部分。图4-20所示为微博粉丝不同来源。

微博推荐,指通过微博推荐而关注此账号的人数,这部分关注人数大多是根据算法推荐,无意间看到了自己感兴趣的内容或话题而关注。

第三方应用,指博主的视频或者文章在第三方平台投放而被关注到的粉丝数量。

微博搜索,指用户通过微博的搜索功能主动搜索内容或者博主的名字而关注到账号的粉丝。图4-21所示为微博搜索。

找人,指通过微博的找人频道而关注到的粉丝。

图4-20 微博粉丝不同来源

图4-21 微博搜索

3. 粉丝性别和年龄

微博粉丝性别和年龄的构成主要包含不同年龄区间粉丝的男女比例,粉丝的性别和年龄会影响运营者选题及语言的风格选择,因此对于粉丝年龄和性别的分析与运营可以有效提升账号的影响力。图4-22所示为微博粉丝性别和年龄。

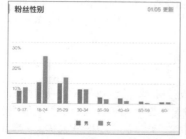
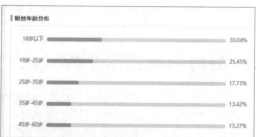

图4-22 微博粉丝性别和年龄

4. 粉丝分布区域

粉丝分布区域是指微博博主的粉丝分布在不同的地域，由于微博用户遍布国内各个省份，各个城市，甚至是海外，用户的生活习惯、习俗、喜好等都呈现出不同的特征。因此，数据运营者将博主的粉丝分布统计出来有利于聚合喜好相同的受众，或是分析自己内容更受哪些区域的用户所喜欢，更利于规划内容的生产。图 4-23 所示为微博粉丝分布区域。

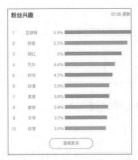

图 4-23　微博粉丝分布区域

5. 粉丝兴趣标签

粉丝兴趣标签是指用户的社交偏好和兴趣爱好，主要根据微博用户的关注、浏览、评论、转发和搜索等行为，通过数据挖掘，判断粉丝的兴趣。对于粉丝兴趣标签进行分析，有利于博主根据粉丝的兴趣爱好提供其感兴趣的内容，从而增强粉丝的黏性。相应地，微博博主也可以为自己设置兴趣认证，以便于更好地被对此类内容感兴趣的用户所发现。图 4-24 所示为微博粉丝兴趣标签。

图 4-24　微博粉丝兴趣标签

6. 粉丝星座

粉丝星座是指用户的星座信息，主要是根据用户在注册微博时填写的信息进行统计。粉丝星座的分析有利于帮助运营者去掌握不同星座用户的喜好，尤其是以星座信息为主要内容的博主，可以很好地增强用户的黏性。图 4-25 所示为微博星座命理博主。

图 4-25　微博星座命理博主

4.4.2 粉丝的特征

微博用户的年轻化不断加速,"90后""00后"的占比越来越大。因此,面对新形势下的受众群体,如何把握住他们的特征成为数据分析的重要内容。当前的微博粉丝呈现出如下特征。

1. 女性用户高于男性用户

从微博用户群体来看,"90后""00后"为微博主要的用户群体,两者占据当前微博用户80%以上。从性别上看,"90后""00后"年轻女性用户占比高于男性用户。

2. 北上广深的微博用户数量最多

据2020年微博数据统计,北京、上海、广州、深圳的微博用户数量最多。而这些地区的微博粉丝呈现出多级分化,他们的需求更为多样,对博主的更新速度、更新质量、差异性等方面有更高的要求。

3. 中午、晚上成为冲浪高峰期

尽管不同代际的用户使用微博互动的时间段不尽相同,但总体来看,中午12点的午休时间和下班、放学后的22点成为各年龄段用户使用微博的高峰期。图4-26所示为不同代际用户使用微博的时间段。

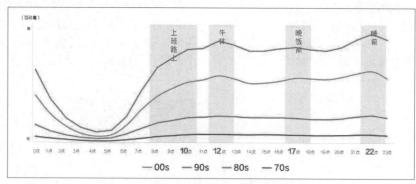

图4-26　不同代际用户使用微博的时间段

4. 代际需求存在差异性

"70后"对于科普知识、互联网、军事、健康养生的话题更感兴趣;"80后"对于法律、互联网、国际新闻等感兴趣;"90后"对于游戏、综艺、体育、搞笑幽默等领域更感兴趣;"00后"对于美女帅哥、娱乐明星、游戏、教育等话题更感兴趣。

案例　某无糖饮料的营销策略

现在人们越来越注重饮食的均衡营养,希望吃得更健康同时食物更加美味,为此催生出对食品的更高要求。相较于奶茶高糖带来的高热量,人们对无糖饮料的需求与日俱增。无糖饮料通过糖醇和低聚糖等甜味剂来代替糖,使饮料依旧具有甜味却没有热量,日渐成为消费者的新宠。

近两年,国内一款主打零糖、零卡、零脂的饮料风靡一时。该品牌成立于2016年,2019年天猫"6·18"活动中,该品牌共卖出226万瓶饮料,毫无疑问拿下水饮品类的第一名,2019年"双11"购物节,该品牌在全网销量中排名第二,打败了可口可乐和百事可乐两大国际知名品牌。是什么能让一个仅仅创立几年的品牌获得如此耀眼的成绩,该品牌的成功离不开以下几点。

第一,市场定位。该品牌的市场定位是要做受年轻人喜爱的无糖气泡水饮料,目标客户是年轻人。现"90后"已经成为市场的消费主力人群，这个年龄段的人群有知识、有追求、有品位，对于食品的要求更为严苛，不再一味追求口感，而是更加在乎食品的健康。而该品牌推出的零卡、零糖、零脂的饮料正契合了当下年轻消费者的消费需求。同时该品牌仿日式风格的设计也使该品牌饮料外包装看起来更具"日式小清新"的风格。

第二，渠道推广。该品牌最先选择的推广线下渠道是各种便利店，而便利店门店数量众多，在国内大中城市中广有分布，有利于迅速打开产品的知名度。除了线下渠道推广之外，该品牌还在各大社交媒体平台开设品牌官方店铺。线上电商平台的开设丰富了消费者的购买方式，打破了区域限制的弱势。

第三，线上曝光。该品牌充分利用互联网曝光的方式，乘着"互联网+"的东风，扩大品牌影响力。在线下渠道铺设完成后，该品牌开始线上的一系列曝光，如通过微博、小红书、抖音等进行精准线上宣传。以微博为例，搜索无糖饮料关键词，基本会出现该品牌的产品，无糖饮料话题已经突破500万的阅读量，其他相关话题阅读量也是不计其数。除了话题讨论外，该品牌还与微博博主合作，通过博主测评等方式推广产品。

通过以上三点，该品牌在短短几年中成为国内饮品行业知名品牌，获得了国内年轻消费者的青睐。图4-27所示为某饮料微博超话。

图4-27　某饮料微博超话

4.5　微博账号数据对比分析

微博账号对比分析的意义在于如何取长补短，找到增长点，制定投放策略，在同质类微博中脱颖而出。因此需要了解微博账号的不同类型，了解不同账号的特色特征，学会分析不同账号生产的内容特征。

4.5.1　微博账号类型分析

微博平台中活跃着形形色色的博主，有个人运营的微博账号，也有团队运营的微博账号。在这些微博账号中它们的类型大不相同，有明星名人类微博、政务类微博、企业微博、个人微博等多种类型。

1. 明星名人类微博

明星名人微博是指本来在社会上就已经有较高关注的各个领域明星名人开通的微博，他们的微博关注度较高，并且作为公众人物能够获得较多的粉丝数量。微博用户中的名人包括各行各业的专家、知名作家、娱乐明星、体育明星等。图4-28所示为明星名人博主。

在明星名人微博中，娱乐明星往往获得的关注更多。图4-29所示为某月微博影响力排行榜前五名。

图 4-28　明星名人博主

排名	微博账号	粉丝数	原创微博数	平均评论数	平均转发数	平均点赞数	KBI指数	操作
1	X玖少年团肖战 1792951112	2974万+	9	100万+	100万+	5941394	2370	
2	Dear-迪丽热巴 1669879400	7663万+	10	60万+	95万+	2146891	2316	
3	刘润斯 5873553397	2164万+	17	70万+	84万+	1049297	2305	
4	蔡徐坤 1776448504	3619万+	6	77万+	87万+	1017609	2294	
5	华晨宇yu 1624923463	3885万+	21	42万+	87万+	1083106	2294	

图 4-29　某月微博影响力排行榜前五名

2. 政务类微博

政务微博是指政务机构或公务人员开设的官方微博账户。政务微博在树立政府形象、发布信息、引导社会舆论、创新社会管理等方面都发挥着重要。政务微博作为有效的交流沟通平台，为百姓提供了很好的发声平台，拉近了政府机关和百姓之间的距离，有利于倾听民众的呼声。2011 年，中国的政务微博快速发展，这一年被称为"政务微博元年"，在这十年中，具有个人特色、职能特色和地域特色的政务微博层出不穷，受到了广大微博用户的关注。图 4-30 所示为政务类微博。

图 4-30　政务类微博

据微博数据中心统计，2020 年微博平台政务中，政务蓝 V 账号总数超过 14 万，政务蓝 V 粉丝总数超过 30 亿，阅读量超过 4500 亿，被互动量超 8.3 亿。

3. 企业微博

许多企业为了保持较高的关注度，培养用户黏性，都开通了企业官方微博，有些企业甚至还形成了矩阵式经营策略，通过开通高层领导个人微博、核心产品微博和官方微博等形式而产生更多的话题来获取关注度。图 4-31 所示为企业微博。

4. 个人微博

个人微博是以个人名义生产内容的微博博主，他们有获得关注度较低的普通人，也有受关注不亚于明星的草根网红，他们生产的内容涵盖生活百态、知识分享、情感交流等多个方面。

图 4-31　企业微博

4.5.2　微博账号粉丝分析

不同类型的微博账号可以聚合不同类型的粉丝，这些粉丝从年龄、性别、收入、地域、星座和偏好等方面大不相同。对于微博账号粉丝的运营就是要对目标账号的分析详细情况进行对比分析，在粉丝分析模块中运营者需要对其进行对比分析，以期挖掘出账号粉丝未来的增长点和探寻扩大粉丝影响力的策略。

想要实现对于微博账号粉丝的对比分析可以借助多种手段，这既包括前文所述的微博自带的数据统计工具，也可以借用前文所述的第三方数据统计工具。对于微博账号粉丝的分析，其目的是描绘出清晰的用户画像。粉丝画像是基于庞大的用户基数而构建的，粉丝画像包含多个维度的信息，如年龄（青少年、中年、老年）、性别（男、女）、收入（中等收入水平、高等收入水平）、地域（西部、中部、东部）等。

4.5.3　微博账号内容分析

不同类型的微博博主在内容生产上会有很大的区别，即使是同一类型的微博博主在生产内容时也会有自己的侧重点。对于微博账号内容的分析其意义在于运营者可以对目标账号发布的内容进行对比分析，这个对比分析可以是横向的，也可以是纵向的，以实现对账号内容的运营。图 4-32 所示为微博热搜主流。

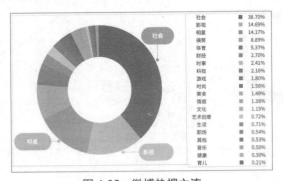

图 4-32　微博热搜主流

通过对热搜数据的分析可以帮助运营者更好地确定账号的生产内容。以微博 2021 年热搜数据为例，排名前三的是社会类话题、影视类话题和明星话题。不同类型的热搜数量在 2021 年的变化确实也大不相同，以社会类话题为例，其在 7 月份达到顶峰，整个下半年热搜数量高于上半年数量。社会类热搜不仅数量多，而且总热搜指数、总阅读数、累计在线时长均为最高。图 4-33 所示为微博热搜数量趋势。

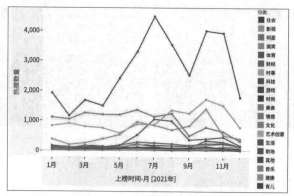

图 4-33 微博热搜数量趋势

> **课堂讨论**：你对哪种微博内容更感兴趣？为什么？

4.6 微博推广数据分析

广告作为微博博主主要变现的形式，其投放形式是多种的，包括淘宝、天猫、京东的链接、优惠券、博主测评推广等多种形式。当前来看，最主要的广告投入方式是以淘口令以及优惠券形式推广的淘宝商品。图 4-34 所示为微博广告展现形式。

1. 链接式广告

链接式广告是微博博主通过图片加文字的形式进行内容的推广，博主会在文章中通过附上链接的形式引导用户点击参与或购买。较为常见的是淘宝、京东的购物链接。图 4-35 所示为链接式广告。

图 4-34 微博广告展现形式

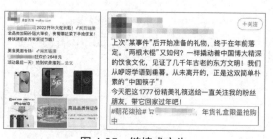

图 4-35 链接式广告

2. 口令式广告

口令式广告是微博博主通过在文章中附带活动口令，用户可以通过口令参与到活动当中，并且依靠口令享受相应的特价商品或是折扣。图 4-36 所示为口令式广告。

3. 微博小店

微博小店是微博的电商功能，这也是微博博主变现的重要形式。微博博主可以依靠自身的流量，吸引用户到自己的小店进行消费。微博小店有着低门槛、易操作的特点。有些博主的小店商品和其日常更新内容毫无关系，但是依靠其强大的影响力，消费者仍然愿意在其小店中消费。大多数小店则是和账号定位切合,例如,推广茶文化的账号会在自己的小店内售卖茶叶、茶具等。图4-37所示为微博小店。

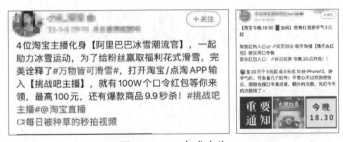

图4-36　口令式广告

图4-37　微博小店

4.7　本章小结

微博作为当下重要的社交平台之一,其社会价值与商业价值可谓相辅相成,它与生俱来的超强互动性决定了微博永远是无数信息交汇的引爆点。本章首先学习了微博数据分析概述,包括其含义、主要内容、账户认证类型;接着了解了微博数据分析的常用工具;随后进一步了解了微博基本数据分析的相关内容,包括粉丝变化数、互动、文章和视频的相关知识;最后在此基础上掌握了微博粉丝数据分析的内容和特征,学习了微博账号对比分析和广告投放的方式,关注数据分析的作用,全面掌握了微博数据分析的相关知识,彰显人文精神。

第5章　今日头条数据分析

今日头条是一款基于数据挖掘的推荐引擎产品,其对每个用户兴趣、位置等个性化推荐给用户提供了多样化的选择,也给个人创业者、企业等提供了广泛的自媒体发展空间,受到用户的关注和喜爱。今日头条的推送内容不仅囊括新闻、娱乐、影视、消费等多种文字讯息,平台还整合了海量内容,涵盖从视频、直播、图文等多种场景载体来供用户选择,满足用户的需求。

今日头条的个性化推荐引擎技术,可以根据用户的社交行为、阅读行为、地理位置、职业、年龄等挖掘出用户的个人兴趣。通过对用户社交行为进行分析,5秒钟计算出用户兴趣,通过用户对用户行为分析,当用户每次动作后,10秒内更新用户模型。

相较于其他社交媒体平台,用户根据兴趣主动关注的模式,今日头条的推送模式进一步扩大了用户潜在的需求,引导用户关注到自身会忽视的方面,给用户提供更多选择的空间。从单一的搜索到以实现技术驱动搜索为个性化,引导用户的兴趣产生即时转化。同时这种方式给予自媒体行业者更大的创作自由和创作领域。

因此,今日头条在自媒体行业具有的强大生命力不容小觑。通过今日头条的数据运营可以从用户兴趣的角度深耕内容的创作,了解用户的兴趣、画像以及社交行为习惯。

5.1　今日头条数据分析概述

2012年对于整个中国互联网行业而言是至关重要的一年。在这一年,除了微信公众号、唱吧、唯品会以及电商行业的井喷以外,今日头条在这一年也成为一个重要的现象级产品。

今日头条是一款基于数据挖掘的推荐引擎产品,为用户推荐信息、提供连接人与信息的服务的产品。今日头条的出现改变了以往人们新闻获取的方式,创造出了全新的媒体生态环境,一经出现便获得了庞大的用户群体。

5.1.1　今日头条数据分析的含义与作用

今日头条作为中国当下主流的新闻资讯平台,其在过去的10年中不断发生着变化,其承载着越来越多大众所感兴趣的界面和新功能。如今的今日头条,在新闻推送的基础之上增加了视频、放映厅等多个专栏,并且专栏内容不断细化,以满足不同背景用户的内容阅读需求。目前,今日头条有超7亿的用户数量,日活跃量高达2亿,2020年今日头条用户点赞超430亿次,分享7.4亿次,评论443亿次。图5-1所示为今日头条宣传海报。

众所周知,今日头条的成功主要依靠的是其两大特色。一个是大数据算法下的内容推荐机制,头条App会根据用户的喜好和阅读习惯对其进行个性化的推送,让用户可以在数量庞大且内容繁杂的信息中及时寻找到自己所需要、所关心的内容;另一个是今日头条拥有超7亿的用户群体,这使得它有了庞大的内容创者群体。早期的今日头条将自身定位为内容平台,它不负责生产新闻,而是通过爬虫抓取第三方媒体网站信息进行二次加工甚至是直接搬运。今天的今日头条为了强化对内容生产的把控,创办了头条号,吸引了大量的传统媒体和新媒体创作者，使其有了强大的内容生产团队。图 5-2 所示为今日头条 App 图标和公司外墙效果。

图 5-1　今日头条宣传海报

图 5-2　今日头条 App 图标和公司外墙效果

正如今日头条的标语"你关心的，才是头条"，今日头条打破了传统新闻以新闻热点为中心的模式，实现了以用户自身为中心的传播方式，更突显了今日头条为具有无限差异性的用户提供个性化服务的产品定位，使其一直保有较高的活跃性。

正因如此，对今日头条的数据分析有助于进行账号管理，实时监控数据以及进行相关合作投放，推动广告业务、流量变现业务的稳步提升。探究今日头条成功账号的数据密码，优化账号生产内容的结构，为目标用户指定更具有针对性的营销方案。

> **案例**　高效运营今日头条的方法

今日头条媒体平台又被称为"头条号"，是由今日头条推出的一个自媒体平台。可以帮助各种企业、个人创业者等对象扩大自身影响力，从而增加曝光。图 5-3 所示为今日头条搜索界面。

图 5-3　今日头条搜索界面

首先，注册账号后需要选择兴趣领域，选择自身擅长或感兴趣的创作领域，在账号创办初期要设置一个定位，这样在写作的时候素材才足够多，才能有不断的内容输出。经过初期的摸索，再通过竞品分析去寻找不同的切入点、代入深层次定位，关键是找到目标用户，挖掘他们的需求和痛点，用自身账号独特的定位去打动用户。图5-4所示为今日头条新闻。

其次，内容是自媒体的灵魂。自媒体内容的本质是在精雕细琢一个产品而不是作品，以读者为中心产出有价值的内容。有好的内容自然会吸引到有需求的读者。在内容为王的时代，好的内容需要做出自身的风格，写出读者想要看到的内容。好的原创才能赢得粉丝的关注和用户黏性。

对于没有初期粉丝的头条号同样也可以获得大量的阅读量，这依赖于头条号自身的算法推荐机制。只要内容能够吸引到读者，就会得到系统的持续推荐，也可以获得非常多的关注。因此，一方面，要善于寻找热门话题点，让内容符合大众需

图 5-4　今日头条新闻

求，激起用户读者的更多共鸣，就可以获得比较高的阅读量，产生更多收益；另一方面，可以善用悟空问答。通过好的问题回答实现用户引流，同时帮助自身进行更好的题材创作。优质的回答可以被推荐到首页获得更多的流量点击，实现更好地引流。

做自媒体需要善于运用数据分析，通过用户数据、行为数据的检测，通过数据背后的消息分析影响原因，从而对账号、内容、变现路径等做出优化、迭代等。

课堂讨论： 你认为今日头条和其他新闻资讯类App有什么异同？

5.1.2　今日头条数据分析的常用指标

今日头条目前上升势头依然迅猛，作为一种新颖的融合新媒体和自媒体特点的新闻生产中心，受到了各个群体的使用和关注。对于今日头条进行数据分析离不开平台运营指标和账号指标两个方面。

1. 平台运营指标

今日头条和大多新媒体平台一样，在数据分析时需要了解用户数据、行为数据、业务数据三个方面的内容。

1）用户数据

用户数据主要包含存量、增量、留存率等多个方面内容。

我们常常会使用日/月活来表示用户的情况，也就是日活（DAU）、月活（MAU）。日活是指一个自然日跨时区的最近24小时用户情况；月活是指当月至少活跃一次的用户数。需要注意的是，月活不等于日活的总和，在统计时需要对日活进行去重。

那我们如何去判断用户是否属于活跃用户呢？一般情况下，我们认定用户参与到今日头条的关键事件，就可以算是活跃用户。

2）行为数据

行为数据有次数、时长、质量几个方面的指标。

首先，次数数据一般需要考虑的是PV、UV、访问深度几个方面的内容。所谓PV是指在页面浏览的次数，例如，张某在某一时间对某一页面进行了浏览计算一次，如果5分钟后再次浏览则又算一次，因此是一种不去重的数据。UV则是每个独立用户访问的次数，张某无论访问此页面多少次，则只计算一次。

其次，时长包括用户在整个平台的留存时间，也包括用户在某一内容上留存的时间。

最后，质量是指用户在平台中留存的行为原因，如张三因误操手机进入 App，这已经属于 PV（页面浏览量）和 VV（独立访客数）数据，但其并不属于高质量用户，我们指的高质量用户是在界面留存一定时间而非进入后立刻划走。图5-5所示为用户登录情况分析。

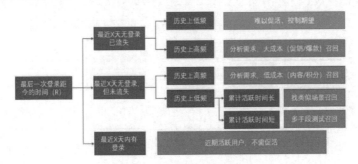

图 5-5　用户登录情况分析

3）业务数据

业务数据一般包括总量、人均访问时长、健康程度、被消费对象4个方面的指标。

一般情况下，我们以 GMV 来表示访问时长，GMV 经常用于表示商品交易总额，在新媒体环境中，流量作为一种财富和商品也可以用 GMV 来表示。

人均访问时长顾名思义，就是在一定统计时间内，浏览网站的一个页面或整个网站时用户所逗留的总时间与该页面或整个网站的访问次数的比。

健康程度是指用户在网站的活跃程度，"僵尸"粉往往不作为健康程度的指标，那些愿意付费、行为活跃的用户健康程度更高。

2. 今日头条账号常用指标

账号指标是用户或运营者能较为直观地看到的数据，在今日头条 App 或网页版都能够看到基本的账号数据。

1）创作者数据

以今日头条 App 为例，首先点击今日头条 App 进入应用界面。图5-6所示为今日头条和今日头条极速版 App 界面。

通过图片可以发现，今日头条和今日头条极速版的界面大致相同，甚至推送的内容基本相同，较为明显的不同之处在于，在任

图 5-6　今日头条和今日头条极速版 App 界面

务栏处极速版多出了"任务"的界面。之所以推出今日头条极速版是为了扩大今日头条系的受众群体，推出占据手机内存更小、用户可以变现的极速版占据市场。

进入界面后，点击右下角"我的"进入"创作中心"便可以直观地看到总阅读量、粉丝数收益等基础数据。图5-7所示为今日头条创作中心界面。

2）内容数据

在今日头条中，一则新闻较为常见和需要数据分析的数据有阅读量、点赞量、评论量、转发量、收藏量。

阅读量是指内容被阅读的次数，这一数据代表着内容被关注的程度和影响力。图5-8所示为新闻阅读量。

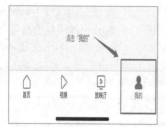

图 5-7　今日头条创作中心界面

点赞量是指用户对一则新闻执行点赞指令的数量。评论量是指用户对一则新闻进行评论互动。转发量是用户对新闻执行转发指令的数量。相较于阅读量，点赞量、评论量、转发量是更能体现出内容质量和受欢迎程度的数据。图 5-9 所示为新闻的点赞、评论、转发量。

图 5-8　新闻阅读量　　　　　　图 5-9　新闻的点赞、评论、转发量

内容数据除了需要对单则新闻进行分析以外，另一个重要的数据是用户账号影响力。账号影响力主要包括头条数、点赞数、粉丝数。图 5-10 所示为今日头条账号影响力判断因素。

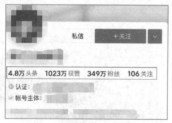
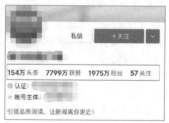

图 5-10　今日头条账号影响力判断因素

5.1.3　今日头条数据分析的策略

今日头条是为客户提供个性咨询的服务产品，从今日头条的背景、文章抓取、用户建模、新用户的启动、推荐系统等方面进行数据分析适合大部分数据运营者，使得 MCN 机构（一种短视频机构）可以快速掌握和借鉴数据分析的策略。

1. 今日头条背景

根据相关数据平台显示，截止到 2019 年 6 月，今日头条月活达 206 亿，日活 1.2 亿，用户人均单日使用次数达到 12 次，领跑行业同类 App。

2. 文章抓取机制

新闻无时无刻不再产生，一般而言，人们日常原创新闻有 1 万多篇，这些新闻可能会出现在各大新闻网站和博客空间。今日头条会审核和过滤。此外，今日头条的"头条号"也有自身的创作团队去生产加工文章。在有了大量的文章之后，便可以对这些文章进行文本分析，为其定制标签、划分区域、人群定位等。图 5-11 所示为今日头条"头条号"。

图 5-11　今日头条"头条号"

3. 用户画像

当用户开始使用今日头条后，我们可以使用 Scrible、Flume 等系统对用户的动作日志进行实时分析，通过使用 Hadoop、Stormhe 等工具挖掘用户兴趣，通过今日头条大数据平台分析账号影响力。以此确定用户画像，明确推广方向。图 5-12 所示为 Stormhe 和 Hadoop 图标。

图 5-12　Stormhe 和 Hadoop 图标

4. 推荐系统

想要对今日头条进行数据分析就要了解推荐机制。今日头条主要是依靠自动推荐系统和半自动推荐系统两种形式。自动推荐系统是自动匹配用户，生成推送任务，这样的覆盖面广而且效率高。另一种半自动推荐系统是根据用户在页面的操作动作、观看时长等信息，有针对性地进行推送。

课堂讨论： 你是否使用今日头条？你认为它和其他新闻类 App 有什么异同之处？

5.2　今日头条数据分析常用工具

互联网时代，数据流量已经成为一种十分重要的资源，对数据的掌握有利于熟悉市场风向，分析用户心理。面对海量的数据，以传统人工的方式进行统计显示是不太可能。这时候，就需要依靠数据统计工具，这无论对于今日头条的运营者还是需要在今日头条投放广告的品牌方来说，都至关重要。较为常见的今日头条数据分析工具有巨量算术、创作中心等。

5.2.1　巨量算数

巨量算数是一个今日头条官方数据平台，指数的主要功能是洞察每个关键词在抖音和头条平台的热度和变化趋势，同时提供这些关键词的关联分析结果和用户画像，帮助用户洞悉每个关键词和事件在平台上展现出来的温度。图 5-13 所示为巨量算数搜索界面。

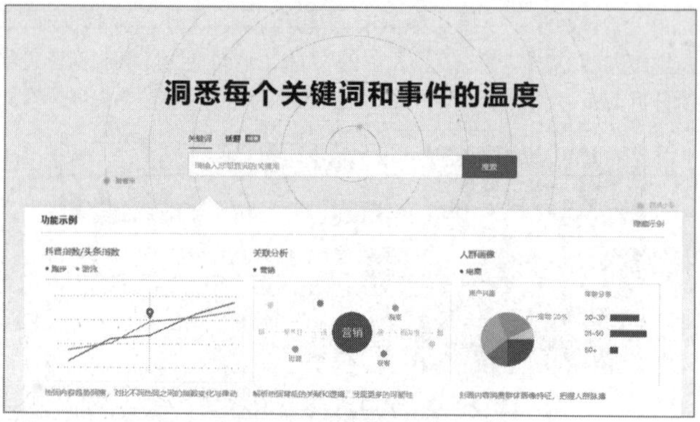

图 5-13　巨量算数搜索界面

巨量算术的主要功能有头条指数、关联分析、人群画像三个方面。

1. 头条指数

头条指数中包含综合指数、搜索指数、综合指数解读三个重要参数。

1）综合指数

综合指数是衡量该关键词在今日头条的综合声量。是基于今日头条热词指数模型，通过相关内容量、用户观看、搜索等行为数据加权求和得出该关键词的指数。图 5-14 所示为综合指数。

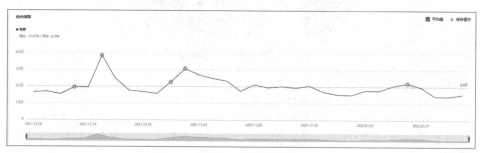

图 5-14　综合指数

首先我们需要键入一个关键词。例如，电商，然后选择头条指数。我们可以看到在电商为相关的内容，综合指数在某些时间段达到了一个峰值，最近电商为相关的话题呈现出下滑的势头，这时我们可以查看具体是哪些动作让电商的话题讨论度达到峰值，并且热度会持续多长时间。图 5-15 所示为综合指数峰值热点内容。

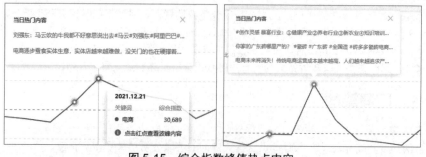

图 5-15　综合指数峰值热点内容

2）搜索指数

搜索指数是衡量该关键词在今日头条的搜索热度。通过关键词及相关内容的搜索量等数据加权求和得出该关键词的搜索指数，搜索指数并不等于实际搜索量。图5-16所示为搜索指数。

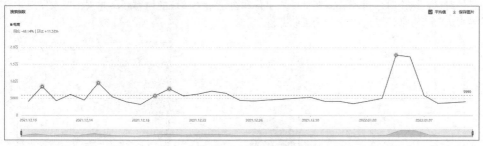

图 5-16　搜索指数

我们依然以关键词"电商"为例，可以看到在电商为相关的内容，搜索指数在某些时间段达到了一个峰值，峰值往往是由特殊事件或者新闻所引发，这里我们可以查看具体是哪些内容让电商的话题成为搜索高峰期。图5-17所示为搜索峰值热点内容。

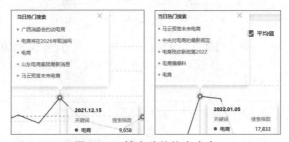

图 5-17　搜索峰值热点内容

3）综合指数解读

综合指数解读是将综合指数拆分为三个维度的指标。

（1）内容分：由关键词及相关内容的文章/视频数量加权求和得到，衡量该关键词在今日头条的基础声量。

（2）传播分：由关键词及相关内容的文章阅读量/视频播放量得到，衡量该关键词在今日头条的传播声量。传播分不等于实际阅读量/播放量。

（3）搜索分：由关键词及相关内容的搜索量等数据加权得出，衡量该关键词在今日头条的搜索情况。图5-18所示为综合指数解读。

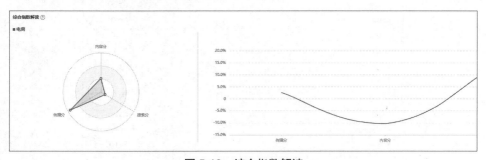

图 5-18　综合指数解读

2. 关联分析

关联分析是查看今日头条上关键词的关联关系。关联度取决于不同关键词同时出现的频率，进而确定关联度排名及涨跌幅排名。在平时创作过程中，创作者常会遇到瓶颈和思路匮乏的时候，这个时候可能就需要把热点事件和自己相关领域的内容联系起来，以求发现热点寻求运营新思路。图 5-19 所示为关联分析。

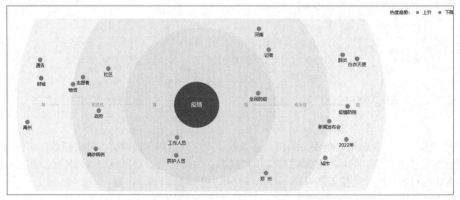

图 5-19　关联分析

以关键词"疫情"为例，通过关联分析我们可以直观地看出跟疫情相关的内容和搜索关键词以及它们的热度变化情况。并且我们可以点击每个关键词来查找 Top3 的热门事件。图 5-20 所示为关键词 Top3 热门事件。

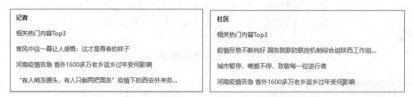

图 5-20　关键词 Top3 热门事件

同时，在这一板块中可以看到话题的涨跌情况，这使得创作者可以在这些相关信息中筛选自己擅长的内容和具有涨幅趋势的内容进行创作，这样在筛中热点的同时也拓宽了创作思路。图 5-21 所示为热点词汇的涨跌情况。

图 5-21　热点词汇的涨跌情况

3. 人群画像

人群画像功能是用来查看与关键词相关的内容消费人群的画像特征。内容消费人群是指对该热点相关内容有观看、互动等行为的用户。TGI（Target Group Index）指数，是反映目标群体在特定研究范围（如年龄段、性别、兴趣爱好）内的强势或弱势的指数。TGI越大，说明该特征在该垂直领域下越显著。以"手机"为关键词为例，我们在人群画像板块可以看到地域、年龄、性别、用户兴趣等方面。

1）地域分布

地域分布主要指的是不同地区用户对新闻热点的感兴趣程度，这里有省份排名、城市排名、城市级别排名三个主要数据。图 5-22 所示为热点关注情况中省份和城市排名。

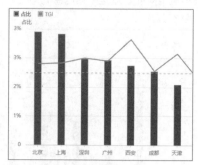

图 5-22　热点关注情况中省份和城市排名

2）年龄分布

年龄分布是指对某一热点词汇，不同年龄段对其的关注程度。以词汇"手机"为例，占比最高的是 31～40 岁区间，运营者可以根据这一特征在做运营推广时选择这一年龄段喜欢的表达方式进行内容生产，以此增强用户的黏性。图 5-23 所示为热点词汇"手机"关注度的年龄分布。

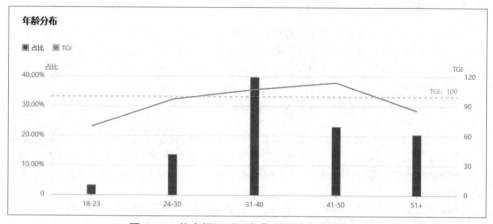

图 5-23　热点词汇"手机"关注度的年龄分布

3）性别分布

性别分布是指对某一热点词汇，不同性别用户的关注程度。以词汇"手机"为例，男性用户的比重远大于女性用户，根据这一数据运营者可以推算出自己粉丝和话题人群的共同喜好，做到圈粉的同时避免老粉丝的流失。图 5-24 所示为热点词汇"手机"关注度的性别分布。

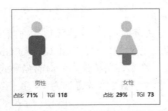

图 5-24　热点词汇"手机"关注度的性别分布

4）用户兴趣

用户兴趣是用来展示对这一话题感兴趣的用户的兴趣爱好，以实现精准营销。图 5-25 所示为用户兴趣爱好。

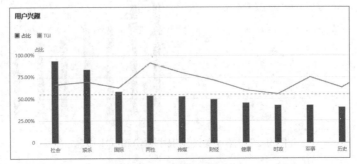

图 5-25　用户兴趣爱好

课堂讨论： 你觉得近期有哪些新闻热点？请与巨量算数中的数据进行比较分析。

5.2.2　创作中心

相较于巨量算数的数据，创作中心对于分析账号影响力的功能更为强大。今日头条创作中心是今日头条自身所携带的数据统计工具，主要包含收益数据、作品数据、粉丝数据三个方面。

1. 收益数据

收益数据是基于今日头条流量变现功能作出的数据统计，今日头条的创作者收益主要包括创作收益和基础收益。

创作收益主要包含文章、微头条、问答、视频和补贴的收益。以问答为例，头条问答是介乎微头条和文章之间的一个文字领域，它有着收益比微头条高，涨粉速度快，热度留存时间长的特点。创作者可以通过回复他人的问题来获得相应的奖励。图 5-26 所示为今日头条问答板块。

基础收益是指创作者发布内容的阅读量，根据阅读量可以获得酬金，质量越高，阅读量越多的文章或视频获得的收益越高。图 5-27 所示为今日头基础收益。

2. 作品数据

作品数据是指账号的文章量、推荐量、阅读量、粉丝阅读量、评论量等数据。在数据中心概况中还可以进行时间筛选，选择时间后下边的图形就会变为折线图，反映用户最近的文章的阅读量趋势变化。将这个筛选器的时间拉足够长，可以看出用户的文章的发布时间呈现出的周期性变化。创作者和运营人员可以根据周期变化的曲线来分析。

图 5-26 今日头条问答板块

图 5-27 今日头条基础收益

作品数据主要包括核心数据（昨日展现量、阅读量、粉丝展现量、播放量、评论量）、流量分析、性别、年龄分布、地域分布、机型价格分布等。图5-28 所示为作品核心数据。

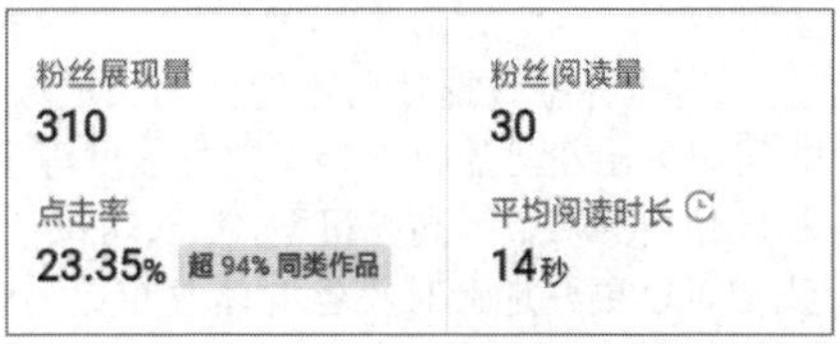

3. 粉丝数据

粉丝数据包括核心数据、数据趋势、粉丝特征（性别、年龄、地域、机型价格）。当我们能够聚合起一定数量的用户时，内容的垂直度除了是创作者擅长的领域所决定以外，还可以依靠粉丝数据来决定。

图 5-28 作品核心数据

课堂讨论： 结合所学知识，试分析一个今日头条用户账号。

5.3 今日头条个人账号数据运营

在今日的自媒体平台中，今日头条无疑是较好的一个选择。用户可以借助今日头条成熟的推荐算法，哪怕是对于新媒体运营是零基础的人员，也可以找到当下爆红的热点话题，使自己的内容一直紧跟潮流，甚至是引导潮流。根据以往的案例，对今日头条数据运营时，需要重点把握以下几个方面的内容。

5.3.1 针对性运营

今日头条作为一款流量类的App，其产品具有业务需求多样、用户需求多样的特点，而今日头条需要满足多数人的使用需求，这无疑增加了运营难度。图5-29 所示为今日头条业务逻辑。

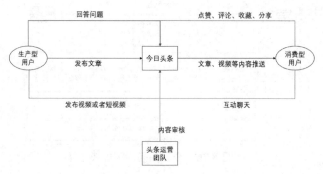

图 5-29　今日头条业务逻辑

基于今日头条的消费方式特征，个体账号需要关注和分析的是用户基本数据和标签数据。所谓基本数据是指用户的粉丝增减量、活跃粉丝占比。图 5-30 所示为粉丝增减量和活跃粉丝占比。

图 5-30　粉丝增减量和活跃粉丝占比

所谓标签数据是用户的性别、地域、使用设备价格、喜好等数据。对这些数据的统计分析可以看出粉丝的收入、受教育程度等重要的数据。例如，在粉丝使用机型价格情况中，账号粉丝使用的多数为高端机型，那么可以大致看出来此账号粉丝的经济条件较好。基于这一判断，我们可以更好地针对粉丝群体发布更为高端的内容。图 5-31 所示为不同账号粉丝的机型价格分布。

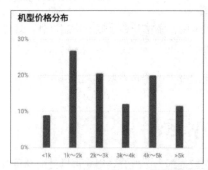 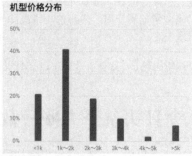

图 5-31　不同账号粉丝的机型价格分布

账号中的男女粉丝比例也是重要的针对性运营的指标。如果女性粉丝较多，那么可以有针对性地多推送美妆、美食、旅游等话题的内容。如果男性粉丝较多，那么可以推送军事、科技等话题的内容。图 5-32 所示为某账号粉丝性别分布。

图 5-32　某账号粉丝性别分布

5.3.2 分层运营

粉丝对于企业的关注目的和当前状态是截然不同的。大体来看，用户状态可以分为导入期用户、成长期用户、成熟期用户和休眠期用户。

导入期粉丝是指你的粉丝刚刚下载今日头条，对于今日头条还未养成使用习惯，只是因为近期的某些热点吸引了他。

成长期粉丝是指你的粉丝不断完善自己的信息，逐步养成了对今日头条的使用习惯。

成熟期粉丝是质量最高的粉丝，也是运营的目的之一，企业要让自己的粉丝群体中成熟期用户占比最大。这类用户会积极地参与到转发、评论和点赞，互动性较高。

休眠期粉丝俗称"僵尸粉"，用户曾经是企业的粉丝，但由于各种原因取消了与企业的互动或是放弃了对今日头条的使用。

今日头条的价值体现在用户高频次长时间访问产品带来的高流量，用户直接付费的场景少。因此，运营的目标是培养出黏性高的粉丝，使得粉丝有稳定、周期性操作和互动。图 5-33 所示为用户消费方式分类。

图 5-33 用户消费方式分类

对于不同层级的用户，企业在运营时要采用多样化的手段去凝聚粉丝。

1. 导入期粉丝

导入期粉丝对新兴事物仍存有好奇心。因此，需要通过设计抽奖、高互动率的活动，保持粉丝能够继续关注账号，引导粉丝完善自我信息，以便日后更有针对性地把握粉丝的喜好。图 5-34 所示为通过抽奖吸引粉丝。

图 5-34 通过抽奖吸引粉丝

2. 成长期粉丝

不仅仅要粉丝关注博主，博主同时也要关注到粉丝，定期推送新动态，并结合后台数据，为用户显示更多与其喜好切合的内容。同时，要引导用户对内容进行点赞、评论和分享，可以用抽奖的形式刺激用户参与进来。

3. 成熟期粉丝

对于已经成为忠实粉丝的用户也不可以掉以轻心，要通过各种方式加强与他们的互动，从而增强这部分粉丝的黏性，给予这些粉丝身份认证，使其能在这里找到家的感觉，真正融入其中。

4. 休眠期粉丝

对于休眠期粉丝，要通过设计召回机制，通过好友转发、互动、推送等形式重新激活该粉丝的活跃度。

5.4 本章小结

今日头条精准地对不同用户的兴趣进行推送，当用户输入关键词进行搜索时，系统自动拆分出有价值的商业词汇，自动匹配上广告，使得广告内容更加吸引用户，为广告主和自媒体运营者带来巨大的机遇。本章我们了解了今日头条数据运营的相关知识，重点学习了一些数据分析方法。在当下的信息社会环境下，数据分析的方法是相通的，需要掌握并灵活运用到实际的账号运营当中，培养学生求实创新、精益求精的精神，激发学生爱岗敬业的热情。

第6章　小红书数据分析

近几年来，小红书在引领生活潮流、创造兴趣社交等多个方面表现亮眼，品牌也依托小红书的独特"种草"玩法，斩获更多新时代消费用户的喜爱。随着品牌加速入局、多样化信息分割用户注意力，数据指导投放、数据总结方法和数据窥探策略成大势所趋。

互联网时代，消费者决策路径广泛受到新媒体平台网红的影响，诸如小红书博主、B站UP主等。新媒体营销已经成为企业整合营销必不可少的一部分，通过新媒体营销提升网络口碑，可对消费者决策实施关键性影响。小红书可以被认为是一个"消费决策平台"，品牌在平台投放广告，激发用户从"兴趣"转化至"购买"，从而帮助品牌达到抢占心智，促进转化的目的。

小红书账号运营者怎样快速找到竞品？品牌方如何高效选择小红书账号进行营销活动？MCN机构如何对小红书账号进行系统有效地管理与优化？上述问题的解决方案指向同一方向——善用小红书数据监测平台。

所以，无论是品牌方还是达人或者是MCN机构，作为一个优秀的小红书运营者，了解品牌投放、账号运营、内容创作等都离不开大量数据的支撑。因为只有弄清数据才能读懂用户，从而实现出色的小红书营销。

6.1　小红书数据分析概述

在这个App泛滥的时代，各式各样的小软件层出不穷。而小红书作为一款记录花样青春，分享生活好物的软件自然成为当下年轻人所青睐的平台，旗下巨大的流量也带来了更多机会。因此，不论对于小红书运营者还是品牌方，又或是MCN机构，对小红书账号进行数据分析与诊断，都是至关重要的事情。

6.1.1　小红书数据分析的含义与作用

小红书是一个生活方式平台和消费决策入口，创始人为毛文超和瞿芳。截至2019年7月，小红书用户数已超过3亿；截止到2019年10月，小红书月活跃用户数已经过亿，其中70%新增用户是"90后"。在小红书社区，用户通过文字、图片、视频笔记的分享，记录了这个时代年轻人的正能量和美好生活，小红书通过机器学习算法对海量信息和用户进行精准、高效匹配。小红书旗下设有电商业务，2017年12月，小红书电商被评为代表中国消费科技产业的"中国品牌奖"。图6-1所示为小红书App图标与小红书宣传图，其宣传图上明确了产品宗旨"标记我的生活"。

图 6-1　小红书 App 图标与小红书宣传图

在今天这个信息爆炸、媒体泛滥的时代，消费者对各种广告有极强的免疫能力，人们在购物时，首先关注是其他买家的评价，商品的口碑，早已成为人们在购物时的重要决策依据。

在淘系、微系流量日渐昂贵的今天，对于品牌商家而言，通过小红书等平台作口碑运营，是获得增长的重要途径。2019年天猫"6•18"大促的成绩单中，589个国货美妆品牌成交同比增长100%以上，相关的电商评论中，提到"小红书"的声量趋势上升了719%，小红书平台的转化铺垫，对品牌的崛起得到了强大的助力。

因此，不论是小红书运营者还是品牌方、MCN机构，都需要通过账号数据分析和诊断，更好地把握营销与运营工作。

对于品牌方来说，对小红书数据进行分析和诊断，有助于精准选择广告投放账号，同时也可以进行商品检索分析、竞品推广监测、投放结案分析和负面舆情预警，以达到最优的投放效果。

对于MCN机构来说，对小红书数据进行分析和诊断，有助于进行账号管理，实时监控数据以及进行相关合作投放，推动旗下账号运营与管理效果稳步提升。

对于小红书账号运营者来说，对小红书数据进行分析和诊断，有助于了解小红书中热搜词汇和热门内容，同时了解账号内所存在的问题并进行优化，最终实现打造优质内容与优质账号的目的。

课堂讨论： 你平常使用小红书吗？如果使用的话，回忆你在什么情况下会使用小红书？

6.1.2 小红书数据分析的常用指标

对于小红书数据分析，当然离不开相关指标对其进行衡量，这里我们从两个角度出发，一是小红书账号的常用指标，二是小红书的用户向常用指标。

1. 小红书账号的常用指标

首先，小红书账号包含3种基本数据显示在账号的主页上，分别是关注数、粉丝数和获赞与收藏数。粉丝数和获赞与收藏数是衡量一个账号是否具有营销价值的重要标志，其中获赞与收藏数在下面会详细阐述；而关注数则是账号使用者的个人行为，此处不作讨论。图6-2所示为小红书账号主页。

图6-2 小红书账号主页

其次，针对内容分享笔记，小红书为用户提供了3种互动的方式，即用户可以对喜欢的内容进行点赞、收藏和评论。"点赞"功能类似于Facebook的点赞功能，"收藏"即收藏内容以便之后进一步阅读。上述互动方式也是小红书账号最基本的常用指标，即点赞数、收藏数和评论数。图6-3所示为小红书笔记的3种互动数据。

除此之外，小红书账号发布内容的常用数据指标还包括浏览量和曝光量，浏览量是小眼睛符号，代表此篇笔记被阅读的数量。曝光量则是平台推送的数量加上用户通过关键词点击的次数，曝光量需要在相关数据工具进行后台查询。用户关键词自主搜索发现通常阅读，如果喜欢可能加关注，以及点赞、收藏、评论都有可能。曝光量是平台推送的次数，大约是阅读量的10倍。图6-4所示为小红书笔记的浏览量，该篇笔记浏览量为342次。

图 6-3　小红书笔记的 3 种互动数据　　　图 6-4　小红书笔记的浏览量

此处补充一个数据指标概念——阅读转化率。小红书笔记的阅读转化率是指笔记获得的点赞收藏数。这个需要视内容类目而定，有的类目转化率非常高，有的非常低。比如，一些攻略测评转化率会比较高，一些娱乐视频转化率则比较低。有的笔记内容吸取粉丝数量多，有的笔记收藏量高，有的笔记点赞量高。

举个例子，一些彩妆教程视频的浏览量不高，但点赞数和收藏数很高，其阅读转化率则较高。而一些搞笑视频类内容阅读非常高，点赞数和收藏数很少，其阅读转化率较低。

2. 小红书的用户向常用指标

小红书用户向常用指标是指从用户健康度理论出发，包括基础指标、流量质量指标和产品营收指标 3 大类型。因此，我们需要关注小红书这 3 大类型指标，以此来评价账号或笔记的健康度，衡量账号的整体运营情况，账号未来运营进行预警。值得注意的是，此部分常用指标与前文小红书账号的常用指标有重叠部分。

1）基础指标

UV 即系 1 天之内，访问小红书账号主页面的独立访客数。如果 1 个用户 1 天内多次访问也只计算为 1 个访客。

PV 即系用户每 1 次对账号内的每个笔记访问均被记录 1 次。若用户对同一笔记多次访问，访问量累计。因此一般 PV 值大于 UV 值。

新增用户数，即小红书账号新增的粉丝用户。

2）流量质量指标

跳出率，简单来说就是指用户进入小红书账号主页面或者笔记主页面后没有点击任何页面就离开。一般可以衡量用户访问质量，若是高跳出率通常表示内容对用户不具针对性或对用户没有吸引力。

人均停留时间，即系用户浏览小红书笔记时所花费的平均时长。若用户平均停留时长越长，说明该笔记对用户的吸引力越强，给用户带来的价值就越高。

内容生产比例，即系内容生产者占用户总量的比例。因小红书是个以内容为核心的社区型产品，因此内容生产比例也是衡量这个社区内容和流量质量的重要指标。

内容生产比例 = 内容生产者数量 / 用户总量

内容互动比例，即系内容互动者占用户总量的比例。小红书作为一个社区，产品的用户参与度衡量着产品的健康度。内容互动者是指在产品里生成内容、阅读内容、评论内容、分享内容、收藏内容、投票（任一）行为的用户总量。

3）产品营收指标

客单价（ARPU）可以反映平均一个用户支付的金额。金额越高，为品牌或小红书运营者带来的利润也越多。

客单价 = 支付有效金额 / 支付用户数

转化率是成交营收的一个关键因素，转化率越高表示越多用户在目标页面下单。

订单转化率 = 有效订单用户数 /UV

课堂讨论：如何衡量一个小红书账号是否具有价值？

6.1.3 小红书数据分析的过程

小红书的核心功能分别是发布笔记、浏览笔记、购物下单，因此结合用户行为轨迹分析理论对小红书用户轨迹进行分析，推论小红书数据的分析过程。

初期，当我们（包括普通用户、账号运营者、品牌方以及 MCN 机构等）对某一小红书账号产生认知的时候，通常是通过市场传播或用户口碑，听说过该小红书账号，从而对其产生好奇或被产品吸引，或是从众心理被引导对该账号给予关注。这个时候，我们需要关注该小红书账号的粉丝量、点赞数和收藏数等。

当我们对该小红书账号熟悉后，知道其大致发布内容等相关信息时，就会去对自己感兴趣的内容进行点赞、评论、收藏、分享或是关注。这个阶段要关注该小红书账号的 PV、UV、跳出率、退出率、人均页面访问量、页面偏好、平均停留时间、搜索访问次数占比、点赞数、评论数、收藏数、关注量、粉丝数、分享次数、访问次数、访问频率、访问深度、页面偏好。通过关注这些指标数据，可以对小红书账号进行评估和运营，为最优布局提供数据参考。

当我们对小红书账号越来越熟悉后，我们转向关注账号是否能提供优质、丰富的内容。这时可关注发布频率、发布次数、笔记偏好（图文或视频）、发布质量、发布内容类目偏好等。这时候需要关注该小红书账号下粉丝的平均页面停留时间、访问次数、范围频率、访问深度、修改笔记次数和频率；私信、评论的回复频率和次数、发送私信的次数；购买频次、购买频率、下单量、用户复购率、客单价、用户流失率、流失数等。

6.1.4 小红书数据分析的策略

从小红书内行业洞察、人群画像、营销态势三大方面，一些适合大部分运营者、品牌以及 MCN 机构可以快速掌握和借鉴数据分析的策略。

1. 用户品类偏好

通过对小红书平台数据分析，掌握用户品类偏好。例如，在疫情期间催生口罩妆流行，眼妆借势迎来增长机会，"口罩妆"相关话题热点跃升。

2. 品牌内容消费

大众品牌市场持续升温，以国货品牌的增速最为明显；高端化市场仍由欧美系主导，但疫情期间受到了比较明显的冲击，增速放缓；国际品牌仍占领流量高地。但是本土品牌持续发力，一些大众国货抗压增长，加速抢占欧美和日韩品牌的内容消费份额。

3. 消费人群画像

做内容和推广离不开人群画像分析，找对了推广方向，才能找对有需求的人，运营小红书账号同理。

4. 热门内容

结合小红书热门话题来积蓄优质内容，通过趣味性和互动性话题活动激发用户的参与度。

5. "种草"形式

重视用户体验的口碑营销，善用优质的 KOL（关键意见领袖），采用真实的分享更易树立口碑。真实分享型和专业型内容，能够更多维地引发兴趣和关注。

6. 精细化运营

把握周期性需求，提前给用户长效"种草"；注重细分领域，强化专业性功效沟通。在精细化运营上，要重视热搜关键词的运用。通过热搜关键词，捕捉用户的不同时间阶段的个性化需求。

7. 善用信息流工具

小红书信息流工具包括开屏、信息流、火焰话题、惊喜盒子、品牌专区、搜索竞价、创意话题、个性贴纸/滤镜、AR 试色等方式。善用这些信息流工具，可以快速提高品牌流量曝光，扩大产品营销效果。

6.2 小红书数据分析常用工具

在这个流量为王的时代里，如何快速地抓取流量，熟悉市场风向，掌握用户心理无疑成为每个商家的必备难题。这时候，流量数据的关键性就显而易见地体现出来，所以无论对于小红书的运营者还是需要在小红书投放广告的品牌方来说，掌握小红书的数据至关重要。数据统计离不开工具，就小红书数据分析而言，其常用工具包括千瓜数据、新红数据、艺恩星数和 iFans 数据等。

6.2.1 千瓜数据

千瓜数据是小红书专业数据分析工具，提供小红书多维榜单、达人画像、竞品投放、营销结案、舆情监测等多重数据驱动解决方案，帮助企业驱动业务决策和品牌营销。除此之外还提供了小红书、抖音、微信等社交媒体的品牌数据分析服务，帮助品牌深入了解市场结构、对比竞品投放名单、洞悉爆品流量规律、把握用户舆情兴趣点。千瓜适合美妆、时尚、母婴、美食等热门女性消费品类使用，用数据推动品牌增长，高效获取精准流量。

千瓜数据产品的研发公司在数据挖掘、信息处理整合等相关技术领域具有非常老练的经验沉淀。千瓜数据依托的是自身强大的互联网技术支持，和一个非常大的云储存空间，可以存放各种海量的数据，并且能通过整合筛选，在客户搜索相关信息时第一时间检索出有价值的信息。图 6-5 所示为千瓜数据主页。

图 6-5　千瓜数据主页

千瓜数据的核心功能包括数据大盘、小红书投放、小红书直播、小红书运营、品牌投放分析、商品投放分析和关键词数据导出等。

1. 数据大盘

分析品牌投放走势，预测行业营销热点。

2. 小红书投放

投放选号系统：达人分类及粉丝画像多重筛选条件，快速锁定目标达人，挖掘热门内容规律。

负面舆情预警：智能大数据文本分析，设置关键词即可闪电预警。

竞品推广监测：实时了解竞品最新投放动作，驱动品牌营销优化。

投放结案分析：私有化管理系统，一键结案报告，深度复盘当期投放。

3. 小红书直播

直播达人分类查询：多条件检索直播达人数据，快速寻找与品牌商品契合的达人进行合作。

直接数据分析：综合评估达人直播投放价值，达人直播数据及品牌复投情况快速掌握。

直播详情分析：多角度全面透视单场直播数据，快速了解本场直播趋势，评估直播效果。

直播监控：分钟级礼物收入、弹幕数量、峰值人数、人气数值数据监控，实时掌控达人直播数据变化。

4. 小红书运营

热门内容搜索：多重筛选条件，快速了解关键词流量热度趋势，掌握舆情焦点变化，辅助内容创作。

热搜词排行榜：小红书内容相关热词细分排行，为内容创作获取更多的推荐与曝光。

数据实时监控：实时数据一键查看，快速评估达人商业价值。

分钟级互动监测：互动数据实时监测，曝光周期一目了然。

5. 品牌投放分析

品牌检索分析：品牌相关历史数据一键查阅，追踪品牌多平台舆情态势，全面掌控品牌数据。

品牌种草舆情：查看品牌投放种草舆情，快速了解品牌舆情趋势，根据舆情导向及时进行评论营销和舆情公关。

品牌投放报告：监控竞品近期投放报告，实时评估跟进投放策略，多重数据报告一键生成。

6. 商品投放分析

商品搜索分析：分析商品投放数据，了解竞品投放策略。

商品类目榜：支持内容以及声量双重数据查询，爆款商品种草周期一目了然。

品类分析：了解不同细分行业类目互动及舆情数据，分析行业品类动态趋势。

7. 关键词数据导出

关键词数据导出：跨平台多维度投放报告定制，满足多重数据分析需求。

关键词定制检索：根据筛选及关键词条件导出博主信息、发帖信息、品牌投放报告等原数据导出；多项功能均有设置导出服务，随时调用，方便快捷。

6.2.2 新红数据

新红数据是新榜旗下的小红书数据分析平台，其全方位洞察小红书生态，提供红人榜单、爆款笔记、搜索引擎优化（SEO）流量分析以及品牌营销投放等数据，助力品牌种草以流量运营。图6-6所示为新红数据主页。

图 6-6 新红数据主页

新红数据作为专业的小红书分析平台,其数据多维,功能全面,例如,新红数据拥有数百万的日更红人、数亿条笔记、数万的品牌等丰富的数据库;产品以周为频率的持续性更新,确保了数据分析的精度和平台的稳定运行;注重用户体验和使用习惯,持续进行着用户调研和需求的收集。

6.2.3 艺恩星数——小红书

艺恩数据致力于通过大数据、AI技术连接内容与消费者数据,以驱动客户业务增长,旗下数据产品包括数据智库和数据工具。

数据智库包括4种。
(1)营销智库:内容营销各链路评估,助力媒介策略提升。
(2)内容智库:内容运营各环节监测,辅助IP项目决策。
(3)电商智库:支持品牌商家电商直播和销售策略制定。
(4)数据管理平台:艺恩大数据平台,围绕语义分析、存储计算、数据挖掘、机器学习等核心技术,构建行业算法模型与标签库。以数据分析产品、平台产品、研究洞察形成解决方案,向品牌消费与内容公司等合作伙伴提供产品服务。

数据工具则包括3种。
(1)艺恩星数——内容营销:艺恩星数主要针对小红书、代言人和剧综软广等内容开展。
(2)艺恩娱数——内容运营:统计分析电影、剧综和动漫的数据,致力于内容运营。
(3)艺恩商数——内容电商:针对内容电商量身打造的新款数据工具。

图6-7所示为艺恩数据的Logo以及旗下相关业务功能。

图 6-7 艺恩数据的Logo以及旗下相关业务功能

艺恩星数——小红书是一款结合需求满足使用者想象,更高效、更及时、以品牌需求为导向的小红书数据分析产品,致力于追踪热门内容,掌握市场趋势;挖掘优质达人,优化种草和策略实时投放监控,洞悉竞对策略等。图6-8所示为艺恩星数的主页。

艺恩星数——小红书包括以下4种优势。

1. 24小时内实时监测,小红书大盘趋势一目了然

实时数据是当前阶段投放结果、内容趋势、品类发力的重要体现。例如,处在营销节点内整体笔记热度涨幅有多少,哪个品牌更热;哪天是品牌投放"扎堆"日;哪些品牌投放笔记增长较快,他们用了哪些红人等。

图 6-8　艺恩星数的主页

2. 从品牌视角出发，让数据看得懂且更具"结果性"

以往过程中，品牌方通常认为数据产品有两个极端：逻辑简单的平台可能只有榜单、关键笔记的展示；数据丰富的产品又具备"非专业人士不易使用"的特征。

艺恩星数——小红书从使用者尤其品牌方的角度出发，针对此作出融合与优化，无论是榜单排行、内容检索、热度趋势、投放管理，都可通过简单操作达到专业级效果。

3. 品效合一，笔记曝光量

以前，品牌做小红书投放犹如一场"豪赌"，虽然能查看历史笔记的互动量，但无法直接预估曝光，一般需要专人通过粉丝量、互动指数进行评估，逐个计算红人的曝光数据。

艺恩星数——小红书笔记展现维度中，除了单纯的数据记录外更增"结果计算"。根据笔记的质量、互动、粉丝数等角度计算笔记的"预估曝光"。

4. 数据样本大，结果可一键导出，实现秒级匹配，结论更准

众所周知，数据量越大计算过程越慢，而目前艺恩星数——小红书在保持快速、高效呈现结果的同时，也将数据量扩大，让趋势显示更为精准，分析更为精确。

在各个榜单、数据的统计结果中，支持一键导出功能，帮助使用者交叉对比及分析结果，如果没时间细细查看，需要快速导出结果，也可以通过条件筛选进行快速导出，大幅提升使用者工作效率。

6.2.4　iFans 数据

iFans 数据是爱点击（ICLK.US）旗下的 KOL 营销价值分析平台。

iFans 数据通过对小红书等用户社区的 KOL 及其粉丝进行多维数据分析，为品牌广告主和 MCN 机构提供 KOL 营销价值数据分析服务，助力企业快速查找优质 KOL 资源，洞察竞品投放情报，高效触达目标粉丝，为实现更好的 KOL 内容营销效果起到强大的推进作用。图 6-9 所示为 iFans 数据的主页。

图 6-9　iFans 数据的主页

iFans 数据的特色功能有以下几种。

1. AI智能高效提升营销效果

大数据赋能 KOL 内容营销全流程，包括智选 KOL、竞品洞察、内容趋势、榜单找号、搜索找号和 KOL 对比等。

2. 全面的榜单数据

了解红书平台流量趋势，定位账号内容，寻找优质达人、潜力达人等。

3. 专业人士解读数据

iFans 数据旗下聚集多位专业人士，可以进一步解读数据背后的故事。

4. 提供KOL一条龙服务

iFans 数据拥有在 KOL、数据、营销、媒体与广告等领域耕耘多年的专业团队，可以提供 KOL 一条龙服务。

> **课堂讨论**：你还知道哪些新媒体数据分析工具可以用于小红书数据分析？

6.3 小红书数据分析之个人账号运营

小红书数据分析与诊断最终是要投入实际应用中去，本节从小红书账号运营者的角度出发，讲解运营者如何通过数据分析对自己的账号进行优化，创作更具价值的小红书笔记。

我们首先要了解小红书账号运营的 5 个切入点：选题、标题、内容、排版和封面。在此基础上，以数据为媒介，可通过达人、直播、笔记等多功能维度，多方位、多层次的帮助运营者更好地实行小红书营销。

6.3.1 千瓜数据助力小红书内容创作

我们以千瓜数据这一工具为例，阐述如何使用其各项功能对账号数据进行分析并进行内容创作。

1. 内容数据监控——"笔记监控"与"笔记收录查询"

"笔记监控"功能可以通过监控某一具体笔记的互动量并导出监控报告，其中互动量是指对小红书笔记的点赞数、收藏数以及评论数的实时监控。

同时，"笔记监控"可以选择"即时监控""预约监控"和"批量监控"。

"即时监控"功能除了可以监控互动量之外，还可以监控更多内容，包括粉丝数监控以及评论内容监控等，同时可以选择监控时间，但是上述操作均会消耗监控次数。"预约监控"功能则增加了预约发文时间段。该功能更好地帮助小红书账号运营者掌握笔记的数据，为发现问题和解决问题打下基础。图 6-10 所示为千瓜数据的"即时监控"和"预约监控"功能界面。

我们以某示例笔记为例，查看其笔记监控的相关数据，可以看到该笔记在监控时段内的增量数据，包括点赞数、收藏数、评论数、分享数以及粉丝增长数，同时可以浏览增量趋势图。图 6-11 所示为示例笔记数据以及该笔记浏览增量趋势图。

千瓜数据还提供了数据详情以供小红书运营者们查询，可以通过分钟、小时和天等不同的时间单位，浏览各项数据，以便实时掌握笔记的情况。图 6-12 所示为示例笔记的数据详情界面。

"笔记收录查询"功能则是针对小红书平台已发布的笔记内容检测其收录状态。

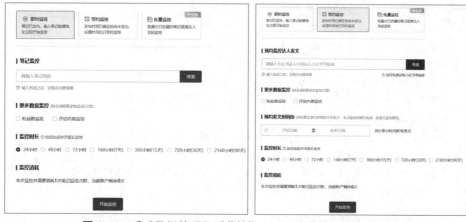

图 6-10　千瓜数据的"即时监控"和"预约监控"功能界面

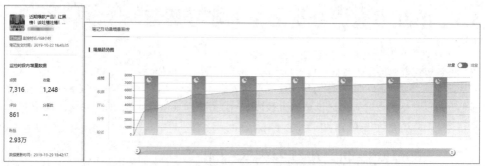

图 6-11　示例笔记数据以及该笔记浏览增量趋势图

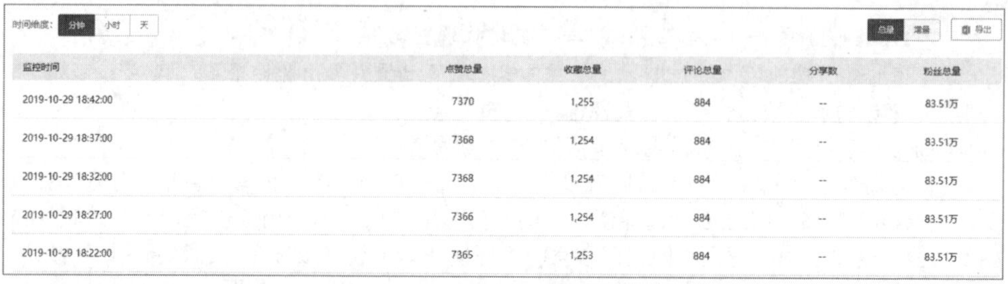

监控时间	点赞总量	收藏总量	评论总量	分享数	粉丝总量
2019-10-29 18:42:00	7370	1,255	884	--	83.51万
2019-10-29 18:37:00	7368	1,254	884	--	83.51万
2019-10-29 18:32:00	7368	1,254	884	--	83.51万
2019-10-29 18:27:00	7366	1,254	884	--	83.51万
2019-10-29 18:22:00	7365	1,253	884	--	83.51万

图 6-12　示例笔记的数据详情界面

千瓜数据对于笔记收录的判定方式为以下两点：第一，被小红书系统抓取，未被系统或者达人删除的笔记；第二，笔记的内容有对应的标签和热搜词（满足这两项表示会得到系统分发的推荐流量和搜索流量）。满足以上两点的笔记则会被定义为已收录。

我们可以通过笔记链接、我的收藏、表格批量添加三种形式，添加需要查询的笔记。图 6-13 所示为"笔记收录查询"功能界面。

以某示例笔记为例，可以查看其收录情况，包括笔记是否被收录、笔记基础信息（封面图、标题、点赞数、收藏数、评论数、作者名字以及发布时间）、笔记分类、内容标签和笔记涵盖热搜词。图 6-14 所示为示例笔记的收录情况。

图 6-13　"笔记收录查询"功能界面　　　图 6-14　示例笔记的收录情况

2. 内容趋势分析——热门笔记与热搜词

在千瓜数据中，盘点了多种小红书内的热点，包括热门笔记、实时笔记榜、热搜词搜索、热搜词榜、话题搜索、热门话题榜、每周热点等，对平台内容热度指数解析，热词标签解析，迅速找到上热门的规律，以此分析粉丝关注焦点，捕捉平台流量动向，助力小红书运营者进行内容趋势分析，创作更具关注度的优质内容。

在以上众多热点数据中，我们以"热门笔记"功能为例，学习其使用方式。

"热门笔记"功能中，我们可以按笔记搜索，也可以按笔记评论搜索。按笔记搜索中，可以对笔记基础进行筛选，包括笔记分类、达人属性和内容形式；还可以对阅读画像进行筛选，包括达人粉丝总数、男女比例和人群标签。图 6-15 所示为"热门笔记"功能界面。

图 6-15　"热门笔记"功能界面

在此我们以"过年"为关键词搜索笔记，可以得到该关键词在小红书平台中所有的笔记数、提及品牌数、点赞总数、收藏总数、评论总数和分享总数。进一步我们可以按照不同的排序方式，查看各项笔记的具体情况，包括传播热度、基本信息、分类、点赞、收藏、评论、分享和操作。其中传播指数是一项重要的衡量指标，指系统通过计算笔记的点赞数、收藏数、评论数及笔记所属达人的影响力等，综合分析得出的结果。图 6-16 所示为关键词"过年"的笔记搜索数据。

我们以关键词"过年"的综合排序第二名笔记为例，点击"操作"下的"分析"按钮。

首先可以看到该笔记的详情以及发布该笔记的账号详情，如图 6-17 所示。

进一步我们可以查看该笔记的其他相关数据，包括核心一览、相关评论、粉丝画像、相关品牌和相关商品，如图 6-18 所示。

图 6-16 关键词"过年"的笔记搜索数据

图 6-17 该笔记的详情以及发布该笔记的账号详情

图 6-18 该笔记的其他相关数据

在"核心一览"中，除了可以看到数据概览，还可以查看该笔记的笔记数据增长趋势、笔记传播效果、笔记覆盖热词和内容标签及相关热门笔记。小红书账号运营者可以以此来推断同类型笔记的创作方向，以获得更多的流量。图 6-19 所示为该笔记的笔记传播效果、笔记覆盖热词和内容标签及相关热门笔记。

图 6-19 该笔记的笔记传播效果、笔记覆盖热词和内容标签及相关热门笔记

6.3.2 新红数据助力小红书账号运营

新榜有数旗下的小红书数据平台新红数据，全方位洞察小红书生态，助力小红书数据分析与诊断，对小红书账号运营者而言，新红数据中"热门内容"和"流量分析"页签下的诸多功能，均可以帮助运营者进行数据监控与分析，从而更好地对账号进行运营。

1．热门内容

新红数据中的热门内容页签下包含了"笔记搜索""爆款笔记排行""话题搜索""话题排行"和"笔记传播检测"等功能。

"笔记搜索"功能可以针对不同的类目进行关键词检索，包括笔记分类、发布时间、内容特性、笔记类型和高级筛选（作者属性与数据表），以帮助创作者更好地了解对标内容的情况，取长补短，优化账号内容。图 6-20 所示为新红数据的"笔记搜索"功能界面。

图 6-20　新红数据的"笔记搜索"功能界面

"爆款笔记排行"功能包括 3 种排行，暴增笔记排行、商业笔记排行和低分爆款排行，榜单中则包括排名、笔记信息、点赞增量、评论增量、收藏增量、互动增量和操作，用于帮助小红书账号运营者更细致地了解各类爆款笔记的特点，从中寻找爆款规律，打造属于自己的爆款内容。图 6-21 所示为新红数据的"爆款笔记排行"功能界面。

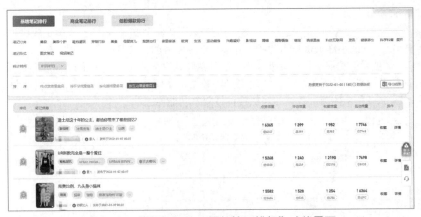

图 6-21　新红数据的"爆款笔记排行"功能界面

"话题排行"功能用于查看小红书平台中的热门话题，把握用户的关注方向，而"话题搜索"功能则可以搜索不同话题下，表现较好的笔记内容，帮助小红书账号运营者进行分析，学习其中规律并进行创作。图 6-22 所示为新红数据的"话题搜索"和"话题排行"功能界面。

"笔记传播检测"功能则是按分钟级频率监测笔记的点赞、收藏、评论、转发等传播数据，有效验证笔记传播效果。该功能可以按小红书账号进行检测，也可以按笔记链接进行检测。图 6-23 所示为新红数据的"笔记传播检测"功能界面。

图 6-22 新红数据的"话题搜索"和"话题排行"功能界面

图 6-23 新红数据的"笔记传播检测"功能界面

2. 流量分析

新红数据的"流量分析"页签下包含了"热搜词搜索""热搜词排行""笔记收录查询"和"趋势查询",帮助小红书账号运营者更好地把握住账号的"流量密码"。

"热搜词搜索"功能是指推荐近期小红书的热搜词,用户也可搜索感兴趣的热搜词,进入详情页查看相关账号、相关品牌、互动账号等数据,了解热搜词使用情况,分析热搜词的传播热度。图 6-24 所示为新红数据的"热搜词搜索"功能界面。

图 6-24 新红数据的"热搜词搜索"功能界面

"热搜词排行"功能展示近期小红书上热度值高或笔记增量多的热搜词榜单,小红书账号运营者可查看热搜词所覆盖的内容领域和相关笔记量,找到自己账号适用的热搜词。例如,"美妆个护"领域的博主可查看热度周榜,发现热度最高的热搜词是"美睫""口红",那么在选择笔记主题时可以把美睫心得、口红种草等内容纳入考虑,并在发布笔记时也可加上这两个关键词。图 6-25 所示为新红数据的"热搜词排行"功能界面。

图 6-25　新红数据的"热搜词排行"功能界面

"笔记收录查询"功能可以查询已发布的指定笔记被小红书系统收录情况，提供收录报告，帮助小红书账号运营者更全面掌握其笔记的相关数据。该功能可以按链接添加，也可以从收藏夹添加。图 6-26 所示为新红数据的"笔记收录查询"功能界面。

图 6-26　新红数据的"笔记收录查询"功能界面

"趋势查询"功能则可以通过关键词检索的方式，帮助小红书账号运营者更好地了解该关键词在小红书平台上趋势走向，以便更好地抓住用户，引导流量。我们以"探店"关键词进行检索，可以查看在固定时段内以该关键词为内容核心的笔记的日均获赞数、发布笔记数、商业笔记数、涉及红人数、累计获赞数、累计评论数、累计收藏数和活跃天数等基础信息。除此之外，还可以看到不同时间段对应笔记指标的曲线图，以便更直观地了解数据变化。图 6-27 所示为新红数据的"趋势查询"功能界面。

图 6-27　新红数据的"趋势查询"功能界面

课堂讨论： 结合所学内容，思考我们该如何打造一个优质的小红书账号？

6.4 小红书数据分析之品牌方营销决策

随着互联网行业的迅速发展,逐渐有越来越多的品牌通过小红书企业号与小红书达人在笔记、视频、直播中的分享,将品牌信息与有价值的内容分享到小红书社区,让越来越多的小红书用户了解该品牌,扩大品牌的传播,达到品牌推广目的。因此,对于品牌方来说,如何选择优质的小红书账号进行品牌营销以获得更大的宣传效果,是一件非常重要的事情,而决定这件事情成功与否的关键正是对于小红书数据的分析。

6.4.1 iFans 数据帮助品牌方提升营销效果

iFans 数据通过大数据赋能 KOL 营销全流程,帮助品牌方高效提升营销效果,其提供的服务流程大致分为 6 个步骤,如图 6-28 所示。

图 6-28　iFans 数据提供的服务流程

针对上述 6 个步骤,iFans 数据为品牌方提供相应的服务内容,如表 6-1 所示。

表 6-1　iFans 数据赋能 KOL 营销全流程

步骤	内容
策略	确认需求与拟定策略、制定行销目标、内容行销效益评估和社群互动效益评估
企划	精准 KOL 人选推荐、综合数据和创意的企划提案、确认内容形式和确认内容平台
制作	KOL 沟通、KOL 签约与内容生产、内容审核与修订和平拍广告主审稿确认
宣传	平台内容营销、广告素材授权、宣传曝光渠道规划和精准广告投放及媒体采买
效果	数据成效监测和优化调整策略方向
结案	项目背景回顾、策略企划回顾、项目传播亮点总结和分析总结建议

1. 分析匹配优质 KOL

iFans 数据通过排行榜、筛选、搜索等多种方式精准找出 KOL,查看其个人信息、粉丝变化、作品数据和品牌合作数据。首创视频 CPM(用户互动计费)、图文 CPE(用户参与付费)等性价比衡量指标,从各种维度的数据可视化分析,从总量、增量、平均、趋势变化等全面分析洞察,形成数据对比,挑选最适合的 KOL。其功能包括"榜单找号""搜索找号"和"红人对比"。

"榜单找号"独家小红书商业红人活跃榜 / 新晋榜,通过各行业品牌合作笔记的阅读量找到适合自己的 KOL。其中小红书商业红人活跃榜是指笔记尾部带有 @ 品牌合作为商业笔记,作者即为商业红人;小红书商业红人新晋榜是指笔记尾部带有 @ 品牌合作为商业笔记,作者即为商业红人,首次发布商业笔记的红人为新晋红人。图 6-29 所示为 iFans 数据的"榜单找号"功能界面。

"搜索找号"是通过关键词检索小红书平台中的 KOL 并查看其相关数据,其中除了红人指数、粉丝量、互动量等传播能力表现外,首创视频 CPM、图文 CPE 等性价比衡量指标,进一步综合衡量 KOL 近期内容表现的性价比。其中图文 CPE 指标是指近 8 篇图文商业笔记平均互动价格,视频 CPM 指标是指近 8 段视频商业笔记平均互动价格。图 6-30 所示为 iFans 数据的"搜索找号"功能界面以及某 KOL 的具体数据。

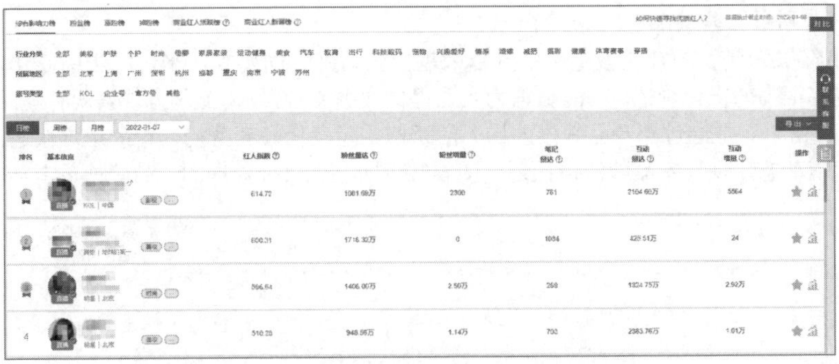

图6-29 iFans数据的"榜单找号"功能界面

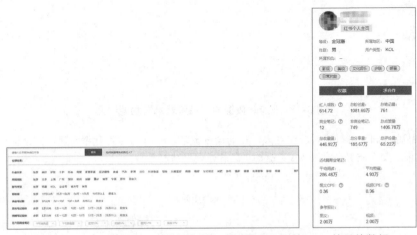

图6-30 iFans数据的"搜索找号"功能界面以及某KOL的具体数据

"红人对比"是将品牌合作、商业笔记与非商笔记、粉丝画像、阅读、赞藏、评论、分享等对比。在iFans数据添加KOL账号可进行红人基础信息对比、运营数据对比、粉丝画像对比、品牌数据对比，也可导出红人对比报告。

其中对比内容包括基础信息对比、运营数据对比、粉丝画像对比和品牌合作人数据对比等，便于品牌方全面掌握KOL账号信息，综合对比考量后选择最优的账号进行广告投放。图6-31所示为iFans数据的"红人对比"功能界面。

图6-31 iFans数据的"红人对比"功能界面

2. 观察同行竞品动态

以小红书为代表的社交型电商平台越来越受到品牌方的重视，平台的去中心化，真实的种草分享有很高的转化价值。iFans 数据为企业提供数据支持，助力品牌观察同行竞品的动态。

"品牌榜单"是通过查看品牌投放榜、活跃榜、运营榜及新晋榜，帮助用户快速洞察同行竞品的营销动态，规划本品牌营销计划。图 6-32 所示为 iFans 数据的"品牌榜单"功能界面。

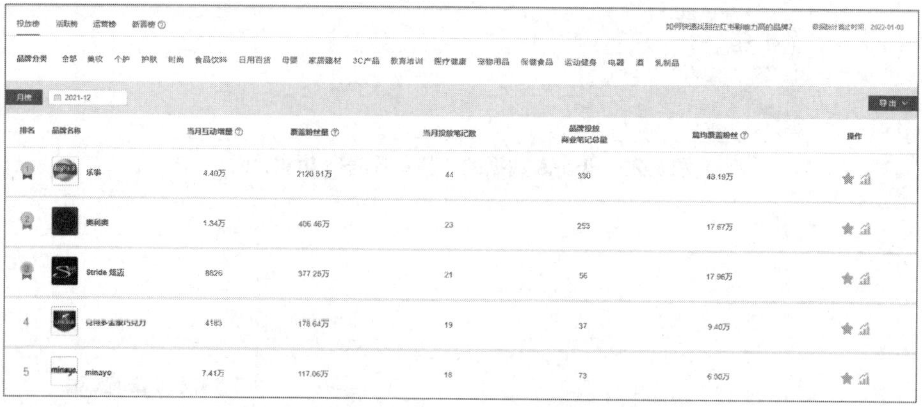

图 6-32　iFans 数据的"品牌榜单"功能界面

"品牌查询"可以查看合作红人、互动量贡献率、SOV 等多维数据对比，综合评估品牌营销效果。图 6-33 所示为 iFans 数据的"品牌查询"功能界面。

图 6-33　iFans 数据的"品牌查询"功能界面

"品牌对比"功能则可以添加各类品牌对其数据进行比对，查看相关投放效果。

6.4.2 艺恩星数助力品牌方筛选优质小红书账号

品牌方怎么选择 KOL？说到底是在筛选账号，所以优质账号的定义是什么呢？大概包括以下 3 个方面：非水号、数据真实且无误和内容质量不错。艺恩星数从大数据角度出发，助力品牌方筛选出优质的小红书账号用于广告合作与投放。

1. 搜索笔记关键词筛选

首先，使用艺恩星数的"笔记检索"功能搜索含有产品及内容方向相关关键词的笔记，进而找到过往有发布类似内容的账号，解决账号匹配度问题。

其次，笔记检索的搜索结果是可根据"互动量""点赞"……进行排序的，以此解决账号数据问题，因为近期有爆文（笔记点赞 1000+）的账号数据当然会比其他账号要好得多。图 6-34 所示为艺恩星数的"笔记检索"功能界面。

图 6-34　艺恩星数的"笔记检索"功能界面

2. 达人行业分类筛选

使用艺恩星数通过选择对应的达人行业分类进行逐一筛选,虽然会有点累且麻烦,但是可挖掘到不少优质账号。

点击"达人 - 达人检索",根据账号要求/标准选择设置达人行业分类及账号粉丝量等,侧重关注账号的涨粉率和笔记数量,需要注意的是,上述数据均是近 30 天的数据。图 6-35 所示为艺恩星数的"达人检索"功能界面。

图 6-35　艺恩星数的"达人检索"功能界面

除上述两种方法外,艺恩星数还可以提供多种数据供品牌方参考,以筛选出优质的小红书账号。

课堂讨论: 思考小红书数据分析对于品牌方营销决策的重要性。

6.5　本章小结

小红书以其"种草"的社交分享属性成为新的流量指向标,是消费者消费前的参考指南,也是新媒体账号运营者的蓝海,更是各家品牌方和 MCN 机构的必争之地。因此不论对于任何一方,掌握小红书的数据分析与诊断技能都是非常必要的。本章首先学习了小红书数据分析概述,包括其含义、作用、常用指标、分析过程和分析策略,进一步了解了小红书数据分析的常用工具,在此基础上掌握了小红书个人账号运营与品牌方营销决策的方法与技巧等内容,全面掌握小红书数据分析的相关知识,使学生提前开始职业生涯规划。

第7章 网站数据分析

网站对于我们来说并不陌生，已然成为我们生活中的组成部分。只要连接互联网，我们就能与网站相遇。无数新媒体账号以及内容乃至平台都与网站密不可分，它们或是建立自己的网站，或是在网站上分享内容与连接，又或是在不同的网站上进行广告投放与推广等。

如何建立并运营网站、如何选择网站进行内容投放，第一步要做的就是网站数据分析。因为只有通过网站已有数据我们才能够了解网站目前的情况，也才能够根据问题所在来进行下一步操作，做出性价比高的决定。

分析网站数据是为了针对性解决问题。如果运营者不知道怎么优化，不会分析网站数据，就无法快速地提升网站效果或选择出适合的网站进行内容投放，这实质上属于资源的浪费。反之，如果我们学会了分析数据，就可以快速地找到并解决问题或者给出最佳的选择方案。因此，掌握网站数据分析是新媒体人的必要技能。

本章节我们就围绕"网站数据分析"主题，进一步了解网站数据分析的那些事。

7.1 网站数据分析概述

网站数据分析是建设网站时至关重要的一步，同时可以帮助新媒体从业人员判断网站运营情况、设计广告投放计划等。通常在深度了解某网站前，我们会通过采集和分析该网站历史数据来选择网站建设。

通过这些网站数据我们可以得知，哪些内容访客点击比较多，哪些内容访客更加受欢迎，从而策划出更多用户喜欢的内容，降低网站的跳出率，增加网站黏性。

7.1.1 网站数据分析的含义与作用

网站数据分析是通过观察、调查、实验、测量等结果，通过数据的显示形式把网站各方面情况反映出来，使运营者更加了解网站的运营情况，便于调整网站的运营策略。

网站数据分析的作用包括以下4个方面。

1. 判断流失率

网站流量虽然很大，但转化率（转化率 = 完成KPI用户量 / 总用户量）很低，那就意味着网站的流失率很大。网站数据分析判断网站流失率的大小。

2. 筛选恶意点击

通过竞价、广告等推广形式获取的付费流量中可能包含竞争对手的恶意点击，通过网站数据分析筛选出恶意点击流量，并制定相应的推广策略。

3. 流量源优化

在网站数据统计中值得关注的就是通过各种渠道获取的流量中，哪些转化率高，哪些回报率低。

4.行为监测助力商业决策

观察和挖掘用户在网站的哪些行为会带来更多的商业回报。对于电子商务和企业网站，数据分析可以提升电商的转化力，更能体现出它的价值所在。

以一家电商公司为例，让我们来了解网站数据分析的作用。网站数据分析是围绕顾客进行的，公司各部门需要的数据有所不一样。如高层想了解宏观数据，以便于战略调整；中层想了解微观数据，便于项目控制与短期战术计划；市场部门想知道哪些广告能带来有价值的客户；编辑部门想要知道哪些文章用户喜欢；采购部门想了解哪些产品用户经常购买。有了这些数据才能更合理地安排工作。

图 7-1　网站数据分析概念图

图 7-1 所示为网站数据分析概念图。

7.1.2　网站数据分析的常用指标

对网站进行分析时经常用到的数据指标有页面访问量（PV）、独立访客数（UV）、访问次数（VV）、独立 IP 数、页面访问深度（DV）、平均访问时长（DV）、平均停留时间、跳出率、退出率等，下面我们通过表 7-1 进行简单了解。

表 7-1　网站数据分析常用指标汇总表

数 据 指 标	意　义
页面访问量（PV）	在一定时间内，统计页面被打开的次数，即页面点击量
独立访客数（UV）	在一定时间内，统计打开某网站页面的用户数，去除重复访问的用户
访问次数（VV）	在一定时间内，统计网站访问次数
独立 IP 数（IP）	在一定时间内，统计不同的 IP 地址上的浏览用户数量
页面访问深度（DV）	用户在一次浏览网站的过程中浏览的网站页数
平均访问时长（DV）	在一定统计时间内，浏览网站的一个页面或整个网站时用户所逗留的总时间与该页面或整个网站的访问次数的比
平均停留时间	平均停留时间是指访客浏览某一单页面时所花费的平均时长
跳出率	统计某个着陆页面，用户在访问着陆之后，就结束使用产品的比例
退出率	统计进入某个页面后，用户就结束使用产品的比例

在上面的系统了解后，下面我们将针对不同的指标进行详细地学习。

1.页面访问量

页面访问量是指在一定时间内，统计页面被打开的次数，即页面点击量，这也是评价网站流量最常用的指标之一。

值得注意的是，一定时间内，用户每 1 次对网站中的每个网页访问均被记录 1 次；一定时间内，用户对同一页面的多次访问，访问量累计。

2.独立访客数

独立访客数是指在一定时间内，统计打开某网站页面的用户数，去除重复访问的用户。值得注意的是，一定时间内，一个用户打开多次，只计算一次独立访客数；一定时间内，

UV 只记录第一次进入网站的具有独立 IP 的访问者,在同一段时间内再次访问该网站则不计数。

3. 访问次数

访问次数是指在一定时间内,统计网站访问次数。从用户来到网站到最终关闭网站的所有页面离开,计为 1 次访问;若用户连续 30 分钟没有新开和刷新页面,或者访客关闭了浏览器,则被计算为本次访问结束。

4. 独立 IP 数

独立 IP 数是指在一定时间内,统计不同的 IP 地址上的浏览用户数量。因特网上的每台计算机和其他设备都规定了一个唯一的地址,叫作"IP 地址"。

IP 是基于用户广域网 IP 地址来区分不同的访问者的,所以,多个用户(多个局域网 IP)在同一个路由器(同一个广域网 IP)内上网,可能被记录为一个独立 IP 访问者。如果用户不断更换 IP,则有可能被多次统计。

5. 页面访问深度

页面访问深度是指用户在一次浏览网站的过程中浏览的网站页数,其计算公式为:

$$页面访问深度 = 页面浏览次数 / 访问次数$$

用户访问网站的深度用数据可以理解为网站平均访问的页面数,就是 PV 和 UV 的比值,这个比值越大,用户体验度越好,网站的黏性也越高。

6. 平均访问时长

平均访问时长是指在一定统计时间内,浏览网站的一个页面或整个网站时用户所逗留的总时间与该页面或整个网站的访问次数的比,其计算公式为:

$$平均访问时长 = 访问总时长 / 访问总次数$$

页面平均访问时长是网站分析的一个重要指标,通常用于评估网站的用户体验。平均访问时长越长,那么说明网站或页面对用户的吸引力越强,能带给用户的有用信息越多,用户越喜爱。反之,对用户的吸引力越差,可用的有用信息越少,也说明网站需要优化或添加有用信息了。

7. 平均停留时间

平均停留时间是指访客浏览某一单页面时所花费的平均时长,其计算公式为:

$$平均停留时间 = 进入下一个页面的时间 - 进入本页面的时间$$

平均停留时间的长短是网站分析的一个重要指标,通常用于评估网站的用户体验,可以用于指导网站以及页面的改善。平均停留时间越长,那么说明网站或页面对用户的吸引力越强,能带给用户的有用信息越多,用户越喜爱。反之,对用户的吸引力越差,可用的有用信息越少,也说明网站需要优化或添加有用信息了。

8. 跳出率

跳出率指统计某个着陆页面,用户在访问着陆页之后,就结束使用产品的比例,其计算公式为:

$$跳出率 = 访问一个页面后离开网站的次数 / 总访问次数$$

观察关键词的跳出率可以得知用户对网站内容的认可,或者说网站是否对用户有吸引力。而网站的内容是否能够对用户有所帮助。留住用户也直接可以在跳出率中看出来,所以跳出率是衡量网站内容质量的重要标准。

9. 退出率

退出率是指统计进入某个页面后,用户就结束使用产品的比例,其计算公式为:

$$退出率 = 从该页退出的次数 / 进入该页的页面访问数$$

退出率的访问次数包括从外站进入的次数,也包括从产品内部跳转到这个页面的次数。退出率经常用来衡量用户需要经过一系列页面完成目标的场景,在这一系列页面中,每个页面退出的比例。

> **课堂讨论：** 你还知道哪些网站数据分析的指标？

7.1.3 网站存在的问题和网站数据分析的步骤

了解网站数据分析的步骤，首先需要了解网站存在哪些问题，大致分为以下 3 个方面。

1. 网站权重问题

一般可以通过检查网站近期流量来判断，在百度统计上也就是记录的 IP、PV、跳出率等，然后就是观察网站索引数据，之后检查网站日志来判读蜘蛛爬行收录是否出现异常，还要对网站超链接及其质量度进行判断。

2. 网站流量问题

网站流量的来源主要看的是长尾词，所以我们要关注网站收录情况，查看已经收录的内容的匹配飘红，在百度统计中我们可以查看搜索词来源以及每个独立 IP 的质量度。

3. 网站收录问题

第一步就是下载网站日志来检查蜘蛛或者通过百度站长工具来看看网站近期抓取频次和抓取针对是否存在异常，检查我们的友情链接是否有点质量的或者说是被单向的链接，最后就是检查网站页面的质量度是否能够到达搜索引擎索引的质量的。

总体来说，当你的网站发生了很大的问题的时候，类似网站降权了，那么你就要从小的问题出发，首先，观察你的网站降权的表现是什么，然后针对这个表现开始第一步的分析。凡是会引起整站权重变化的数据问题，那么你就要分析的是整站权重变化基本上会导致的数据是不是也在变化。再分，分析是不是其他的会导致整站权重变化的数据引起你的权重下降，从而导致你的这个数据下降变化。而面对网站出现的小问题则分析导致小点问题的每一个步骤的数据，找到源头，进行针对性操作修改。

针对上述内容，我们可以将网站数据分析概括为三个步骤。

（1）整理收集网站资料，通过第三方数据与真实调查数据进行对比分析出实际的数据值；

（2）通过数据给出相应的调整和运营方案；

（3）执行方案进行数据跟进分析。

7.2 网站数据分析常用工具

现阶段大量企业网站的后台都没有自动统计分析的功能，不能进行类似微信公众号或今日头条的后台直观分析，因此需要借助第三方统计工具来完成统计。常用的第三方统计工具平台包括百度统计、谷歌分析（Google Analytics）、友盟+、智投分析（TopBox）等。

7.2.1 百度统计

百度统计是百度推出的一款免费的专业网站流量分析工具，能够告诉用户访客是如何找到并浏览用户的网站，在网站上做了些什么，有了这些信息，可以帮助用户改善访客在用户网站上的使用体验，不断提升网站的投资回报率。

百度统计提供了几十种图形化报告，全程跟踪访客的行为路径。同时，百度统计集成百度推广数据，帮助用户及时了解百度推广效果并优化推广方案。

基于百度强大的技术实力，百度统计提供了丰富的数据指标，系统稳定，功能强大但操作简易。登录系统后按照系统说明完成代码添加，百度统计便可马上收集数据，为用户提高投资回报率提供决策依据。百度统计是提供给广大网站管理员免费使用的网站流量统计系统，帮助用户跟踪网站的真实流量，并优化网站的运营决策。图7-2所示为百度统计的主页。

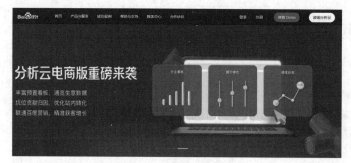

图7-2　百度统计的主页

百度统计的功能包括以下4类。

1. 流量分析

用户可以通过百度统计查看一段时间内用户网站的流量变化趋势，及时了解一段时间内网民对用户网站的关注情况及各种推广活动的效果。百度统计可以针对不同的地域对用户网站的流量进行细分。

2. 来源分析

用户可以通过百度统计了解各种来源类型给用户网站带来的流量情况，包括搜索引擎（精确到具体搜索引擎、具体关键词）、推介网站、直达等。通过来源分析，用户可以及时了解到哪种类型的来源给用户带来更多访客。

3. 网站分析

用户可以通过百度统计查看访客对用户网站内各个页面的访问情况，及时了解哪些页面最吸引访客以及哪些页面最容易导致访客流失，从而帮助用户更有针对性地改善网站质量。

4. 转化分析

用户可以通过百度统计设置用户网站的转化目标页面，比如留言成功页面等，然后用户就可以及时了解到一段时间内的各种推广是否达到了用户预期的业务目标，从而帮助用户有效地评估与提升网络营销投资回报率。

7.2.2　谷歌分析

谷歌分析（Google Analytics）是Google推出的一款免费的网站分析服务，自从其诞生以来广受好评。谷歌分析的功能非常强大，只要在网站的页面上加入一段代码，它就可以为客户提供丰富详尽的图表式报告。

谷歌分析可以向客户显示人们如何找到和浏览某个网站以及该网站能如何改善访问者的体验，由此提高网站投资回报率、增加转换，带来更多的收益。图7-3所示为谷歌分析的图标。

对比前面我们提到的网站数据分析工具百度统计，谷歌分析与其相同的地方如下。

1. 工具定位和层次基本相同

二者均定位于流量分析工具，而不是流量统计。流量分析差别于流量统计的显著特点是，流

图7-3　谷歌分析的图标

量分析会关注于流量的质量，其分析基本单元是"访问次数"，相当于 Session，而流量统计分析的基本单元是"浏览量"。

2. 致力于帮助站长提升网站质量

搜索引擎处于互联网生态链的顶端，到了一定的阶段，互联网上是否有高质量的内容和网站，将成为搜索引擎下一个发展瓶颈，这一点百度统计和谷歌分析是一致的。

3. 独家支持自家推广平台的统计

与谷歌分析独家无缝整合谷歌广告关键词一样，百度统计对百度推广也实现了完美的整合。百度推广的关键词、创意、计划、单元带来的流量与点击消费信息被整合在平台下，能很好地帮助百度推广用户做各类 SEM 优化。

7.2.3 友盟+

友盟+是一家国内第三方全域数据服务商。其发展过程大致分为两个阶段：2010 年 4 月，友盟在北京成立，是中国专业的移动开发者服务平台；2016 年 1 月 26 日，友盟、CNZZ 及缔元信三家公司正式合并，业务全面整合，升级为友盟+。

友盟+以"数据智能，驱动业务增长"为使命，基于技术与算法能力，结合全域数据资源，挖掘出 40+ 标签大类、15000+ 客群标签、100+ 用户/行业分析指标，通过 AI 赋能的一站式互联网数据产品与服务体系，帮助企业实现深度用户洞察、实时业务决策和持续业务增长。图 7-4 所示为友盟+的主页。

图 7-4　友盟+的主页

友盟+所提供的主要服务分为 4 个方面。

1. 移动统计——U-App AI 版

U-App AI 版是面向 App 开发者提供的 App 智能监测与分析平台。核心能力包括：实时统计、整体趋势、渠道分析、错误分析等基础统计功能，开发者还可根据业务需求自定义看板和指标，更灵活地查看数据。在此之上，将用户分群与精细分析打通，实现更自由的精细化运营。同时，融合全域数据的画像和预测能力，实现基于人群圈选的智能拉新、对用户价值和流转趋势的预测、分群用户触达，助力用户增长。最终实现从数据统计到分析再到推送等的一站式闭环运营。

2. 移动广告监测——App Track 平台

App Track 是面向 App 开发者的全链路广告效果与分析平台。从渠道曝光、点击、下载、安装启动及后续的留存、注册、付费等全链路、全方位监测与分析评估，提升 ROI。

3. 消息推送——U-Push 工具

U-Push 是友盟+为 App 开发者打造的精准消息推送工具。支持多平台下发（覆盖华为/小米/魅族厂商通道）、消息无痕撤回、精准分群推送，提升用户活跃度与用户黏性。

4. 社会化分享——U-Share 工具

U-Share 是友盟+为 App 开发者提供的国内外多平台分享及第三方登录功能的工具。一次集成，具备多平台分享能力，并通过实时的用户画像、分析回流数据，助力 App 开发者产品开发与推广。

7.2.4 智投分析

智投分析（TopBox）是基于云端服务的在线广告管理分析系统，是由广东天拓资讯科技有限公司旗下天拓智投事业部研发。以业内绝对创新性的大数据分析技术结合天拓科技 13 年的在线广告技术与服务的经验，精准监测分析 SEM 广告、展示 & 社交广告、移动广告等各渠道带来的电话呼叫、在线询盘、电子商务订单、在线下载、线上注册等各个维度的营销效果 ROI；有效定位高投资回报率关键字、广告创意及广告渠道；同时实现对各渠道来源用户行为及目标转化（比如注册、登录等）的监测分析，有效帮助广告主发掘高转化率页面，优化网站页面，提高业务转化率。分别为中小型企业提供在线广告管理分析系统，为大中型企业提供定制化在线广告管理分析解决方案。

TopBox 系统监测的数据指标包括 3 个方面，如表 7-2 所示。

表 7-2 TopBox 系统监测的数据指标

指标种类	指标
流量指标	独立访客、访问次数、新独立访客、旧独立访客、新独立访客比率、旧独立访客比率、新访问次数、浏览量、新访客流量
质量指标	平均访问页数、平均访问次数、平均访问时长、唯一身份浏览量、跳出数、跳出率、活跃用户数
转化指标	转化收益、转化率、转化数、已下订单转化数、已下订单转化价值、支付订单转化数、支付订单转化价值、注册成功转化价值、商务通转化数

课堂讨论： 通过查阅资料，分享你了解到的网站数据分析常用工具，并介绍其特色功能。

7.3 网站流量分析

"流量"本义是单位时间内通过河、渠或管道某一横截面的流体的量，或是通过道路的车辆、人员等的数量。在互联网时代，"流量"也指在一定时间内网站的访问量，以及手机等移动终端上网所耗费的字节数。而在本节的分析中，特指在一定时间内网站的访问量。

网站流量分析是指在获得网站访问量基本数据的情况下对有关数据进行统计、分析，从中发现用户访问网站的规律，并将这些规律与网络营销策略等相结合，从而发现目前网络营销活动中可能存在的问题，并为进一步修正或重新制定网络营销策略提供依据。当然这样的定义是站在网络营销管理的角度来考虑的，如果出于其他方面的目的，对网站流量分析会有其他相应的解释。

7.3.1 浏览量分析

流量变化的走势是网站运营状态的最直观表征，新媒体运营者可以将本站的浏览次数、IP、独立访客数与同行网站或本公司其他网站进行对比，评估当前的网站水平。

浏览量即常说的 PV（Page View）指标，指页面访问量或点击量，可以简单理解为用户每 1 次对网站中的每个网页访问均被记录 1 次。用户对同一页面的多次访问，访问量累计。PV 是评价网站流量较常用的指标之一，也是用来衡量网站广告价值和消费者关注度的重要标准。需要注意的是，PV 是指用户每打开一个网站页面就被记录 1 次。用户多次打开同一页面，浏览量值累计。所以，页面访问量是访客实际浏览过的网页数的总和，而不是某网站中的网页数的总和。

PV 量的提升主要依靠站内优化，毕竟 PV 值代表的是页面浏览量。用户是网站的访客，网站所要做的是想办法让用户多浏览几个页面。否则会被认定该网站的内容做得比较差，所以网站要引导用户多浏览一些页面。

一般来说，提供"推荐内容"是提升 PV 量较好的一种办法，即指在网站的某个区域，我们都需要站在用户的角度上考虑其是否还会有其他的需求，这时就需要通过搜索引擎优化的方法做出适当的引导，这样用户就会很乐意去点击了。

例如，我们在淘宝界面搜索宝贝"创意餐具"，淘宝会根据该关键词推荐其他相关内容"餐具套装""餐具家用创意""儿童餐具"等内容，引导用户点击跳转至其他相关产品继续进行浏览，如图 7-5 所示。

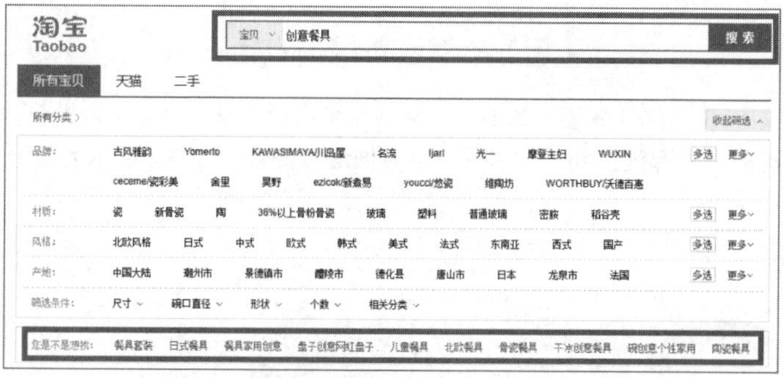

图 7-5　搜索"创意餐具"后的淘宝界面

但是，很多负责搜索引擎优化的人员在做相关推荐的时候都想省时省力，随便找几个内容就推荐了或者是让网站程序自动调用，这样调用的相关内容往往并不符合用户的后续需求，因此用户点击的积极性就不大。所以，优化 PV 量最重要的是提升用户体验度。

7.3.2　访客数分析

访客数也称独立访客数，即常说的 UV（Unique Visitor）指标，指通过互联网访问、浏览该网站的网页的人数。一般来说，我们可以用两个数值标准来统计访问某网站的访客，即访问次数和独立访客数，访问次数和独立访客数是两个不同的概念。独立访客数则相当于带身份证参观展览会的访问人数，每一个出示身份证参观展览的人，无论出入几次，都只计作一次独立访问。这里所说的"身份证"，在网络上就是访客的 IP 地址或 Cookie。通俗讲就是"带身份证参观展览会的访问人数"。例如，某个家庭中，爸爸在家里打开了京东的主页，注册会员并购买了一台电视机；妈妈也在家里登录京东主页，注册了另一个会员并购买了一件呢子大衣。但由于二人使用的是同一个 IP 地址，因此京东的官方计数器记录到 IP 地址登录信息只有 1 个，但其实是两个不同的消费者分别进行了各自的 UV 登录，因此 UV 数为 2。图 7-6 所示为某网站的基础数据，左上角红色标记为浏览量和访客数。

理论上，UV 量和 PV 量的数值越大越好，UV 量越大，说明访问该网站的人越多，PV 量越大，说明进入该网站的人愿意浏览网站的多个页面，由此证明网站的内容对于访客是重要的，但有一点值得注意，即 PV 量不能跟 UV 量太过接近。因为如果 PV 量和 UV 量的比例接近于 1，那么就表明该网站内容无法打动访客，就不要空想排名流量等问题了。图 7-7 所示为某网站的基础指标。

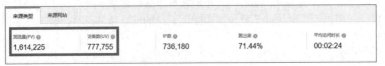

图 7-6　某网站的基础数据

网站基础指标

浏览量(PV) ↓	访客数(UV)	IP数
523,977	273,782	260,747
509,664	279,771	247,181
181,332	102,838	99,751
1,214,973	656,391	607,679

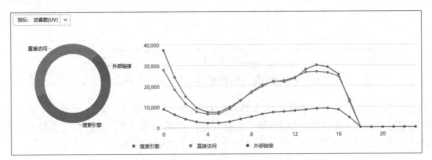

图 7-7　某网站的基础指标

想要提升 UV 量，首先需要了解 UV 量是从哪里来的。从图 7-8 所示，我们可以得出 UV 量主要从直接访问、外部链接和搜索引擎三个方面进行探索。图 7-8 所示为某网站的访客数指标及详细内容。

图 7-8　某网站的访客数指标及详细内容

从“直接访问”这一角度出发，我们可以使用站外发广告和社群营销等方式进行提升。例如，我们的网站是卖水果的，那么可以去一些水果论坛发布相关评测的软文，在文章里面带上我们的网址或者是去水果相关社群直接发布我们的网址，这样都会有一些用户通过链接直接访问我们的网站。

“外部链接”这个指标可以通过软文或者付费推广的方式进行提升。

“搜索引擎”则基本上是做品牌推广来导入流量了。

当新媒体团队计划进行搜索引擎广告投放时，对流量趋势变化的监控与分析尤为重要。对于投放广告后有明显的流量变化的时段，可以尝试增加投放力度，以获得更好的营销效果；而对已经推送广告但没有流量的时段，可以考虑暂停该时段的投放。

案例　如何提高直播间的浏览量和访客数

作为直播间，其浏览量和访客数与网站流量同理，下面我们就来了解如何提高直播间的浏览量和访客数，大致分为 4 个方面。

1. 明确的直播主体

做直播之前，主播要确定明确的直播主题，即这场直播的目的是什么？根据直播的目的，分阶段设计直播计划。换言之，找到一个特色鲜明，抓人眼球的主题，直播活动就已经成功了一半。但需要注意的是，直播主题尽量做到简洁凝练，一针见血，深入人心。

2. 抓人眼球的直播封面

直播封面就像是帖子的主图一样，主要作用就是用来吸引买家点击的，一张高清、创意十足、充满美感的封面会让买家不由自主地点击。当然，封面要和直播的内容完全吻合，不能为了吸引人气，提供和直播内容不相符的图片，这种欺骗买家的行为注定走不长远。

3. 优质的直播内容

电商平台中使用直播进行带货的店铺有很多。在这个"内容为王"的时代，没有优秀的内容，再好的工具也没有多大用处，都只能是昙花一现。即便是同样的产品，直播内容也要不定期变换，因为一个东西播的时间太多了粉丝会觉得很无聊，应结合产品和顾客的需求不断优化直播的内容。

4. 做好前期宣传

直播活动前需要进行预热，以淘宝平台为例，可以通过微淘、微播等方式提前宣传，告知顾客直播的时间、内容，提高曝光度。这样在没有直播之前已经积累了部分客户，在直播进行中这部分客户就会发生裂变，慢慢增多。

当直播间的浏览量和访客数不断上升，就证明了直播的效果在逐渐变好，因此必须要做好直播的准备工作、宣传和推广工作。

> **课堂讨论：** 结合所学内容，思考如何提升小红书"种草"帖的浏览量和访客数？

7.4 访问来源分析

访问来源分析，指的是通过统计来源分类、搜索引擎来源数、来路域名、来路页面等数据，进一步对网站流量的渠道进行分析，便于新媒体团队剔除无效推广渠道、重点布局有效渠道。

7.4.1 来源分类分析

网站的访问来源主要包括直接访问、搜索引擎访问、站内来源访问和外部链接访问4部分，如表7-3所示。

表7-3 网站访问来源汇总表

网站的访问来源	意 义
直接访问	用户直接输入网址或点击浏览器收藏夹进入网站
搜索引擎访问	用户在百度、谷歌等搜索引擎搜索相关关键词，然后点击进入网站
站内来源访问	用户在网页停留超过30分钟后在超时页面上点击某链接对该站继续访问，也可以看作访客的第二次访问开始
外部链接访问	用户通过第三方网站（如微博、论坛等）进入网站

网站访问来源分析的目的，一方面是便于评估当前的推广效果，另一方面是寻找网站推广的盲区。

1. 评估当前的推广效果

新媒体团队对网站的推广通常不局限于单一渠道，一般会在百度、知乎、微博、豆瓣等多频道布局。每个阶段的推广效果，可以借助网站访问分析来进行判断。

2. 寻找网站推广的盲区

在推广网站时，新媒体运营者通常会做出推广规划并执行，但推广规划毕竟是根据运营者的过往经验制定的，难免出现推广盲区。借助网站来源分析，可以尝试找到网站推广的盲区，并作为后续推广计划改进的参考。

7.4.2 关键词和搜索词分析

搜索引擎是从互联网上搜集信息并将信息组织和处理，为用户提供检索服务的系统，目前使用频率较高的搜索引擎包括百度、360 搜索、搜狗等。来自搜索引擎的访问用户，通常是主动搜索某关键词后点击进入网站的，这类用户更具有浏览目的性，其成交率通常也更大。因此，搜索引擎流量是网站流量的重要组成部分。

分析搜索引擎流量，核心是进行搜索词分析，即了解用户借助哪些搜索渠道进行搜索动作、用户通过搜索哪些关键词进入网站。因此，在第三方统计工具后台，运营者可以直接查询某时间段内来自搜索引擎的流量以及具体的搜索词。

在关键词和搜索词分析过程中，需要注意以下几个要点，分别是展现量、点击量、消费、平均点击价格、点击率、平均排名。

1. 展现量分析

以一个高展现的关键词举例。这个关键词的匹配模式是否因为过于广泛所导致的展现量高，查看匹配模式之后，如果不是这个原因导致，那我们就要分析这个词为什么搜索的人多？是不是外界环境发生一些变化，一些热点新闻事件导致大的环境发生变化所导致最近网民的搜索量增多？只要我们能分析到的因素都可以列出来，在后面为我们分析账户整体展现量高低的时候是有很大的帮助。

2. 点击量分析

点击量这个环节是我们重点要去分析的，我们以一个高点击量的关键词来分析，首先为什么这个词点击量高，是因为搜索的人多吗？是因为排名发生变化吗？是因为创意吸引人而点击吗？搜索词分别又是哪些？点击的 IP 是否重复还是单一？分别分布在哪些时间段被点击，是否有产生对话？这些问题都值得我们去深入了解。

3. 消费分析

消费作为一个总体的数，通常我们会把一个关键词的消费固定为一个值，如果超出这个值，我们一定要做出相对应的调整。例如，"最新款智能手机惊爆价"这些关键词成本固定在 500 元左右，也就是说这些词消费到 500 元没有转化，那么我们必须要对这些词做出相关调整。

4. 平均点击价格分析

平均点击价格 = 下一名的出价 × 下一名的质量度 / 自己的质量度，从一个关键词的平均点击价格高低来看，可以看出这个词的竞争程度是怎样的。

5. 点击率分析

关键词的点击率是点击量除以展现量而得出的，从一个关键词的点击率高低来看，直接反映到这个关键词的排名位置和创意吸引度，而且影响着关键词质量度的最重要一个因素，也就是关键词的点击率。例如，一个关键词展现 1 次点击 1 次，点击率就是 100%，如果这个关键词长期这样保持下去，质量度一定很高。不相信这一定论的话，你可以去账户中下载一份一个月的关键词数据，查看点击率最高的关键词，你就会明白。

6. 平均排名分析

关键词平均排名是根据系统算出的，这个数据我们可以做个参考。关键词出价越高，并不代表排名也越高；关键词质量度越高，也并不代表排名越高。在关键词出价很高，质量度很高的情况下，排名肯定是很高的。

为了更有针对性地分析搜索词效果，新媒体运营团队需要提前进行关键词规划，有目的地进行搜索引擎关键词布局，包括增加文章内部的关键词密度、向搜索引擎提交网页关键词、进行外链建设等，然后将关键词布局与搜索词进行比较分析，以评估关键词布局执行的有效性。

7.5 受访页面分析

受访页面分析，指的是借助受访域名分析、跳出率分析、访问时长分析、热力点击图分析等多维数据分析，了解不同网页的访问情况，从而有针对性地进行页面改版与调整。

7.5.1 跳出率分析

很多网站都非常关心跳出率，因为网站跳出率在一定程度上说明了网站的受欢迎程度和用户对网站的黏度，所以均认为跳出率越低越好。网站用户的跳出率真的是越低越好吗？我们该如何正确看待网站跳出率呢？

跳出率指用户通过搜索关键词来到网站，仅浏览了一个页面就离开的访问次数与所有访问次数的百分比。

跳出率的高低是网站分析的一个重要指标，通常用于评估网站的用户体验，可以用于指导网站以及页面的改善。跳出率高，代表进入网站后马上离开的人数比浏览网站后再离开的人数多，说明网站消费者体验做得不好；反之，跳出率较低，则说明网站做得不错，消费者能够在网站中找到自己感兴趣的内容，而且可能还会再次光顾该网站。因此，低跳出率可以提高消费者回访度，大大增加了消费者在网站中消费的概率。图7-9所示为某网站流量质量指标数据。

图 7-9　某网站流量质量指标数据

网站跳出率高的因素包括以下3个方面。

（1）没有满足用户的需求，用户搜索进来发现内容不是自己想要的。

（2）网站内容阅读完，相关推荐没有设置好，或者相关推荐的关联性比较低，导航不清晰等，也会造成网站的高跳出率。

（3）网站的响应速度太慢，用户打开网站，没有及时响应，所以用户选择离开网站，还没有正式访问就离开，这跳出率自然就高。

降低网站的跳出率，主要有以下几种方法。

（1）导航清晰且不会让用户感到迷惑。

（2）站内链接部分设计合理。

（3）重视服务器，提高页面的加载速度。

（4）网页内容最为重要，能够吸引到用户的信息才是最符合用户体验的。

（5）不要出现过多的错误链接、死链接等。

（6）网站不要投放大量广告及浮窗类型广告。

（7）网站的整体设计也是尤为重要的关键因素，整体版面应符合用户的观赏习惯。

（8）网站可以适当地做一些活动性的内容、有噱头性、互动性的信息体现。

综上所述，网站能否运营成功，最重要的还是高用户体验。

（1）服务器要快，如果用户访问网站页面10秒钟以后还没有反应，用户是没有耐心等待的，他们会立即选择退出该页面。

（2）链接问题。如果用户首先点击进去的页面不是显示页，再点，也还不是，可以想象用户是什么样的感受。这种欺骗用户的行为，是不会有回访用户的，因此，做好网站内部链接和结构显得尤其重要，要保证用户点击的每一个页面都能快速打开。

（3）访问的硬件要求，访问速度是关键的因素，如果用户在5秒钟内打不开网站，他们很少有耐心等下去，所以我们在选择服务器的时候要注意选择有一定信誉和运营稳定性强的服务商，将服务器因素影响降到最低。

（4）不做有欺骗性质的跳转，网站图片不要影响视觉效果，链接规范，页面和页面之间进出自如，层次分明。

（5）网站要有自己鲜明的个性，内容丰富，独特，原创性好。

> **课堂讨论：** 跳出率和退出率有哪些不同？

7.5.2 访问时长分析

平均访问时长是指在一定统计时间内，浏览网站的一个页面或整个网站时用户所逗留的总时间与该页面或整个网站的访问次数的比，其计算公式为：

平均访问时长 = 总的停留时间 / 总的访问次数

一个网站在一定时间内总的停留时间为2000秒，在这段时间内，总的访问次数是400次，那么这个页面或网站的平均访问时长就是5秒（2000/400）。

平均访问时长的时间长短是网站分析的一个重要指标，通常用于评估网站的用户体验，可以用于指导网站以及页面的改善。平均访问时长越长，那么说明网站或页面对用户的吸引力越强，能带给用户的有用信息越多，用户越喜爱。反之，对用户的吸引力越差，可用的有用信息越少，也说明网站需要优化或都添加有用信息了。图7-10所示为某网站的统计数据，右边红色标记为用户在该网站的访问时长。

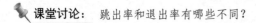

图7-10 某网站的统计数据

7.5.3 热力点击图分析

热力点击图，是以特殊高亮的形式显示访客热衷的页面区域或访客所在的地理区域的图示。以图7-10为例，使用网站数据统计呈现出来的某网站热图，我们可以很直接地看到在导航部分聚集了大量的点击。图7-11所示为网站热力点击图。

热力点击图分析的本质——点数据分析。一般来说，点模式分析可以用来描述任何类型的事件数据（incident data），因为每一事件都可以抽象化为空间上的一个位置点。我们通过点数据来分析隐藏在数据背后的规律，也就是点模式。点模式在自然和经济社会中是普遍存在的，我们通过分析，可以使点数据变为点信息，可以更好地理解空间点过程，可以准确地发现隐藏在空间点背后的规律。

点模式的三种分布类型为随机分布、均匀分布和聚集分布，具体如图 7-12 所示。点的聚集分布，为我们的分析提供了无限可能。

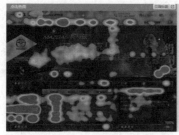

图 7-11　网站热力点击图

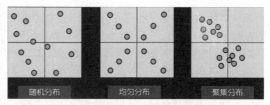

图 7-12　点模式的三种分布类型

在分析网站热力点击图时，我们可以集中注意以下几个方面。

1. 访客点击集中的位置

以导航栏为例，通过分析导航栏的热度，我们可以将导航栏重新做一次优先级排序，例如，"案例"的热度很大，"资讯"的热度很低，就可以考虑将"案例"前置。

2. 页面浏览点击分布

一般情况下，一个页面的点击分布应该是，首屏比较多，第二屏会减少一些，顺势下去，第三屏第四屏会越来越少，这是由大多数访客的浏览习惯决定的。如果出现了首屏没有点击，第二屏第三屏的点击较多，那么就证明首屏的内容存在很大问题。

3. 访客误点/无效点击

从热力点击图中我们可以发现很多访客误点或者无效点击，如果某处的无效点击很多，那证明访客认为这个位置应该是可以点的，但是并没有设置任何点击效果或跳转链接的话，我们可以考虑设置一下，或者将有歧义的位置修改一下，避免误导。

7.6　访客分析

访客属性分析主要是针对用户的固定属性进行分析，包括地域分布、系统环境、新老访客、访客属性以及忠诚度进行。

7.6.1　地域分布分析

根据访客的 IP 地域划分来判断访客所属地域，通常以省份或国家为单位。

地域分布数据提供了各个地域给网站带来的流量数据，这些数据可以帮助网站运营者合理地分配各地域的推广预算和有针对性地制定业务推广策略：对于已经进行了推广的地域，可以及时地了解在该地域的推广策略是否给网站带来了足够的访客，以及这些访客对网站的内容是否足够感兴趣，借助这些信息可以进一步评估在该地域的推广方案的合理性，并且不断地调整与优化；对于尚未进行推广的地域，如果存在流量，说明这些地域有网民在关注该网站，网站运营者可以抓住时机在这些地域进行推广，以便及时地获得更多商机。

图 7-13 所示为某网站访客的地域分布数据。

		浏览量(PV) ↓	访客数(UV)	IP数	跳出率	平均访问时长
+	1 广东	205,994	77,008	71,947	67.41%	00:03:56
+	2 江苏	105,996	42,517	40,008	68.83%	00:03:46
+	3 山东	105,805	43,890	41,250	70.14%	00:03:22

图 7-13　某网站访客的地域分布数据

7.6.2　系统环境分析

系统环境数据提供了访客在浏览该网站时使用的各种系统环境及相应的流量数据。系统环境包括浏览器、操作系统、屏幕分辨率、屏幕颜色、Flash版本、是否支持Java、语言环境、是否支持Cookie、网络服务提供商等。通过这个分析可以获得以下一些信息。

（1）访客在浏览该网站时经常使用的是什么系统环境。
（2）使用什么系统环境的访客在该网站上停留的时间更长或者访问的页面更多。
（3）哪种系统环境网站运营者之前还没有考虑过。

获得上述信息后，我们就可以更多地从技术功能方面去优化网站，从而进一步提升网站的吸引力及易用性，带来更高的访客转化率。

图 7-14 所示为某网站访客的网络设备类型数据。

网络设备类型		网站基础指标			流量质量指标	
		浏览量(PV) ↓	访客数(UV)	IP数	跳出率	平均访问时长
+	1 移动设备	896,599	467,790	436,065	73.79%	00:02:07
+	2 计算机	753,352	200,935	174,044	61.64%	00:06:05
	当前汇总	1,649,951	668,725	610,109	69.9%	00:03:23

图 7-14　某网站访客的网络设备类型数据

7.6.3　新老访客分析

一天的独立访客中，历史上第一次访问该网站的访客记为新访客；今日之前有过访问，且今日再次访问的访客，记为老访客。新老访客数据分析可以帮助网站运营者了解网站的访客构成以及不同渠道带来的访客情况，新老访客关注的差异对比。

图 7-15 所示为某网站访客的新老客数据。

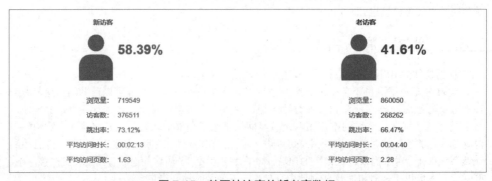

新访客　58.39%
浏览量：719549
访客数：376511
跳出率：73.12%
平均访问时长：00:02:13
平均访问页数：1.63

老访客　41.61%
浏览量：860050
访客数：268262
跳出率：66.47%
平均访问时长：00:04:40
平均访问页数：2.28

图 7-15　某网站访客的新老客数据

7.6.4 访客属性分析

访客属性分析是指通过对网站页面的监测，分析访客的行为，刻画出该网站的访客属性。帮助网站运营者了解访客的性别、年龄、职业和学历的分布情况，寻找网站的核心用户群体。

图 7-16 所示为某网站访客的访客属性数据，包括性别比例、年龄分布和学历分布。

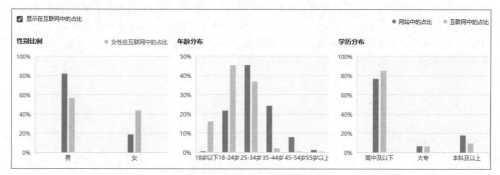

图 7-16　某网站访客的访客属性数据

7.6.5 忠诚度分析

忠诚度分析是指分析访客对该网站的访问深度、回访以及访问频次情况。

忠诚度分析体现了访客对该网站的访问深度、回访以及访问频次情况，帮助网站运营者更好地了解访客对网站的黏性，尤其在对网站内容进行修改后，可以通过该分析去了解网站的吸引力是否有所提升。

图 7-17 所示为某网站访客的访问页数数据，该数据是忠诚度分析的指标之一。

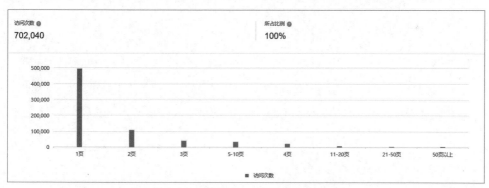

图 7-17　某网站访客的访问页数数据

课堂讨论：掌握访客的相关属性信息，对于我们进行网站数据流量分析有哪些帮助？

7.7　本章小结

数据是网站运营者做出某一决策时最科学且靠谱的依据之一。数据分析是利用一些数据分析工具、手段方法或思维，从数量庞大的数据中发现规律，用于揭示数据背后的真相，可指导企业或业务发展，为决策行为作数据支撑。

本章我们首先学习了网站数据分析概述，包括其含义、作用、常用指标以及分析步骤，进一步了解网站数据分析的常用工具，在此基础上掌握了网站数据分析的4个主要内容及相关方法，包括了网站流量分析、访问来源分析、受访页面分析和访客分析。对大多数企业来说，网站的核心目标是获客，但首先需要有访客才能达到这个目标。其次，企业要针对访客的需求，有效地展示其内容、产品和信息，并让访客喜欢这些内容。最后，也是最为关键的部分——使访客转化为客户，并购买产品和服务。弘扬精益求精的专业精神、职业精神和工匠精神，培养学生的创新意识，将"为学"和"为人"相结合。

第8章　电商平台店铺数据分析

当用户在电商平台店铺上有了购买行为之后，就从潜在客户变成了电商平台店铺的价值客户。电商平台店铺一般都会将用户的交易信息，包括购买时间、购买商品、购买数量、支付金额等信息保存在自己的数据库里面，所以对于这些客户企业可以基于网站的运营数据对他们的交易行为进行分析，以估计每位客户的价值，及针对每位客户的扩展营销的可能性。

互联网是电商生存的土壤，数据流量是电商运营的命脉。同时，诸多火热的电商模式，如短视频带货、直播带货等，都是建立在电商平台店铺的基础之上而开展的，因此电商运营过程中针对电商平台店铺数据的分析，已经成了每个新媒体运营人员的必备功课。

通过对电商平台店铺数据的分析和利用，可以验证和优化自己的工作，从而提升运营的效率，从庞大的数据中找出有价值的部分，并且通过分析找出其中的规律，从而帮助店铺进行决策与优化。

8.1　电商平台店铺数据分析概述

收集并分析数据是经营网店的重要环节，因为数据反映了店铺的真实经营状态。很多卖家知道自己的店铺有问题，却不懂如何分析问题，更别说解决问题。分析数据对网店经营至关重要，它能够将繁杂的事实转化为清晰可见的数据，让非专业人士也能够清楚地理解。

8.1.1　电商平台店铺数据分析的含义与作用

电商平台店铺数据分析主要是指通过数据了解消费者与产品，掌握店铺运营情况，并针对性进行优化改进，提升店铺的营业能力。电子商务企业除了需要关注商品的整体数据外，更需要关注各种数据所反映的问题，而进行数据分析则是一项战略性的投资。这里的数据代表着很多含义，例如，电子商务行业的整体数据、网站运营数据、消费者数据、各种转化率数据及广告投放数据等，而最终反映的数据或许只有企业账户里的数字，但如果没有前面这些数据，企业账户里的数字可能会越来越少或者增长越来越慢，以至于失去这个账户。

例如，李先生自己经营一家生活用品零售店，生意一直不错。自从大家都流行起了网上购物，他便尝试在网上开了一家店铺。但是，由于李先生平时生意忙，又不愿意多请人来帮忙，只是偶尔空闲时间才会打理网上店铺，网上店铺的生意一直不好，后来他请人专门照顾网上店铺，也一直没有起色，最后只好关闭了网上店铺。后来，李先生对网上店铺的数据进行了分析，发现网上店铺的浏览量一直维持在一定的水平，且集中在某几种生活用品上。如果当时能够关注这几项数据，有针对性地增加这几种商品的介绍和宣传，并适当采取一定的促销手段，是有可能产生经济效益的。

在大数据的环境下，数据反映出来的就是市场、消费者和商品各方面的情况。因此，在关注电子商务数据并进行分析的同时，更应该利用好这些数据，以求在竞争激烈的电子商务市场站稳脚跟。

8.1.2　电商平台店铺数据分析的常用方法

我们可以借助多种方法将电子商务数据转换成有用的信息，换句话说，我们可以根据对数据的不同需求，利用不同的方法对电子商务数据进行分析。下面介绍其中最常用的几种分析方法。

1. 直接观察法

直接观察法指利用各种电子商务平台和工具对数据的分析功能，直接观察出数据的发展趋势，找出异常数据，对消费者进行分群等。借助于强大的数据分析工具，我们可以有效提升信息处理的效率。

例如，通过直观地查看数字或趋势图表，我们能够迅速了解市场走势、订单数量、业绩完成情况及消费者构成等，从而获取信息，帮助后期的决策。

2. AB测试法

在电子商务数据分析中，AB测试法通常是设计两个或多个版本，其中A版本一般为当前版本，B版本或其他版本为设想版本。通过测试比较这些版本的不同，我们可以最终选择出最好的版本。

AB测试法的经典应用就是淘宝直通车创意设计。直通车是淘宝为卖家量身定制、实现宝贝的精准推广、按点击付费的效果营销工具，对广大淘宝、天猫卖家来说，可谓意义重大。直通车的价值体现在精准广告推广，是打造爆款从而做关联销售，并最终提升销量、调动自然流量不可或缺的利器。

例如，对直通车图片进行优化时，一般是对当前图片进行分析，并提炼现有的创意要素，然后分析各要素的表现情况。如果发现某张图片点击率较低，并认为可能是文案不理想而导致的结果，此时可以测试另一种更好的文案效果；如果发现图片点击率较低是拍摄问题，则可以测试使用另一种拍摄方案等。使用AB测试法可以不断地对具体对象进行分析和猜想，得到优化的策略并反复测试，经过一段时间后就可以提取测试数据，并分析和总结创意数据，以确定猜想是否正确，优化方向是否有问题。

图8-1所示为某电商平台店铺数据分析工具的淘宝天猫直通车功能。

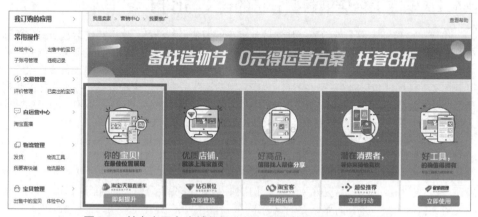

图8-1　某电商平台店铺数据分析工具的淘宝天猫直通车功能

AB测试法的优点在于"可控"，它建立在原有基础之上，即便新方案不行，也会有旧方案加持，直到新方案可取后才予以替换，不至于没有方案执行。

3. 对比分析法

对比分析法是将两个或两个以上的数据进行比较，并查看不同数据的差异，以了解各方面数据指标的分析方法。在电子商务数据分析中，我们经常会用到对比分析法，如进行竞争对手分析时，就会将自己的数据与竞争对手的数据进行比较，了解双方各自的优势与劣势，进而制定相应的策略。对于电子商务数据而言，对比分析法可以从以下几个最常用的方面进行对比，如表 8-1 所示。

表 8-1　电子商务数据中对比分析法的使用

对比的方面	具体内容
不同时期的对比	对不同时期的数据往往可以采用环比和同比的对比分析方法，如用本月销售额与上一月销售额对比，就能知道本月销售的增减情况和增减幅度
与竞争对手或行业大盘对比	通过将自身数据与竞争对手或行业大盘进行对比，就能直观了解自身在该行业中所处的位置，并进一步分析出现问题的地方。例如，发现自己的成交转化率比竞争对手低很多，就可以分析转化率过低的各种原因，找到原因并提高转化率
优化前后的对比	在电子商务运营过程中，我们会非常频繁地调整工作，如修改标题关键词、优化图片及修改详情页内容等。如果不进行优化前后对比，就无法判断调整是否有效，或者效果是否明显等。很多电子商务经营者都不会在优化后进行对比，特别是优化后销售额有一定提升时，就会潜移默化地认为优化后的情况比优化前的情况更好，而忽略了其他可能导致销售额提升的原因
活动前后的对比	为促进销量，提升销售额，电子商务往往都会不定期地开展各种活动，因此就需要运营人员对活动前后的各项数据指标进行对比，这样才能判断活动开展是否有效，活动策划的优点和问题各在哪些地方，以便为下一次活动提供更好的数据支持，进一步提高活动的质量和效果

4. 转化漏斗法

转化漏斗法是一套流程式数据分析，它能够科学地反映用户行为状态及各阶段用户转化率情况。转化漏斗法也是比较常见和有效的数据分析方法之一，无论是注册转化漏斗，还是电子商务下单转化漏斗，应用都非常普遍。转化漏斗法的优势在于，它可以还原消费者转化的路径，并分析每一个转化节点的效率。

电商平台的用户转化漏斗要结合用户在电商平台上的购物路径来进行分析，购物路径的终点是完成成交，而完成成交的标识是用户完成确认收货。因此，在使用转化漏斗分析法对电商平台店铺数据进行分析时，需要注意以下 3 个方面的问题。

（1）从开始到结尾，整体的转化效率是多少？
（2）每一步的转化率是多少？
（3）哪一步流失最多？原因在什么地方？流失的消费者符合哪些特征？

5. 七何分析法

七何分析法中的"七何"是指何时（When）、何地（Where）、何人（Who）、何事（What）、何因（Why）、何做（How）、何价（How Much），因此七何分析法也称 5W2H 分析法。这种方法通过主动建立问题，然后找到解决问题的线索，进而设计思路，有针对性地分析数据，最终得到结果。图 8-2 所示为七何分析法的基础概念图。

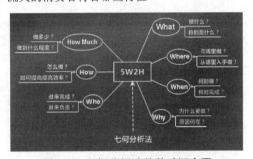

图 8-2　七何分析法的基础概念图

举个例子，在分析店铺人群画像时，如果店家找不到切入点，就可以利用七何分析法进行引导，具体引导内容如下。

（1）何时：买家什么时候购物？最佳购物时间点是什么时候？购物频率怎样？

（2）何地：买家的地理位置分布如何？各省市情况怎样？

（3）何人：买家的性别比例情况怎样？年龄结构如何？消费水平、工作职务大致是什么情况？

（4）何事：能够给买家提供什么商品或服务？是否满足买家需求？

（5）何因：造成上述这些问题的原因是什么？

（6）何做：买家购买时，习惯先加入购物车还是直接付款？喜欢哪种支付方式？

（7）何价：买家喜欢购买什么价位的商品？购买数量是多少？

课堂讨论：通过查阅资料，思考电商平台店铺数据分析的方法还有哪些？

8.1.3 电商平台店铺数据分析的常用指标

电商平台数据分析的常用指标较多，主要有基础统计类、销售分析类、直通车数据类等。

1. 基础统计类指标

基础统计类指标包括用户、商品和店铺等多个维度，共17种。

（1）浏览量：店铺各页面被查看的次数。用户多次打开或刷新同一个页面，该指标值累加。

（2）访客数：全店各页面的访问人数。所选时间段内，同一访客多次访问会进行去重计算。

（3）收藏量：用户访问店铺页面过程中，添加收藏的总次数（包括首页、分类页和商品页的收藏次数）。

（4）浏览回头客：指前6天内访问过店铺当日又来访问的用户数，所选时间段内会进行去重计算。

（5）浏览回头率：浏览回头客数占店铺总访客数的百分比。

（6）平均访问深度：访问深度，是指用户一次连续访问的店铺页面数（即每次会话浏览的页面数），平均访问深度即用户平均每次连续访问浏览的店铺页面数。

（7）跳失率：表示顾客通过相应入口进入，只访问了一个页面就离开的访问次数占该入口总访问次数的比例。

（8）人均店内停留时间：所有访客的访问过程中，平均每次连续访问店铺的停留时间，通常以秒为单位进行计算。

（9）商品页浏览量：店铺商品页面被查看的次数，用户每打开或刷新一个商品页面，该指标就会增加。

（10）商品页访客数：店铺商品页面的访问人数。所选时间段内，同一访客多次访问会进行去重计算。

（11）商品页收藏量：用户访问商品页面添加收藏的总次数。

（12）入店页面：单个用户每次浏览店铺时查看的第一个页面为入店页面。

（13）出店页面：单个用户每次浏览店铺时所查看的最后一个页面为出店页面。

（14）入店人次：指从该页面进入店铺的人次。

（15）出店人次：指从该页面离开店铺的人次。

（16）进店时间：用户打开该页面的时间点，如果用户刷新页面，也会记录下来。

（17）停留时间：用户打开本店最后一个页面的时间点减去打开本店第一个页面的时间点。

2. 销售分析类指标

销售分析类指标主要围绕商品成交与否、顾客消费行为等内容，共有 14 种。

（1）拍下件数：商品被拍下的总件数。
（2）拍下笔数：商品被拍下的总次数（一次拍下多件商品，算拍下一笔）。
（3）拍下总金额：商品被拍下的总金额。
（4）成交用户数：成功拍下并完成支付宝付款的人数。所选时间段内同一用户发生多笔成交会进行去重计算。
（5）成交回头客：曾在店铺发生过交易，再次发生交易的用户称为成交回头客。所选时间段内会进行去重计算。
（6）支付宝成交件数：通过支付宝付款的商品总件数。
（7）支付宝成交笔数：通过支付宝付款的交易总次数（一次交易多件商品，算成交一笔）。
（8）支付宝成交金额：通过支付宝付款的金额。
（9）人均成交件数：平均每用户购买的商品件数，其计算公式为：

$$人均成交件数 = 支付宝成交件数 / 成交用户数$$

（10）人均成交笔数：平均每用户购买的交易次数，其计算公式为：

$$人均成交笔数 = 支付宝成交笔数 / 成交用户数$$

（11）客单价：客单价 = 支付宝成交金额 / 成交用户数。单日客单价指单日每成交用户产生的成交金额。
（12）客单价均值：所选择的某个时间段内，客单价日数据的平均值。
（13）订单支付率：某段时间内支付宝成交人数占订单人数的比率。订单支付率计算公式：

$$订单支付率 = 支付宝成交人数 / 支付宝订单人数$$

（14）成交回头率：成交回头客占成交用户数的百分比，其计算公式为：

$$成交回头率 = 成交回头客 / 成交用户数$$

3. 直通车数据类指标

直通车作为淘宝店铺推广最重要的工具之一，包括 6 个指标类型。

（1）展现量：推广宝贝在淘宝直通车展示位上被买家看到的次数，不包括自然搜索。
（2）点击量：推广宝贝在淘宝直通车展示位上被点击的次数。
（3）点击率：推广宝贝展现后的被点击比率，其计算公式为：

$$点击率 = 点击量 / 展现量$$

（4）花费：推广宝贝被点击所花费用。
（5）平均点击花费：推广宝贝每次被点击所花的平均费用，其计算公式为：

$$平均点击花费 = 花费 / 点击量$$

（6）平均展现排名：推广宝贝每次被展现的平均排名，其计算公式为：

$$平均展现排名 = 每次展现排名的加总 / 展现量$$

课堂讨论：你还知道哪些电商平台店铺数据分析指标？

8.1.4　电商平台店铺数据分析的步骤

电商平台数据分析步骤可以概括为 4 个部分。

1. 确定想要的结果并进行描述

很多人都觉得电商平台店铺数据分析及其运营很困难，即使掌握了一大堆的工具和软件，但是当打开各种数据图表，又会觉得无从下手。这就像平常我们写作文，给一个明确的主题"我的父母"大家都知道怎么写，但是给一段话，自己命题，反而无从下手。所以我们在进行数据分析时，首先要想清楚，我想分析的是什么数据，我想要达到一个什么样的结果。这是数据分析的第一步，在做任何决策之前，都要对目前的形势有充分的了解，这是网店店主的必备能力。例如，活动页面的浏览转化率、商品详情页的购买转化率、广告的点击率等，结合营收和支出账单，可以有效掌握网店当前的发展情况。

2．搜集数据，诊断问题

采集有用的数据并对数据进行处理。获取了信息之后，接下来要做的是分析出现这种现象的原因，通过评估数据，准确地找到店铺的弱点。

3．数据展示和分析，进一步预测结果

这一步骤要求我们能够通过基础数据分析预测店铺在目前情况下继续运营将会发生什么？数据展示和分析是4个步骤里面的重中之重，把采集到的数据处理完之后需要通过这些数据得出一些有价值的、有实际意义的结论，这才是做数据分析的真正目的，而要得出这些有价值的信息就要把数据直观地展示并加以分析。根据当前存在的弱点，预测一下：如果这种行为得不到改正，将来会发生什么，并且为这种可能性预估一个可量化的阈值。

4．撰写报告并推动建议落实

这一步可以概括为"我们需要做什么"。

撰写报告是要把分析的数据总结和呈现出来，很多时候，在撰写的过程中，我们可以搭配脑图等工具。需要讲清楚，问题是什么，为什么，怎么解决。值得注意的是，好的分析报告一定要有解决问题的方案，而这些方案必须推动落实，这样才能真正发挥它的作用。这就是为什么在撰写报告的时候要以实用为主，因为真正目的在于解决问题、在于真正地利用数据帮助决策和优化。所以需要根据已有的资料，对网店的经营策略做出调整。这是数据分析的最后一步，也是最终目的。

8.2　电商平台店铺数据分析常用工具

"流量贵、获取难"一直是电子商务的"困局"，因此电商大数据应运而起，且越来越被重视和应用。很多商家都意识到通过电商平台的大盘数据、竞品的商品数据分析来辅助自身的新品策略、定价策略、更高效市场运营决策。电商平台店铺数据分析常用工具包括淘数据、ECdataway数据威、生意参谋、量子恒道、京东商智和一些电商插件工具。

8.2.1　淘数据

淘数据是一个专门为淘宝卖家提供数据查询、数据分析的平台，拥有全面的数据分析体系，为电商卖家提供个性化数据定制服务，以及直通车选词、店铺诊断、商品排名等工具，是卖家运营决策重要的数据参谋。

图8-3所示为淘数据的首页。

图8-3　淘数据的首页

淘数据原来叫卖（麦）家网，原先主要提供淘系数据，包含天猫和淘宝的近 13 月行业销售数据、品牌销售数据、热销商品数据、价格分布数据、站内推广数据、热搜词数据等，基本满足日常调研的几个维度。

使用淘数据，需要按照套餐付费，对于常年合作的老客户，每年 1～2 万元可以使用到基础的行业数据和销售数据等。目前淘数据只能看到淘宝、天猫、抖音、快手 4 个平台的数据。

图 8-4 所示为淘数据的应用场景，包括淘系数据、跨境数据、API 定制等。

淘数据平台包括但不限于以下功能。

1. 高效选品

淘数据为选品提供一站式服务，用更精准的数据分析结果来减少产品搜索时间。通过淘数据细分到商品的数据，卖家可以追踪用户感兴趣的产品，分析价格、占有率、属性、平台推广、生命周期等众多指标，并可以查看每日详情数据。

2. 爆款分析

淘数据通过对爆款产品成长周期的分析，挖掘爆款产品共性，帮助卖家开发专属爆款产品。

3. 了解竞争对手

淘数据提供了解竞争对手销售数据的功能，便于商家及时调整营销方案。

4. 数据每日更新

淘数据会每日更新产品销售数据，便于商家及时感知市场对产品的销售表现。

5. 行业销售数据

淘数据分析全网行业规模，便于卖家实时掌握市场行情，了解行业走势。通过淘数据产品，卖家可以在全球范围内进行电商行业研究，了解市场规模；淘数据汇聚了超过 5 万份细分行业的商业统计数据，提供了准确的数据分析结果，让卖家轻易获取需要的信息。

6. 全球区域销售数据

淘数据提供跨境平台在全球不同区域产品的销售数据，便于卖家明确市场与产品定位。

图 8-5 所示为淘数据的功能矩阵，通过驾驭复杂烦琐的数据让策略定制过程变得简单。

图 8-4　淘数据的应用场景

图 8-5　淘数据的功能矩阵

8.2.2　ECdataway 数据威

ECdataway 数据威也叫情报通，可以使用国内电商平台淘系、京东的行业数据，境外 Lazada 等平台的行业数据，以及各类直播电商数据等，相对淘数据来说，平台更多一些，但是价格也比较贵，一般是按照行业下类目来销售的。如果用户有需求，可以致电对方的客服去咨询报价。

ECdataway 数据威旗下情报通是最早的电商分析产品之一，也是品牌商、经销商、研究机构的电商运营必备工具之一。ECdataway 数据威自 2008 年开始，通过抓取和分析电商信息和数据，为各类从事电商的客户提供全面的市场信息和数据分析，帮助各层次电商主及大品牌方做出正确的商务决策。

目前可以看到的电商平台有天猫、淘宝、京东、苏宁、国美、考拉、聚美、唯品会。

图 8-6 所示为 ECdataway 数据威的主界面。

图 8-6　ECdataway 数据威的主界面

ECdataway 数据威包含以下功能，如表 8-2 所示。

表 8-2　ECdataway 数据威功能汇总表

功　　能	内　　容
市场洞察	针对不同的市场分别查看，洞察细分市场的发展状况
竞争分析	分析每一个竞争品牌的市场动向
渠道掌控	实时掌控渠道的变化，牢牢控制渠道
产品研究	研究具体产品的成长情况及市场变化

8.2.3　生意参谋

生意参谋诞生于 2011 年，最早是应用在阿里巴巴 B2B 市场的数据工具。2014—2015 年，在原有规划基础上，生意参谋分别整合量子恒道、数据魔方，最终升级成为阿里巴巴商家端统一数据产品平台。

生意参谋打造商家一盘生意背后一盘数据的数据产品服务。基于全渠道数据融合、全链路数据产品集成，为商家提供数据披露、分析、诊断、建议、优化、预测等一站式数据产品服务。目前，服务的商家已经超过 2000 万，月服务商家超过 600 万；在月成交额 30 万元以上的商家中，逾 90% 在使用生意参谋。

图 8-7 所示为生意参谋的登录界面。

图 8-7　生意参谋的登录界面

8.2.4 量子恒道

量子恒道是淘宝官方的数据产品，秉承数据让生意更简单的使命，致力于为各个电商及淘宝卖家提供精准实时的数据统计、多维的数据分析、权威的数据解决方案，是每个淘宝卖家必备的店铺运营工具。

量子恒道为店铺提供各类数据分析，包括流量分析、销售分析、客户分析及推广效果分析，也可以付费购买来源分析和装修分析。从小时到天到周到月，从店铺首页到商品页到分类页，记录店铺的流量、销售、转化、推广及装修效果数据，帮助并指导卖家经营，提升销量。

1. 量子恒道网站统计

量子恒道网站统计是一套免费的网站流量统计分析系统。致力于为所有个人站长、个人博主、网站管理者、第三方统计等用户提供网站流量监控、统计、分析等专业服务。

量子恒道通过对大量数据进行统计分析，深度分析搜索引擎规律、发现用户访问网站的规律，并结合网络营销策略，提供运营、广告投放、推广等决策依据。

2. 量子恒道店铺统计

量子恒道店铺统计是为淘宝旺铺量身打造的专业店铺数据统计系统。深度植入淘宝后台，通过统计访问使用者店铺的用户行为和特点，帮助使用者更好地了解用户喜好，为店铺推广和商品展示提供充分的数据依据。

8.2.5 京东商智

京东商智是京东向第三方商家提供数据服务的产品。从 PC、App、微信、手机 QQ、移动端五大渠道，展示实时与历史两个视角下，店铺与行业两个范畴内的流量、销量、客户、商品等全维度的电商数据，并提供购物车营销、精准客户营销等工具，基于数据，帮助商家提升店铺销售。京东商智为商家提供专业、精准的店铺运营分析数据，帮助商家提升店铺运营效率、降低运营成本，是商户"精准营销、数据掘金"的强大工具。

图 8-8 所示为京东商智以及旗下的智能诊断模型。

图 8-8　京东商智以及旗下的智能诊断模型

8.2.6 电商插件工具

插件工具可以看到商品搜索排名、价格趋势、推广数据以及可以下载商品清晰主图、详情页和评论内容，最重要的是可以转换生意参谋或者京东商智的指数，这个工具对于需要获得具体销售情况的人非常有帮助。使用时，直接在官网下载安装即可在浏览器工具栏显示，当在 PC 端打开一款商品页面时，就会自动显示可以使用的功能了。

常用的网页浏览器插件有店查查网和店透视网。

1. 店查查网

店查查网，又称店查查官方 App 下载网、店查查官网下载网、店查查手机官方下载安装网和店查查官网。店查查官网是一家专注于电子商务大数据领域的软件服务型企业网站平台。店查查官网为用户提供直通车指数、宝贝排名查询、宝贝标题优化、Top20万关键词、店铺销售额估算、千人千面查询、违禁词排查等服务，可以说做电商，就用店查查。图8-9所示为店查查网的首页。

图8-9 店查查网的首页

2. 店透视网

店透视网，又称店透视淘宝查号、店透视查降权号和店透视查号免费。店透视官网是一个在线淘宝店铺数据分析，可以查看店铺七天透视、揭秘竞品引流关键词、摸清直通车好词、搜索引流词，拓展自身流量，知己知彼，打造店铺爆款的运营神器网站平台。店透视官网拥有生意参谋指数还原、直通车工具、商品详情页工具、店铺上新监控、最小存货量实时销量监控、查排名、买家、标签透视、礼品代发、灰豚数据十大运营数据，为用户提供商品动态监控、订单批量插旗、成绩推荐工具、标题优化、爆款分析、货源分析、淘客检测、商品实时查排名、黑号透视等服务。

图8-10所示为店透视网的主界面。

图8-10 店透视网的主界面

课堂讨论：你还知道哪些电商平台店铺数据工具，请简单进行介绍。

8.3 市场行情与选品分析

卖家在开店之前一定要分析市场行情，客户的需求是什么、需求量大不大、市场行情好不好、能不能做得下去、有没有潜力等，这些都需要通过数据来进行分析。迷茫的新手卖家可以通过行业数据来获取市场需求量最大的一个行业。

以淘数据平台为例，以"口罩"为关键词，对整体市场行情数据进行分析，包括4个维度的数据：整体市场行情、行业热词排行、行业飙升排行和属性成交分布，它们均可以帮助卖家了解市场行业情况并进行选品决策。

查看数据分为3个步骤：搜索行业、添加监控和查看数据，如图8-11所示。

图 8-11　查看数据的3个步骤

8.3.1　整体市场行情

首先，我们需要将自己想要关注的行业信息输入搜索框，包括分类、一级行业、子行业、品牌和平台，如图8-12所示。

图 8-12　淘数据数据检索界面

点击"确认"后，我们可以看到2021年8月"口罩"整体市场行情，其中包括品牌数、店铺数、宝贝数、收藏次数、销量、销售额、评论数、预售销量和预售销售额，如图8-13所示。从上述数据可以看出因为口罩这一商品在2021年8月的市场关注规模环比呈现上涨趋势，所以在市场上是属于畅销的商品。

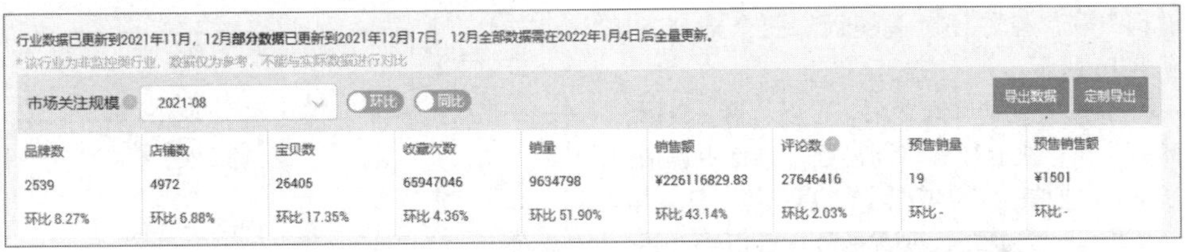

品牌数	店铺数	宝贝数	收藏次数	销量	销售额	评论数	预售销量	预售销售额
2539	4972	26405	65947046	9634798	¥226116829.83	27646416	19	¥1501
环比 8.27%	环比 6.88%	环比 17.35%	环比 4.36%	环比 51.90%	环比 43.14%	环比 2.03%	环比 -	环比 -

图 8-13　2021年8月"口罩"整体市场行情数据（数据来自淘数据）

其次，我们还可以通过淘数据平台查看口罩这一商品整体市场行情的相关图表，依据不同的指标选择，我们可以看到不同的趋势图。指标选择包括27项，最少选择1项，也可以同时选择2项。图8-14所示为淘数据商品整体市场行情的指标选择界面。

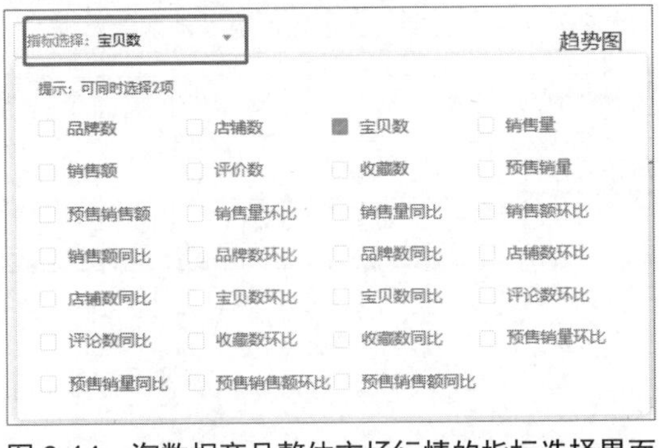

图 8-14　淘数据商品整体市场行情的指标选择界面

我们选择了销售量和销售额两个指数，可以看到口罩这一商品的销售量和销售额成正相关,同时在 2021 年 7 月份时其销售量和销售额较 2021 年 6 月均有回落趋势,但是在 2021 年 8 月份时再次呈现上涨态势,如图 8-15 所示。

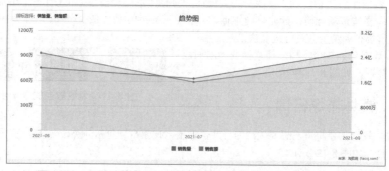

图 8-15　口罩的趋势图(以销售量和销售额两个指数为指标)

8.3.2　行业热词排行

在行业热词排行中,包括热搜排行和飙升排行两种。热搜排行是指某个时段内行业搜索最多的关键词,飙升排行则是指某个时段内搜索量增长最快的关键词。

1. 热搜排行

对关键词进行筛选,包括"包含任意关键词"和"排除任意关键词"两个部分,如图 8-16 所示。

完成关键词筛选之后,可以查看"口罩"商品这一行业的行业热词排行,排行中包括热搜词、热搜指数、点击指数、点击率、转化率、市场均价、竞争度、搜索趋势和操作等内容。其中市场均价是指关键词在某时间范围的平均点击单价,即市场上购买该关键词的单元每一次点击产生的平均花费。

图 8-16　关键词筛选界面

图 8-17 所示为"口罩"商品这一行业的行业热词排行。在排行榜中可以看到以热度指数为标准,前三个关键词分别是"口罩""口罩一次性医疗口罩"和"儿童口罩",其中"口罩一次性医疗口罩"的搜索趋势呈现大幅度上升趋势,"儿童口罩"的搜索趋势则呈现下降趋势,由此可以推断"口罩一次性医疗口罩"更具有市场,更受消费者欢迎。

热搜词	热搜指数	点击指数	点击率	转化率	市场均价	竞争度	搜索趋势	操作
口罩	1,218,818	78,245	7.84%	11.1%	¥1.85	4047	21.9%	关键词解析　相关宝贝
口罩一次性医疗口罩	411,307	31,087	9.19%	12.3%	¥2.79	1683	2279519.5%	关键词解析　相关宝贝
儿童口罩	403,938	33,905	10.23%	12.22%	¥1.8	1979	20.7%	关键词解析　相关宝贝
一次性口罩	157,099	5,896	4.47%	7.9%	¥1.89	1940	13%	关键词解析　相关宝贝
口罩定制	138,990	3,875	3.3%	2.48%	¥5.92	752	19.8%	关键词解析　相关宝贝
一次性口罩定制	138,637	917	0.76%	1.33%	¥3.03	279	37.6%	关键词解析　相关宝贝
医用口罩	128,234	9,072	8.52%	11.45%	¥2.05	696	30.8%	关键词解析　相关宝贝
3d立体口罩	121,106	10,488	10.47%	10.57%	¥1.03	951	24.2%	关键词解析　相关宝贝
防尘口罩	112,834	4,749	5.01%	8.25%	¥2.34	1600	25.6%	关键词解析　相关宝贝

图 8-17　"口罩"商品这一行业的行业热词排行

看完行业热词排行的整体榜单，可以就"口罩"这一热搜词对相关关键词进行操作，分为"关键词解析"和"相关宝贝"两个部分。其中"关键词解析"是进一步帮助商家进行选品决策分析，而"相关宝贝"则是帮助商家直接进行商品挑选。

这里重点看"关键词解析"的相关内容，点击"操作"下方的"关键词解析"，可以依次看到相关关键词的基础内容、推荐类目、历史趋势、流量透视和地区透视。

首先，"口罩"的基础内容包括展现指数、点击指数、点击率、点击转化率、市场均价和竞争度，如图 8-18 所示。

口罩 [面罩]					
展现指数	点击指数	点击率	点击转化率	市场均价	竞争度
948,735	78,245	7.84%	11.10%	¥1.85	8,095

图 8-18　"口罩"的基础内容

在上述关键词解析下，淘数据平台会为卖家推送以相关度为指标的类目名字，帮助商家进行类目设置，如图 8-19 所示。

类目名（相关度）	展现指数	点击指数	点击率	点击转化率	市场均价	相关度
居家日用>>防护用品>>口罩	39,232,139	1,752,375	4.47%	8.01%	¥1.72	100
医疗器械>>口罩（器械）	15,021,650	926,846	6.17%	0.00%	¥0.15	73
家庭保健>>急救护理>>医用卫生材料>>医用口罩	110	1	0.91%	0.00%	¥0.00	44
童装/婴儿装/亲子装>>帽子/围巾/口罩/手套/耳套/脚套>>口罩	210,548	9,777	4.64%	6.83%	¥0.92	36
婴童用品>>背带/学步带/出行用品>>婴童防护/防晒口罩	784,606	59,290	7.56%	0.00%	¥0.00	25

图 8-19　以相关度为指标的类目名字

结合上述数据，淘数据为商家提供"口罩"这一关键词的历史趋势，其中包括汇总数据、PC 数据和无线数据三种。如图 8-20 所示，可以看到在 2021 年 12 月 12 日，口罩的展现指数达到近一个月的峰值。

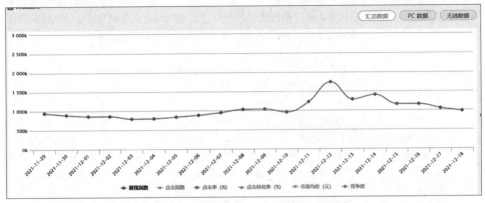

图 8-20　"口罩"这一关键词的历史趋势

在上面折线图的基础上，可以进一步查看关键词“口罩”的相关流量的具体数据，如图 8-21 所示。

汇总数据：（100%）

展现指数：948,735	点击指数：78,245	点击率：7.84%
点击转化率：11.10%	市场均价：¥1.85	竞争度：8,095

PC站内（7.12%）	PC站外（0.00%）	无线站内（92.72%）	无线站外（0.16%）
展现指数：67,812	展现指数：0	展现指数：882,864	展现指数：1,529
点击指数：845	点击指数：0	点击指数：77,221	点击指数：5
点击率：1.14%	点击率：0.00%	点击率：8.32%	点击率：0.34%
点击转化率：7.52%	点击转化率：0.00%	点击转化率：11.11%	点击转化率：0.00%
市场均价：¥2.95	市场均价：¥0.00	市场均价：¥1.84	市场均价：¥0.31
竞争度：2,319	竞争度：0	竞争度：5,216	竞争度：455

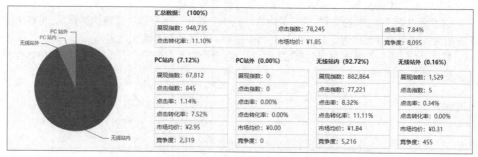

图 8-21　关键词“口罩”的相关流量的具体数据

最后，通过淘数据查看某时段中“口罩”这一关键词的地域透视情况，可以看出展现指数最高的前三位省 / 直辖市分别是广东、浙江和江苏，如图 8-22 所示，商家可以以此作为参考进行选品决策。

省/直辖市	展现指数	点击指数	点击率	点击转化率	市场均价
1. 广东	195,521	16,287	7.92%	10.94%	¥1.63
2. 浙江	129,429	10,545	7.74%	9.58%	¥1.79
3. 江苏	71,874	5,336	7.04%	10.05%	¥1.63
4. 陕西	67,541	5,928	8.35%	12.71%	¥1.49
5. 山东	59,551	3,978	6.32%	9.70%	¥1.41
6. 河南	50,810	3,570	6.66%	8.29%	¥1.38
7. 上海	39,822	3,083	7.35%	10.87%	¥1.81
8. 河北	39,316	2,495	6.00%	7.41%	¥1.38
9. 安徽	37,937	2,739	6.84%	10.00%	¥1.55

图 8-22　某时段中“口罩”这一关键词的地域透视情况

2. 飙升排行

“口罩”这一行业中的飙升排行，首先也要对关键词进行筛选，进一步查看排行内容，如图 8-23 所示。可以看到前 5 名热搜词“防尘口罩木工”“锦江口罩”“海绵口罩黑色”“保为康防尘口罩防工业粉尘”“一次性防尘口罩工业”的搜索趋势都超过了 1000%，可见飙升榜中的热搜词多围绕某一口罩品牌或者某一类型的口罩，通常关联时下的流行趋势或者百姓需求。

热搜词	飙升指数	点击指数	点击率	转化率	市场均价	竞争度	搜索趋势	操作
防尘口罩木工	100%	108	3.82%	1.68%	¥1.51	4	1111.4%	关键词解析　相关宝贝
锦江口罩	100%	2	0.51%	0%	¥1	84	2091.2%	关键词解析　相关宝贝
海绵口罩黑色	100%	105	14.15%	10.34%	¥1.45	4	1805.1%	关键词解析　相关宝贝
保为康防尘口罩防工业粉尘	100%	6	0.89%	0%	¥2.29	8	1099.8%	关键词解析　相关宝贝
一次性防尘口罩工业	100%	5	1.49%	0%	¥0.23	39	2378%	关键词解析　相关宝贝
防灰尘面罩	100%	15	5.9%	6.25%	¥1.32	12	879%	关键词解析　相关宝贝
口罩防尘鼻	100%	9	1.25%	10%	¥0.42	164	936.2%	关键词解析　相关宝贝

图 8-23　“口罩”这一行业中的飙升排行

飙升排行的"关键词解析"和"相关宝贝"功能同热搜排行。

8.3.3 行业飙升排行

行业飙升排行主要针对商品进行，分为飙升宝贝排行和飙升爆款排行。

1. 飙升宝贝排行

同样在"口罩"这一商品下，查看不同时段下其飙升的具体宝贝，同时还可以检索宝贝ID和宝贝名称。飙升宝贝排行包括宝贝图、宝贝名称/掌柜/信用、营销推广、收藏量、累计评价、标价、成交价、销售量和操作等内容，其中营销推广是指该商品是否参加营销推广活动，例如第三款就参与了站外活动，如图8-24所示。

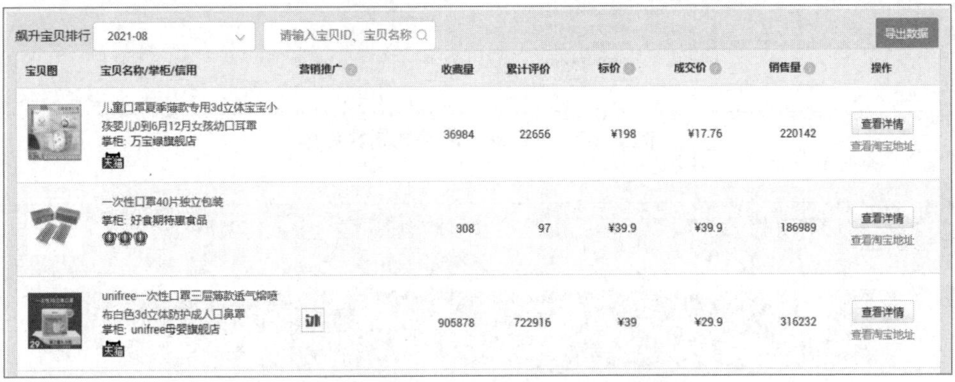

图8-24 "口罩"的飙升宝贝排行

点击"查看详情"则可以查看该商品的相关内容，同时也可以直接查看该商品的淘宝地址，如图8-25所示。

图8-25 某口罩的"查看详情"界面

2. 飙升爆款排行

飙升爆款排行则是针对一段时间内产品销售量飙升的产品进行排行，相关结构同飙升宝贝排行，该服务只对淘数据平台豪华版/至尊版/旗舰版付费用户开放。

8.3.4 属性成交分布

属性成交分布数据主要针对商品的各项属性，对其成交数据进行分类和汇总。

同样以"口罩"为例，对宝贝成交属性分布的时间和功能进行选择，其中包括属性、是否进口、安全标准、生产企业、功能、品牌、型号、货号、适用对象、产地、省份、上市年份季节、材质、地市、防护等级和包装体积，如图8-26所示。

在"适用对象"下可以看到口罩分为成人使用和儿童使用两类，以及具体的销量、销售额和高质宝贝数，如图8-27所示。

课堂讨论：进行市场行业与选品分析，对电商平台店铺的运营有哪些作用？

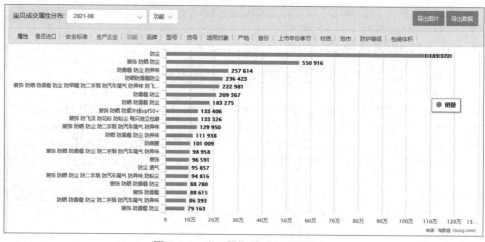

图 8-26 "口罩"的功能属性数据

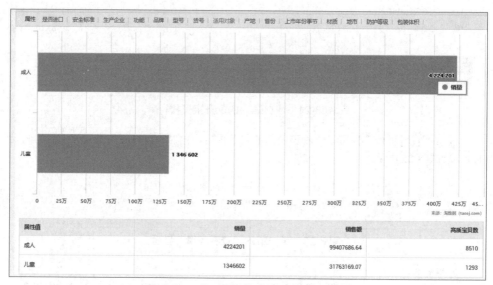

图 8-27 "口罩"的适用对象属性数据

8.4 竞争对手分析

无论从事哪种电子商务行业，都不可避免地存在各种竞争对手。我们不应该回避它，相反还应该感谢它的出现，因为通过分析和研究竞争对手，可以更好地找到消费者资源，更有效地进行广告投放，更合理地制定运营策略。

8.4.1 什么是竞争对手

既然存在竞争，就必然存在资源的争夺，因此，同自己争夺各种资源的对象就是竞争对手。根据争夺资源的不同，我们可以定位不同的竞争对手。

以争夺人力资源为例，本企业员工离职后去得最多的企业，这些企业就是竞争对手。

1. 争夺消费者资源

争夺消费者资源是竞争对手最本质的体现，在互联网信息畅通的时代，短视频平台、直播平台、微博、各种App都在抢夺客户的碎片化时间，争夺的就是消费者资源。

2. 销售同品类商品

销售同品类商品或服务的为直接竞争对手，即同业竞争。这一点非常好理解，如喜茶和奈雪的茶、顺丰快递和中通快递，它们都是典型的直接竞争对手。

3. 销售替代类商品

这种竞争对手也非常好理解，例如，运动服的同类竞争对手是运动服，它的替代竞争对手就是休闲服装等。

4. 销售互补类商品

互补类商品如汽车和汽油、相机和胶卷等，表面上构不成竞争关系，但实际上，汽车如果是电动汽车，那么加油站就是竞争对手；相机如果是数码相机，胶卷行业就是竞争对手。

5. 争夺营销资源

在同时段、同一媒介投放广告的其他企业就是竞争对手，例如，各家企业在争夺某一电视综艺节目的冠名权，它们此时就互为竞争对手。

6. 争夺生产资源

争夺原材料的企业是竞争对手，例如，一些制造行业。

7. 争夺物流资源

电子商务离不开物流，因此争夺物流资源情况时常发生，这类企业也互为竞争对手。

图8-28所示为表现竞争对手的漫画作品。

图 8-28　表现竞争对手的漫画作品

课堂讨论：结合上述知识，列举你知道的竞争对手，并简单分析其为什么是竞争对手。

8.4.2　搜集竞争对手的数据

收集竞争对手数据的方法有很多，总结起来可以归纳为线上和线下两大途径。

线下途径包括购买数据报告、委托专业机构调研、自行市场调查等传统方式。这些方式费时、费力又费钱，对于普通的中小规模商家而言不太实际。因此采取线上途径来收集竞争对手数据就成为更普遍和热门的方式。

随着互联网和电子信息技术的日益成熟，线上收集数据的方法也变得越来越灵活多样。例如，可以通过直接访问竞争对手店铺，查看其页面设计、主图拍摄效果、评论、客服等各方面信息来收集数据，也可以借助各种数据工具来收集数据，如免费的百度指数、生意参谋等。这些方法都可以帮助企业从不同的角度全面了解竞争对手的情况，帮助企业优化营销策略、评估营销结果。

8.4.3　电商平台店铺竞争对手分析内容与方法

"以铜为镜可以正衣冠，以人为镜可以明得失，以史为镜可以知兴衰"，同样，一个店铺如果以同行为镜可以少走弯路。在这个信息化时代，谁能掌握更多的准确的信息，进而把这些信息融入实际运营中变成资本，谁就能有效地抢占市场。淘宝生意参谋和一些第三方分析服务软件的存在，就是因为大家都需要掌握足够多的竞争信息，这也反映出信息的价值。

我们都知道同行是最好的老师，监控和分析同行的动态实际上也是在学习，提升能力，能通过自己的方法把同行的动态看懂，说明自己的运营能力也不比同行差。相信大部分运营者每天除了处理自己店铺的事情外，其余的时间可能都是在监控和分析同行，一旦看清同行的一举一动自己便不会落伍。

针对电商平台店铺竞争对手分析，其主要数据内容为以下几类：
- 类目的行业趋势，淡旺季的节点分析；
- 类目下的 Top 单店铺以及 Top 单品的基本数据统计；
- 选择的类目的市场空间有多大；
- 类目下和自己产品货源最接近的直接竞争对手数据统计；
- 行业市场价格的分布。

我们也可以分析在抢购和日常运营中的各种宝贵数据，作为我们运营计划的参考数据。此外，我们还需要知道对手的关键词数据，包括对手的核心关键词是什么，以及关键词的流量转换如何，淘宝电商运营模式，这对搜索过程中的关键词布局非常有帮助。

下面以店侦查为例，简单介绍如何通过软件对竞争店铺和竞品进行分析。

1. 监控竞争店铺

注册并登录店侦探网站，单击左侧导航栏中的"监控中心"功能下的"店铺管理"超链接，然后单击左侧的"添加监控店铺"按钮，如图 8-29 所示。

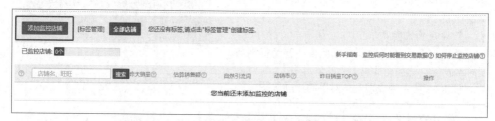

图 8-29 "店铺管理"的"添加监控店铺"导航栏

单击按钮后，将弹出"添加监控店铺"对话框，在其中的文本框中输入或复制竞争店铺的某个商品的网址，然后依次单击"预览店铺"和"添加监控"按钮即可添加成功，如图 8-30 所示。

图 8-30 "添加监控店铺"对话框

新监控店铺需第三天才能查看交易数据，如已有他人监控过的店铺，则一添加监控即可共享数据。第三天即可查看监控店铺的相关数据，包含昨天销量、估算销售额、自然引流词、动销率和昨日销量 Top 等信息，同时还包括"七天透视"和"日报"等功能可供操作查看，如图 8-31 所示。

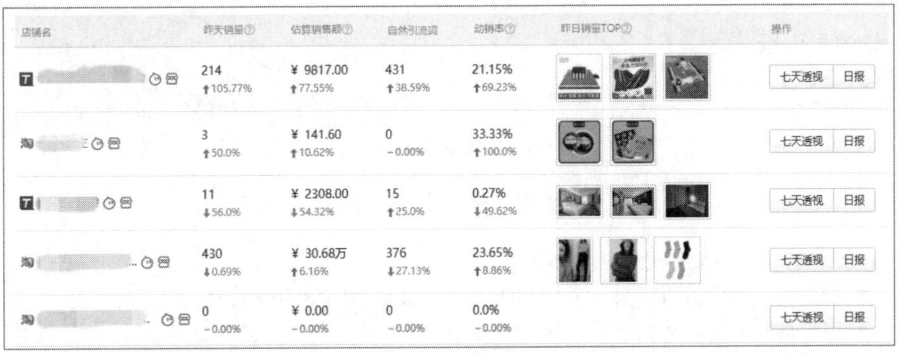

图 8-31　监控店铺的列表

"店铺七天透视"可以以 7 天为单位，查看监控店铺的销售信息、宝贝信息、引流信息和营销信息，如图 8-32 所示。

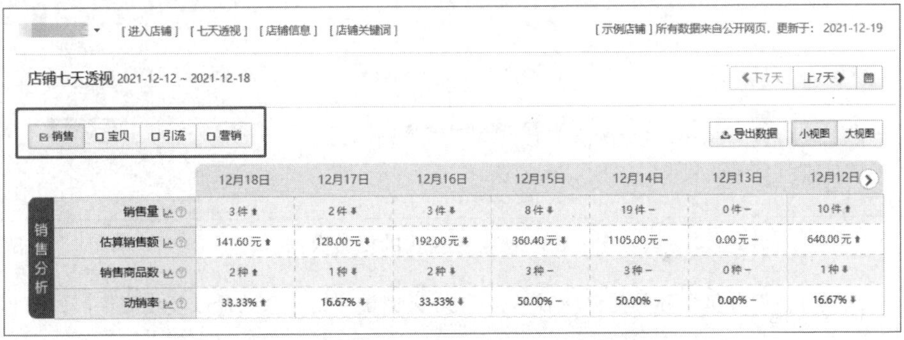

图 8-32　"店铺七天透视"功能中的销售分析数据

"日报"则包括该监控店铺的以天为单位进行统计的销售报告、营销报告和宝贝日常报告等信息，如图 8-33 所示。

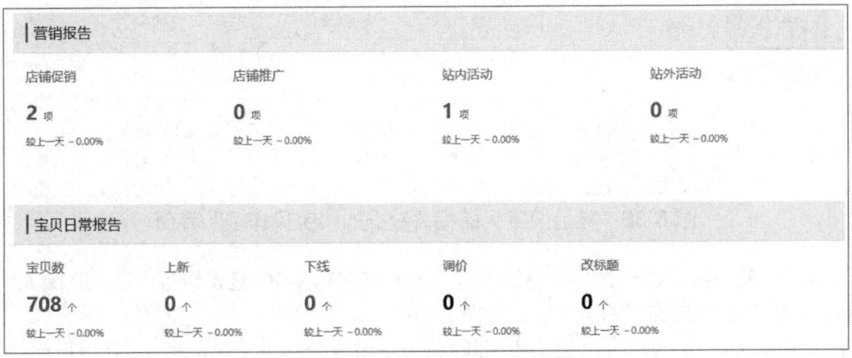

图 8-33　"日报"功能中的营销报告和宝贝日常报告

2. 监控竞品

如果要添加竞品，则必须首先添加竞品所在的竞店，然后单击左侧导航栏中"监控中心"功能下的"重点监控的宝贝"超链接。单击"添加宝贝"按钮，在打开的对话框中输入或复制竞品网址，然后添加即可，如图 8-34 所示。

图 8-34　添加"重点监控的宝贝"导航栏

重点监控宝贝有以下几个注意事项：
- 重点监控的宝贝可查看：评价 SKU 分析，其他功能陆续增加中；
- 宝贝基础信息，每天更新一次；
- 无效宝贝（下架/删除），监控自动停止，并允许提前停止监控；
- 若宝贝相关店铺停止监控，则宝贝也会同时停止监控；
- 停止监控后数据可能丢失，请注意自行导出备份。

被监控的宝贝可以查看到宝贝名称、卖家、监控状态等信息，如图 8-35 所示。

图 8-35　被监控宝贝的相关数据

"宝贝详情"中包含商品的创建时间、近 30 天销量、累计总销量以及收藏量，如图 8-36 所示。

图 8-36　被监控宝贝的相关数据的"宝贝详情"界面

被监控的商品同店铺一样，也可以查看"七天透视"，其中包含销售情况、收藏人气、引流分析、促销分析和操作跟踪等内容，如图 8-37 所示。

在店侦查软件中，可以通过监控店铺和商品，了解竞争对手信息，进一步运营自己的店铺。

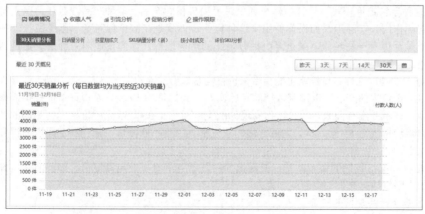

图 8-37　被监控宝贝的相关数据的"七天透视"界面

8.5　商品定价分析

商品定价一直都是令商家拿捏不定的问题，特别对于中小型店铺的新手商家而言，高定价无法吸引消费者，低定价无法盈利，中等价位定价范围又太广，无法找到真正适合的价格区间。实际上，商品定价有策略可循，以这些策略为出发点，定价也就没那么复杂了。

8.5.1　商品定价策略

要决定如何给一个电商产品定价，对一些卖家来说，既要考虑给顾客一个合理的价格，又想弥补各项开支以赚取好处。了解以下三种受欢迎的零售电商定价模式，有助于卖家混合使用这些不同的定价策略，为所销售的产品设定一个最合适的价格。

电商卖家使用的三种产品定价策略为：基于成本的定价、基于竞争对手的定价和基于产品价值的定价。

1. 基于成本的定价

基于成本的定价，可能是零售行业最受欢迎的定价模式。其优点就是简单。一家商店，无论是实体店还是电商店铺，用不着进行大量的顾客或市场调查就可以直接设定价格，并确保每个销售产品的最低回报。

要想计算基于成本的定价，只需知道产品的成本，并提高标价以创造利润。该定价策略的计算方式为：

$$价格 = 成本 + 期望的利润额$$

假设你拥有一家日用品的电商店铺。采购一袋洗衣粉，你需要花费 8 元，这袋洗衣粉的平均运费是 1 元，所以估计的成本是 9 元；而你想在每件售卖的洗衣粉上赚取 2 元的利润，所以你的价格就应该是 11 元。

基于成本的定价策略可以让零售电商卖家避免亏损，但它有时可能会导致利润下降。比如你的顾客可能会乐意为产品支付更多的费用，从而增加利润；或者你的价格可能太高，导致你销售的产品数量较少，利润下降。

2. 基于竞争对手的定价

通过基于竞争对手的定价策略，你只需"监控"直接竞争对手对特定产品收取的价格，并设置与其相对应的价格。

这种零售定价模式，只有当你与竞争对手销售相同产品、两种产品没有任何区别时，才可以起到作用。实际上，如果你使用了这种策略，你就是在假设你对竞争已经做了一些相关研究或是至少有一些经验，或是至少拥有足够的市场地位，你假设他们的价格一定是匹配市场期望的。

不幸的是，这种定价策略可能会带来价格竞争，有些人称之为"向下竞争"。假设你在淘宝平台上销售你的产品，以薄利多销的目的出发将其标价为 59 元，希望订单能蜂拥而来。但你发现，订单并没有涌来。后来，你发现你的竞争对手正在以 58 元的价格出售相同的产品，因此你将价格降至 55 元。不久之后，你们双方都会因为不断降价，把利润空间压缩得几乎可以忽略不计。

这种情况给我们的警示就是，要谨慎使用基于竞争对手的电商定价。你要清楚，你的目的是最大限度地提高你的电商盈利能力。

3. 基于产品价值的定价

如果你专注于你可以给顾客带去的价值，你的想法是在一段特定时期内，你的顾客会为一个特定产品支付多少价格？然后你根据这种感知来设定价格，那么，你使用的就是基于产品价值的定价。

基于产品价值的定价，是复杂的零售策略方法，原因有以下几个：

这种策略需要进行市场研究和顾客分析，需要了解最佳受众群体的关键特征，考虑他们购买的原因，了解哪些产品功能对他们来说是最重要的，并且知道价格因素在他们的购买过程中占了多大的比重。

如果你使用的是基于价值的定价策略，这意味着你不能只设定完一个价格后就觉得结束了。相反，产品定价的过程可能会是一个相对较长的过程。随着对市场和产品的了解加深，需要不断对价格进行重复、细微的改动。

不过，由于该定价方式需要进行一定的市场和顾客调查，它也可以带来更多的利润，不管是从平均产品利润还是盈利整体来说。换句话说，产品价格是以顾客的感知价值为基础的。

8.5.2 商品定价方法

商品价格不仅决定了消费者的支付成本，还决定了商品处在哪个竞争领域，决定了不同的商品资源配置，意味着不同的收入和利润。下面将详细介绍多种商品定价的方法和技巧，以供参考。

1. 锚定效应

所谓锚定效应，就是指人们在做判断的时候，易受到对事物第一印象的影响。这个第一印象，会像一个沉锚一样，把人们的思想固定在某处，继而影响人们的后续行为。

在商品定价时，可以使用数字锚定和印象锚定两种方法。

1）数字锚定

在给用户展示定价时，给用户一个高额锚定数字，能增加用户对定价的接受度。

例如，"原价与折扣价"这一组价格，我们在网上购物的时候，经常能看到产品售价边上有个划线原价。这个原价为本次交易并没有带来额外的信息，但是从消费的角度来看，这个价格的存在，相当于给了用户一个认知锚。在原价的对比之下，产品的当前售价会显得非常划算，进而提升用户的购买欲。

除了划线原价之外，折扣券也是利用数字锚定的一种方式。如一些电商，当你满足一定的折扣条件后，购物车界面会提示你折扣后的优惠价，折价前后两个数字一对比，会给你一种买到就赚到的感觉。

如果没有这个原价作为锚定对比，用户很难对售价产生"便宜"的认知，因而也很难产生消费冲动。

除此之外，还有"会员价格对比""功能对比"等，红花还需绿叶衬托，有锚定对比才能更凸显产品的吸引力。

2）印象锚定

"联名合作"与"品牌副线"都属于印象锚定的范畴。

（1）联名合作

新创立的奢侈品牌开店，选址要靠近原来的那些奢侈品牌，目的就是让消费者产生印象锚定。将新的品牌与传统奢侈品牌关联到一起，从而提升新品牌的奢侈调性，让消费者愿意为新品牌付出奢侈品的价格。华为出的保时捷联名款手机，就是借助了这样的思路。

华为的保时捷联名手机，是一款定位高端的智能机。这款手机的设计和产品表现暂且不论。单说这个产品给人的价值感，确实一开始就与众不同。消费者听到这个产品的名字，就会不自觉地将保时捷豪车的印象带入其中，大幅提高了产品的心理价格。

有了这个心理预期后，等用户看到高额销售价格时，也不会觉得特别离谱，甚至还会饶有兴趣地把玩研究，一边看，一边赞叹保时捷联名款手机的精美做工。

（2）品牌副线

一些高端品牌，想攻占低端市场，这个时候通常会选择开启一个新的品牌，例如，华为的荣耀、锤子的坚果等。同样的，一些低端品牌，想售卖高端商品的时候，也会冠以一个全新的品牌名称，例如，戴尔的外星人、淘宝和天猫等。之所以这么做，也是为了避免印象锚定带来的影响。

曾经的品牌名称连同它销售的产品，会给消费者一个印象，如平价、实惠等。如果新商品和原有商品的气质不符合，这种印象就很可能带来不良影响。例如，在便宜商品印象的衬托下，新的高端商品会显得巨贵无比，让消费者完全没有购买欲望。

一旦开始使用新的品牌名称，原有品牌的锚定印象也就跟着消失不见。白纸好写字，这个时候再售卖新的产品，就不会受到旧品牌的影响了。

案例　高档咖啡厅的矿泉水

去过高档咖啡厅的朋友应该会发现，那里除了卖三四十元一杯的咖啡外，它们还出售20元一瓶的矿泉水，而且会放在非常显眼的位置。

但如果你仔细观察会发现：这么贵的矿泉水基本上卖不出去。高档咖啡厅的店员也知道这个问题。然而，他们却依旧坚持这么摆放，那是因为高档咖啡厅的主营产品是咖啡，矿泉水卖得好不好，并不重要，重要的是让咖啡卖得好。

高档咖啡厅咖啡的定价其实是很高的，三四十元一杯的咖啡，需要想办法让消费者觉得"值"。高价矿泉水的存在，恰恰可以转移消费者的注意力。在20元一瓶的矿泉水对比下，三四十元一杯的咖啡会显得非常划算。而一旦用户有了这种感受，咖啡的销路也就不用担心了。

高档咖啡厅在这里使用的套路，在心理学上称之为"锚定效应"。

人们在做决策的时候，会不自觉地给予锚定信息过多的重视。

2. 损失厌恶

比起昂贵的价格，人们更厌恶损失。损失厌恶指人们面对同样数量的收益和损失时，认为损失更加令他们难以忍受。同量的损失带来的负效用为同量收益的正效用的2.5倍。损失厌恶反映了人们的风险偏好并不是一致的，当涉及收益时，人们表现为风险厌恶；当涉及损失时，人们则表现为风险寻求。应用到店铺商品定价中，则可以采用非整数定价、尾数定价、价格分割、隐形涨价、限时优惠等方式，放大消费者对收益的感知，缩小对损失的感知。

电商平台店铺一年一次的店庆，淘宝的"双11"，京东的"6·18"，都是以用户的"损失厌恶"心理为基座。用户从第一个角度想，能在这样的狂欢节中买到如此实惠的产品，一定要抓住机会，熬夜也要购买。用户从第二个角度想，一年一次，要是错过这个机会，如此实惠的产品可只有明年才有了。越来越多的人有这种心理，所以淘宝"双11"的销售总额年年都在刷新纪录。

3. 诱饵效应

消费者对商品的价值感知都来自对比，相对的便宜比绝对的便宜更容易激发购买的诱惑力。下面介绍几种基于诱饵效应的定价方法和技巧。

1）套餐绑定

利用套餐绑定的方法可以轻松实现利润最大化。例如，某女性服饰网店，甲消费者愿意为女装支付500元，为女鞋支付200元；乙消费者更偏爱鞋子，所以愿意为鞋子支付500元，而只愿意为服装支付200元。要想同时留住两类消费者且实现利润最大化，商家可以将商品定价为女装350元，女鞋350元，"女装+女鞋"套餐700元。

搭配套餐可以让消费者一次性购买更多的商品，提升店铺销售业绩，提高店铺购买转化率。

2）用价格筛选消费者

用价格筛选消费者是通过故意调高定价来吸引消费者购买主营商品。例如，两家手机专营店同时经营多个手机品牌，A店主营甲品牌，B店主营乙品牌。在定价时，A店的甲品牌商品可以定价3999元，乙品牌商品定价4099元，因而获取到想买甲品牌的消费者；相反，B店可以将乙品牌定价3999元，甲品牌定价为4099元，获取喜欢乙品牌的消费者。

除此之外，电商产品定价还可以使用折中效应、预期效应和心理账户等多种方法。

给商品定价是一个既简单又复杂的问题。简单是因为定价只要高于成本就可能获取利润，不像选词、做主图、做详情页等需要专业的运营能力和技术；而复杂则是因为如果定价过低，利润就低，定价过高，商品销量就可能很低，商家必须精准掌握定价的"度"，才能更好地运营商品。

> **课堂讨论**：查阅资料进行思考，商品定价的策略和方法还有哪些？

8.6 店内流量分析

流量是店铺能否在激烈的电子商务竞争中存活下来的关键。商品的质量再好、服务再好，没有流量，也无人问津。因此，如何引流就成为众多商家冥思苦想的首要问题。本节将以淘宝网为例对店铺流量进行分析，包括对各种流量的解读，以及对关键词的分析等。

8.6.1 电商平台店铺四大流量

电商平台店铺流量指的是店铺中的访客数量，消费者访问店铺的数量多，代表该店铺的流量大；消费者访问店铺的数量少，表示该店铺的流量小。消费者进入店铺的途径是多方面的，归纳起来主要分为4种类型：通过自然搜索进入、通过付费引流进入、通过站内其他途径进入和通过站外途径进入。这4种流量途径即店铺的"四大流量"，又分别被称作免费流量、付费流量、站内流量和站外流量。

表8-3所示为电商平台店铺的四大流量汇总表。

表 8-3　电商平台店铺的四大流量汇总表

流量类型	含　义	主要来源（以淘宝网为例）
免费流量	通过自然搜索进入	直接访问、商品收藏、购物车、已买到的商品等途径
付费流量	通过付费引流进入	淘宝客、直通车、钻石展位等，此外也可通过各种付费活动来获取流量
站内流量	通过站内其他途径进入	微淘、淘宝头条等淘宝官方互动交流平台
站外流量	通过站外途径进入	贴吧、论坛、社区、微博等

8.6.2　流量结构分析

一个淘宝店铺，不管大小，应该有怎么样的产品结构，才能适应如今的淘宝市场？产品结构确定以后，我们又应该要打造怎么样的流量结构，才能让店铺有序地发展下去？如果我们的流量结构不健康，比如付费流量占比过高，或者流量入口数量过少，我们应该怎样去分析和改善？

以淘宝店铺为例，使用生意参谋对店铺流量数据进行分析。

一般来说，店铺每天要关注的是两个结果数据：流量和交易，通过生意参谋可以看到首页的显示界面，如图 8-38 所示。

图 8-38　生意参谋的首页显示界面

淘宝店铺后台打开生意参谋应用，依次点击"流量"→"流量看板"，在这个选项中可以看到一个店铺的整个浏览数据综合，选定 30 天的数据，可以看到店铺商品访问、访客数、新老客户访问和浏览量等。从概述上，可以看到店铺的流量走势和一个变化的高低过程，做到概述流量上的心中有数。值得注意的是，通过对访客数同行平均和优秀值的对比，对店铺所处水平做到精准把握并提高店铺的水平。

大家每天可以进生意参谋首页查看，昨天的流量和交易是不是符合预期，和前天比是涨是跌；再看整个店铺的结果分解，生意参谋所设置的公式很容易定位问题环节，假设店铺数据如图 8-39 所示。

图 8-39　生意参谋中某店铺的数据

如图8-39所示，可以看出，支付金额的上涨，主要靠流量和转化率支撑起来的，但是客单价是存在问题的（客单价是指每一个客户的平均消费金额），所以接下来的问题是：对于流量，店铺是否已经达到了预期了，是不是店铺的什么渠道投放广告了？对于转化率，是不是店铺的主流商品转化率符合预期了？对于客单价，要看店铺的商品关联销售是不是做得好？

除此之外，我们还可以关注生意参谋中的流量来源和流量排行榜，可以自定义流量来源入口监控，流量来源排行榜为店铺的流量结构提供数据，正常的店铺流量来源付费占30%左右，搜索流量占50%左右，其他流量如自主访问、购物车、收藏等占20%左右。

也可以关注访客时间段分布图，原因是结合每个店铺的不同，为新品上架时间点、促销活动时间点提供数据。同时，访客地域、人群、行为特征这三项数据主要是为直通车的地域出价，人群行为出价提供数据支持，通过对占比的分析做出直通车的溢价比例。

8.6.3 关键词分析

免费流量是店铺赖以生存的流量来源，这种自然流量绝大部分是通过关键词搜索来访问的（有的消费者会通过类目来寻找商品），消费者搜索关键词，然后淘宝搜索引擎根据设置的搜索规则进行搜索并显示结果。这里涉及两个非常重要的概念，一个是关键词，另一个是淘宝搜索规则。关键词即商品标题包含的词语，商品标题必须契合市场需求，才会有消费者进行搜索。同时，关键词还必须契合淘宝搜索规则，才能使商品排名靠前，这就需要对关键词进行分析优化。

关键词的几个基础概念，如表8-4所示。

表8-4 关键词基础概念汇总表

概念	内容
词根	关键词体系中最小单位，基词是由词根组成的，词根在后期优化标题中起到至关重要的数据拆解透视作用
基词	产品词，一件商品会覆盖多个基词。如电脑桌，也可以称为书桌、办公桌、写字台等。每一个基词都是在拓展新的流量渠道。制作标题前，覆盖更多基词去拓展数据
核心词	顾名思义是中心化。产品围绕核心词去优化，涉及SEO、首图、内页表达，通过核心词来定位词背后而细分市场，聚焦人群画像做透视分析
关键词类型	核心词是包含关键词类型的。关键词类型可以分为大词、精准词、长尾词/飙升词。每一个类型的词都可以作核心词优化，取决于产品本身权重积累。不同的场景，在商家推广中也会起到不一样的效果

下面以店查查插件工具为例，简单学习如何对电商平台店铺的关键词数据进行分析。

在店查查软件中可以使用"卖家工具"查看相关数据，结合数据情况使用相关"优化工具"。

1. 卖家工具

"卖家工具"有一个店铺关键词功能，其下又分为淘宝搜索和手淘搜索，可以通过搜索"卖家旺旺""店铺名称""宝贝链接"或"宝贝ID"进行店铺检索，如图8-40所示。

搜索某知名零食类电商平台店铺，可以看到其淘宝数据和手淘数据，具体包括关键词、展现指数、点击指数、点击率、转化率、市场均价、竞争度、曝光度、热度和操作，如图8-41所示。

图 8-40　店查查卖家工具界面

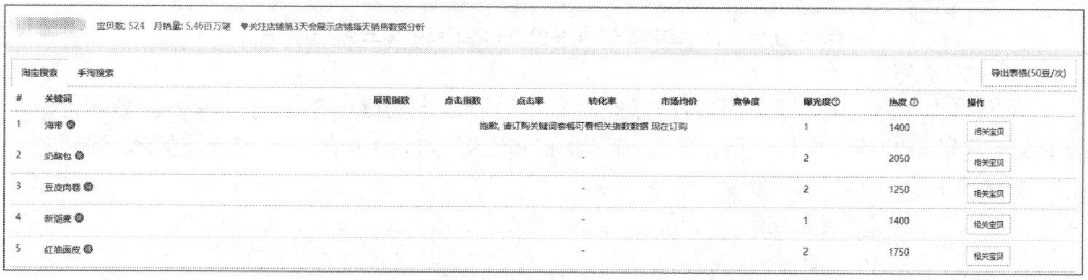

图 8-41　某知名零食类电商平台店铺的淘宝数据

在此来了解两个概念：曝光度和热度。

曝光度是指展现率，即在淘宝也就是宝贝被人看到的频率，很多商家都会利用搜索引擎优化、网站推广以及适当参与同类网站评选活动增加曝光度。曝光度还和排名有关，店铺的排名越好，说明店铺的宝贝曝光率越高，看到的人越多，并且成单的可能性也就越大。在淘宝，只要店铺曝光率越高，那么进店的消费者也就会越多。所以说曝光度高了，能够为店铺和宝贝带来源源不断的客源和浏览量。

淘宝搜索热度顾名思义也就是非常受人追捧的一些搜索词，它的搜索次数过高，所以就成了热词，这样的热词经过淘宝搜索的排名就成为了淘宝搜索热度。而淘宝搜索热度反映着这个产品的人气。

单击"海带"关键词，可以看到宝贝的具体链接、曝光度、排名、价格和近 30 天销量等信息，如图 8-42 所示。

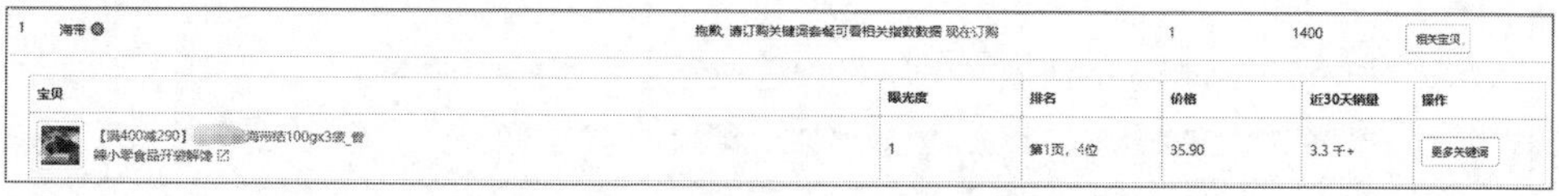

图 8-42　"海带"关键词的界面

2. 优化工具

店查查优化工具中包括两个大类："宝贝优化"和"直通车关键词"，我们以此来进行学习，如图 8-43 所示。

图 8-43　店查查优化工具界面

1)宝贝优化

"宝贝优化"工具下包含"宝贝排名查询""淘宝标题优化"和"违禁词排查"三个工具。

(1)宝贝排名查询

"宝贝排名查询"功能中,可以通过检索关键词,查看手机淘宝App端的相关数据,其中可选择排序以及价格区间,如图8-44所示。

图8-44 "宝贝排名查询"功能的检索关键词界面

我们以"圣诞礼物"为关键词进行检索,可以看到该关键词在手淘App中的数据汇总,其中又包含销量趋势、价格分析、卖家等级分布和DSR(DSR指的是淘宝店铺的动态评分),如图8-45所示。

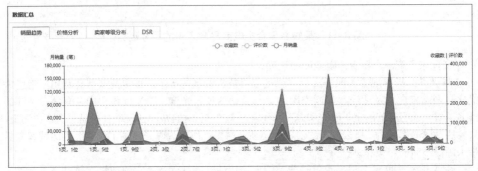

图8-45 关键词"圣诞礼物"手淘App中的数据汇总

接着,我们可以查看"圣诞礼物"这一关键词的"透视关键词"相关信息,其中包括排名、宝贝名称、价格、月销量、收藏数、评价数、店铺掌柜、DSR和信用等信息,如图8-46所示。

排名	宝贝名称(dianchacha.com)	价格	月销量	收藏数	评价数	店铺掌柜	DSR	信用
1页,1位	愿你天黑有灯 下雨有伞	9.80	10001	85020	4635	批发专场007	4.59	
1页,2位	圣诞系列可爱治愈小动物树脂摆件	5.80	7959	1476	180	酉琀通旗舰店	4.8	
1页,3位	圣诞节礼物件手机壳用送女朋友男朋	21.90	7089	3714	377	englishbenbenni	4.7	
1页,4位	激光雕刻工艺 圣诞送礼神器	9.80	1001	236664	5007	批发专场007	4.59	
1页,5位	黑松露黑巧克力圣诞节小零食糖果	5.90	4947	97240	81503	其妙旗舰店	4.8	

图8-46 关键词"圣诞礼物"的"透视关键词"界面

(2)淘宝标题优化

"淘宝标题优化"工具中,可以通过输入淘宝天猫宝贝连接或者宝贝标题,对该宝贝标题进行分析。同时可以通过输入相关关键词,查询其淘宝联想词、知乎联想词、百度联想词和360联想词等内容,如图8-47所示。

以关键词"天猫标题优化工具,淘宝标题优化工具推荐,淘宝标题生成器"为例,可以看到其标题优化的相关内容,包括该关键词的综合得分、查询标题、标签分词、标题长度、特殊字符、营销词、单独词、重复词和空格数等，同时针对具体信息给出了对应的诊断修改建议，如图 8-48 所示。

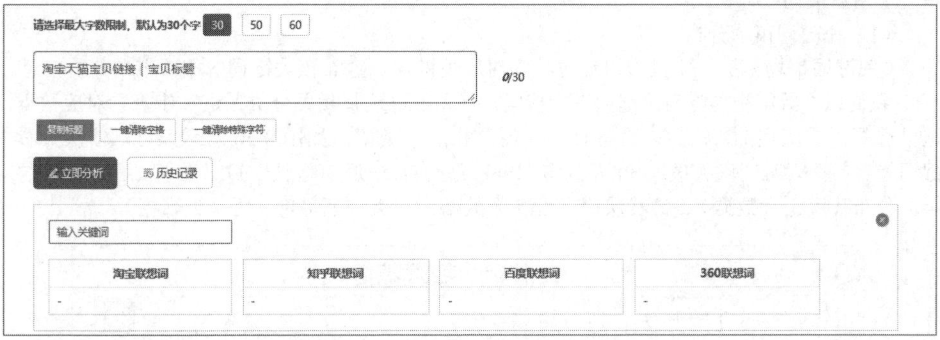

图 8-47　"淘宝标题优化"工具界面

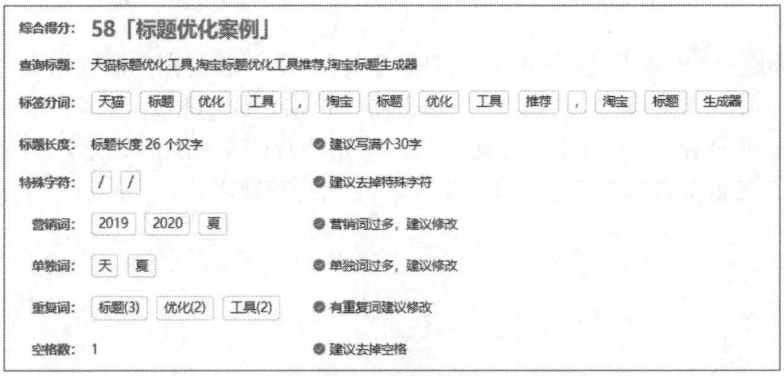

图 8-48　"淘宝标题优化"工具案例

针对淘宝标题优化，需要时刻谨记：在淘宝改动任何产品属性的行为，都会影响产品，有一定权重的产品需谨慎修改。

同时，有权重商品修改应该注意以下两个事项：减小改动，每次修改不能超过 2～4 个字；可以选择在晚上 12:00—12:30 进行标题优化，这时候生意参谋还在更新数据，可以方便第二天及时对比数据。

那么，在什么时候需要对产品进行标题优化呢？
- 在商品创建的时候就优化好标题；
- 标题的关键词不精准，跟店铺中的宝贝不匹配，导致进店的买家转化率低；
- 标题不够 30～60 个字，引流词较少，需要增加引流关键词；
- 商品上架两个星期以上，完全没有搜索访客和曝光。

（3）违禁词排查

"违禁词排查"工具则是通过输入宝贝标题、宝贝详情内容等，对相关文本进行检索，如图 8-49 所示。但是鉴于算法识别技术存在局限性，该排查结果仅供商家参考，并不代表或替代任何正式法律意见，商家仍需根据法律法规以及淘宝平台规则的要求，开展自检自查。

图 8-49　"违禁词排查"工具界面

2）直通车关键词

"直通车关键词"这一工具种类下包括"关键词市场分析""Top20 万关键词""词库查询"和"全网热搜词"4 个工具。

（1）关键词市场分析

"关键词市场分析"工具可以通过检索对应关键词，查看该关键词的相关市场分析信息。

我们以"新年礼物"为关键词进行搜索，首先可以选择相关分类并进一步查看对应数据，这里选择"节庆用品 / 礼品 > 百货食品 > 创意礼品"类型，如图 8-50 所示，可以依次查看关键词趋势、搜索时间段（最近 30 天日均）、城市分布（最近 30 天日均）、性别（近 7 天数据）、年龄分布（近 7 天数据）、消费层级（近 7 天数据）和类目笔单价（近 7 天数据）。

图 8-50　"关键词市场分析"工具的检索界面

在"关键词趋势"数据中，我们可以看到"新年礼物"这一关键词的展现指数、展现指数占比、点击指数、竞争度、点击率、点击转化率和直通车价格，如图 8-51 所示。以展现指数为例，可以看到展现指数从每年 12 月中旬开始增长，下年 2 月初左右开始回落，而其余时间的展现指数几乎为零，这正吻合新年前后消费者对于新年礼物的需求。

图 8-51　关键词"新年礼物"的"关键词趋势"数据

在"搜索时间段（最近 30 天日均）"数据中，我们可以看到"新年礼物"关键词的搜索时间在每天凌晨 5 点的搜索量最低，22 点的搜索量最高，由此可见消费者的购物习惯，如图 8-52 所示。

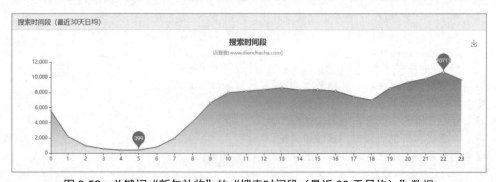

图 8-52　关键词"新年礼物"的"搜索时间段（最近 30 天日均）"数据

在"城市分布（最近30天日均）"数据中，我们可以看到搜索"新年礼物"关键词的消费者的城市分布，其中包括省市、展现指数、展现指数占比、交易指数、点击指数、点击率、点击转化率和直通车价格等信息，如图8-53所示。

城市分布（最近30天日均）							
省市	展现指数	展现指数占比	交易指数	点击指数	点击率	点击转化率	直通车价格
广东	31132	13.7%	3.46	1085	3.5%	1.8%	1.42
浙江	19057	8.4%	2.73	709	3.7%	1.6%	1.38
江苏	17815	7.8%	1.69	651	3.7%	1.7%	1.4
山东	13681	6%	1.23	491	3.6%	1.3%	1.42
上海	13310	5.8%	1.38	450	3.4%	1.5%	1.39
北京	11708	5.09%	1.85	414	3.5%	2%	1.39
四川	11505	5%	1.08	438	3.8%	1.6%	1.35
河南	8650	3.8%	1	307	3.6%	1.5%	1.36
福建	8618	3.8%	1.5	306	3.6%	1.9%	1.35
辽宁	8098	3.6%	0.46	271	3.4%	1.2%	1.42

图8-53 关键词"新年礼物"的"城市分布（最近30天日均）"数据

在"性别（近7天数据）"中，我们可以看到搜索"新年礼物"关键词的消费者的性别信息统计，其中包括性别、关键词展现指数、行业展现指数、行业展现指数占比、关键词展现指数占比、行业转换率和关键词转换率等信息。

在"年龄分布（近7天数据）"中，我们可以看到搜索"新年礼物"关键词的消费者的年龄分布统计，其中包括年龄分布、关键词展现指数、行业展现指数、行业展现指数占比、关键词展现指数占比、行业转换率和关键词转换率等信息。其中可见女性群体以及"95后"的这一年龄段对于"新年礼物"更具关注度，证明他们是该关键词的潜在消费群体。

图8-54所示为关键词"新年礼物"的"性别（近7天数据）"和"年龄分布（近7天数据）"。

性别（近7天数据）						
性别	关键词展现指数	行业展现指数	行业展现指数占比	关键词展现指数占比	行业转换率	关键词转换率
女	1397	10899	58.4%	64.2%	5.1%	2.19%
男	778	7759	41.6%	35.79%	5.85%	2.45%

年龄分布（近7天数据）						
年龄分布	关键词展现指数	行业展现指数	行业展现指数占比	关键词展现指数占比	行业转换率	关键词转换率
60后	219	2379	6.4%	5.09%	6.39%	3.06%
70后	460	4441	12%	10.8%	5.88%	3.03%
80后	528	4799	13%	12.4%	5.98%	2.25%
85后	690	6173	16.7%	16.2%	6.29%	2.44%
90后	783	6397	17.3%	18.3%	6.22%	2.55%
95后	1593	12754	34.5%	37.29%	8.57%	4.07%

图8-54 关键词"新年礼物"的"性别（近7天数据）"和"年龄分布（近7天数据）"

在"消费层级（近7天数据）"中，我们可以看到搜索"新年礼物"关键词的消费者的消费层级统计，其中包括价格区间、关键词展现指数、行业展现指数、行业展现指数占比、关键词展现指数占比、行业转换率和关键词转换率等信息，如图8-55所示。其中可见价格区间在"1750元以上"的新年礼物关键词展现指数是最高的，而"300～400元"的新年礼物关键词展现指数是最低的，我们可以根据该数据对产品进行合理定价。

在"类目笔单价（近7天数据）"中，我们可以看到搜索"新年礼物"关键词的消费者的类目笔单价统计，其中包括单价区间、关键词展现指数、行业展现指数、行业展现指数占比、关键词展现指数占比、行业转换率和关键词转换率等信息，如图8-56所示。其中可见类目笔单价区间在"0～20元"的新年礼物关键词展现指数是最高的，而"300元以上"的新年礼物关键词展现指数是最低的，我们可以根据该数据对客户进行分析，制定针对性的营销策略。

消费层级（近7天数据）						
价格区间	关键词展现指数	行业展现指数	行业展现指数占比	关键词展现指数占比	行业转换率	关键词转换率
0-300	1628	7887	19.7%	18.6%	3.43%	2.45%
300-400	932	4335	10.8%	10.7%	4%	2.78%
400-550	1041	4801	12%	11.9%	4.35%	3.02%
550-750	1058	4827	12%	12.1%	4.57%	3.21%
750-1050	1087	4939	12.3%	12.4%	5.03%	3.4%
1050-1750	1266	5681	14.2%	14.5%	5.56%	3.64%
1750以上	1729	7595	19%	19.8%	6.88%	4.42%

图 8-55　关键词"新年礼物"的"消费层级（近 7 天数据）"

类目笔单价（近7天数据）						
单价区间	关键词展现指数	行业展现指数	行业展现指数占比	关键词展现指数占比	行业转换率	关键词转换率
0-20	1224	5815	32.1%	30.1%	6.67%	3.31%
20-50	1074	4866	26.8%	26.4%	5.98%	3.83%
50-100	788	3429	18.89%	19.3%	5.9%	4.46%
100-300	729	2997	16.5%	17.89%	6.56%	7%
300以上	259	1025	5.7%	6.4%	6.18%	4.96%

图 8-56　关键词"新年礼物"的"类目笔单价（近 7 天数据）"

（2）Top20 万关键词

"Top20 万关键词"功能关联淘宝官方发布 Top20 万关键词并进行同步更新。

首先，卖家可以通过关键词优化店铺标题和详情页，借鉴词表优化直通车推广。

其次，淘宝直通车 Top20 万关键词表，包括淘宝 PC 端 Top20 万关键词、淘宝无线端 Top20 万关键词、潜力词表等内容，会在每周三公布。这些热销、热搜关键词就是直通车后台中，搜索量最好、曝光量最高的一些关键词组合，是直通车车手迅速提升店铺流量的有力的武器。

最后，店查查不仅仅提供 Top20 万关键词下载，同时提供在线浏览每一期的关键词，非常适合淘宝天猫卖家在宝贝标题优化和淘宝直通车选词使用，可以快速查看所有分类的热词以及这些词在手淘 App 上的实时排名。图 8-57 所示为店查查的"Top20 万关键词"功能界面。

发布时间	在线查看淘宝关键词	潜力词表	移动端Top20万词表	PC端Top20万词表	首页热搜词表
2019年08月09日	在线查看	潜力词表下载	无线词表下载	PC词表下载	-
2019年07月23日	在线查看	潜力词表下载	无线词表下载	PC词表下载	-
2019年07月03日	在线查看	潜力词表下载	无线词表下载	PC词表下载	-
2019年06月18日	在线查看	潜力词表下载	无线词表下载	PC词表下载	-
2019年05月30日	在线查看	潜力词表下载	无线词表下载	PC词表下载	-
2019年05月22日	在线查看	潜力词表下载	无线词表下载	PC词表下载	-
2019年05月15日	在线查看	潜力词表下载	无线词表下载	PC词表下载	-

图 8-57　店查查的"Top20 万关键词"功能界面

（3）词库查询

"词库查询"功能则是通过检索相应的关键词，查看对应的信息，我们以"连衣裙"为关键词在该功能中进行检索。图 8-58 所示为"词库查询"功能界面。

针对该关键词，我们可以看到相对应的类目、首次出现时间、无线词次数、PC 词次数和潜力词次数等信息。图 8-59 所示为关键词"连衣裙"在"词库查询"的结果界面。

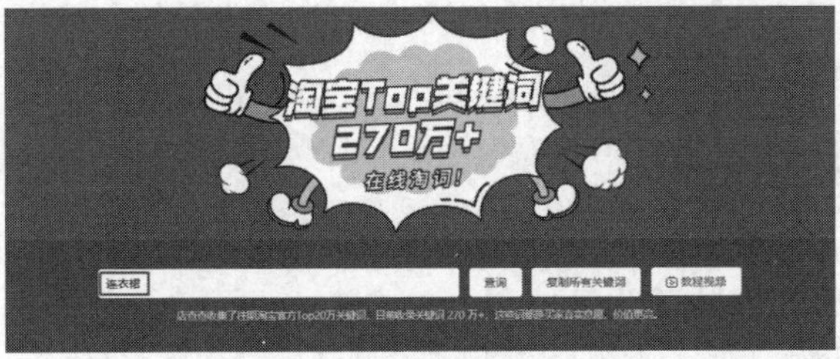

图 8-58　“词库查询”功能界面

关键词	类目	首次出现时间	无线词次数	pc词次数	潜力词次数	操作
连衣裙	女装/女士精品->连衣裙	2016-10-04	1338	1606	34	复制
连衣裙	女装/女士精品->连衣裙	2016-10-04	1338	1606	34	复制
女连衣裙	女装/女士精品->连衣裙	2016-10-04	478	980	9	复制
女连衣裙	女装/女士精品->连衣裙	2016-10-04	478	980	9	复制
长袖连衣裙	女装/女士精品->连衣裙	2016-10-04	212	648	40	复制
长袖连衣裙	女装/女士精品->连衣裙	2016-10-04	212	648	40	复制

图 8-59　关键词“连衣裙”在“词库查询”的结果界面

（4）全网热搜词

“全网热搜词”功能则是汇总了淘宝平台的热门关键词，并每天对该内容库进行更新。图 8-60 所示为“全网热搜词”功能的界面。

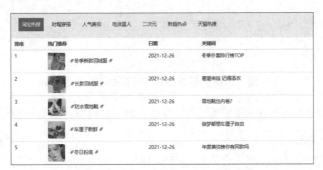

图 8-60　“全网热搜词”功能的界面

值得注意的是，我们对于关键词的投放还要做以下几点判断：

- 流量规模上限是否足够大，满足使用需求；
- 流量是否与产品高度匹配，关键词人群标签是否精准，会直接影响宝贝的转化能力；
- 关键词自身是否具备转化能力（转化率 >0%）。

课堂讨论： 思考商品的关键词可以从哪些方面进行优化？

8.7　运营与销售数据分析

电商平台店铺的交易金额就是访客数、转化率和客单价的乘积。其中，转化率是衡量店铺能否吸引访客购买的一个指标，提高转化率就能提高销售业绩。因此，做好电商平台店铺运营与销售数据分析至关重要。

8.7.1 交易数据分析

淘数据中的"店铺销售分析"和"店铺预售分析"功能板块可以显示店铺的各项交易数据，能够清楚显示店铺的运营情况和出现的问题。

以某国产运动品牌淘宝店为例，在淘数据中对该店铺名字进行检索，查看其店铺的交易数据，如图 8-61 所示。

图 8-61　某国产运动品牌淘宝店的基础数据

首先可以看到店铺近 30 天的概况，包括平均退款速度、退款自主完结率、退款纠纷率、近 30 天销售额、近 30 天销量、平均成交价、平均日销售额和平均日销量等交易信息，用于综合了解店铺的交易情况，如图 8-62 所示。

最近30天店铺概况					
平均退款速度	1.95天	退款自主完结率	99.94%	退款纠纷率	0.0000%
近30天销售额	8760.44万元	近30天销量	480297件	平均成交价	182.40元
平均日销售额	292.01万元	平均日销量	16010件		

图 8-62　某国产运动品牌淘宝店的基础交易数据

进一步可以查看该店铺的销售量和销售额，可以按日或月为单位进行查看，如图 8-63 所示。

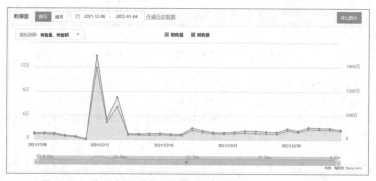

图 8-63　某国产运动品牌淘宝店的销售量与销售额折线图

在此基础上，淘数据还提供店铺的具体交易信息，包括交易日期、销量、销售额、商品数、收藏数、上新数、粉丝数、动销率和营销推广等内容，用于辅助评估相关因素对于店铺交易金额的影响，如图 8-64 所示。

数据表　2021-12-06 - 2022-01-04　开通历史数据　导出数据　定制导出

2021/12/06 至 2022/01/04，合计480297份销量，总计¥87604385.15元销售额

日期	销量	销售额	商品数	收藏数	上新数	粉丝数	动销率	营销推广	操作
2022-01-04	14801	¥2511895.90	458	14093431	0		76.72%		查看详情
2022-01-03	16640	¥2900733.79	533	14090340	0	1304万	89.28%		查看详情
2022-01-02	17041	¥2963203.78	533	14080833	3	1304万	89.28%		查看详情
2022-01-01	17576	¥3122169.04	551	14069899	0	1304万	92.29%		查看详情
2021-12-31	12432	¥2236618.22	524	14054069	1	1304万	87.77%		查看详情
2021-12-30	15610	¥2773833.91	547	14049516	4	1304万	91.62%		查看详情

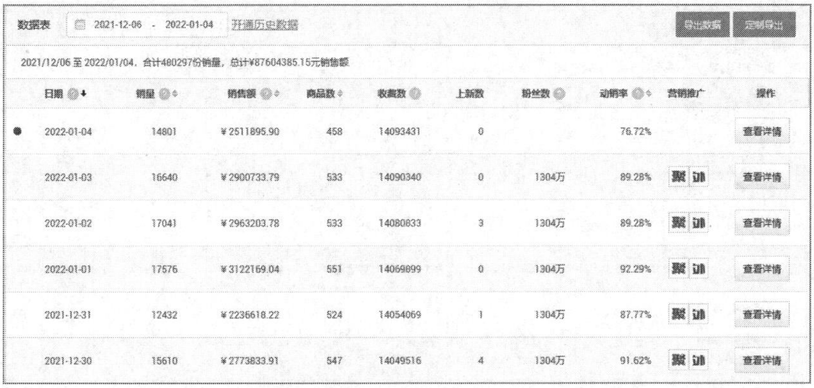

图 8-64　某国产运动品牌淘宝店的具体交易信息

除此之外，淘数据还提供店铺的成交类目分析、成交品牌分析、最近 30 天各价格范围宝贝数量比例和最近 30 天各价格范围宝贝销量比例等交易信息。图 8-65 所示为某国产运动品牌淘宝店的成交类目分析饼状图。

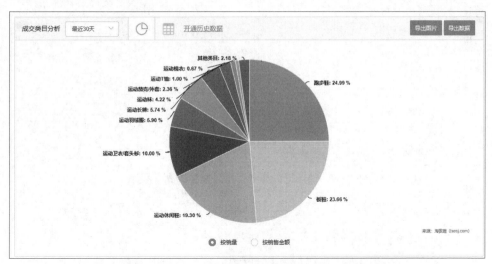

图 8-65　某国产运动品牌淘宝店的成交类目分析饼状图

下面我们来进一步查看“店铺销售分析”和“店铺预售分析”。

1. 店铺销售分析

店铺销售分析包括“店铺销售明细”“热销宝贝排行”和“滞销宝贝排行”3 种功能。

“店铺销售明细”功能中，可以通过日期、类目、品牌以及关键词对店铺内商品进行筛选，查看相关交易信息，其中包括宝贝名称、类目、所属品牌、价格、销量、销量较上一天、销售额、销售额较上一天等相关信息，如图 8-66 所示。

以该店铺内某产品为例，点击“查看详情”，可以看到该产品的销售量和销售额等数据以及相关数据报表，如图 8-67 所示。

同时淘数据还提供产品的 SDR 分析，但该功能仅针对豪华版 / 旗舰版付费用户开放。

“热销宝贝排行”功能中，可以通过日期、类目、品牌以及关键词对店铺内商品进行筛选，可以查看相关宝贝的排名以及交易数据，如图 8-68 所示。

图 8-66　某国产运动品牌淘宝店的"店铺销售明细"界面

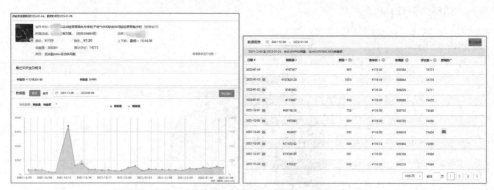

图 8-67　该店铺内某产品的"查看详情"界面

图 8-68　该店铺的"热销宝贝排行"功能界面

"滞销宝贝排行"功能则可以查看在该店铺内交易金额不理想的宝贝。图 8-69 所示为该店铺的"滞销宝贝排行"功能界面。

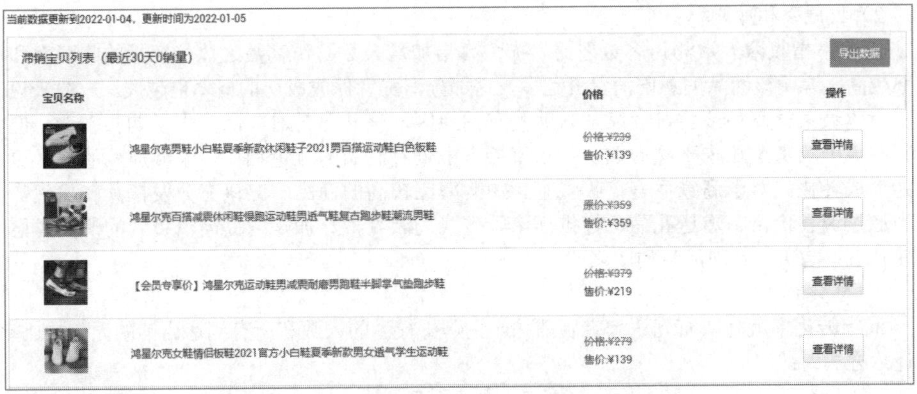

图 8-69　该店铺的"滞销宝贝排行"功能界面

2. 店铺预售分析

店铺预售分析功能包括店铺预售明细和店铺宝贝预售明细两个方面，其内容结构同店铺销售分析类似，且该功能仅针对豪华版/旗舰版付费用户开放。

8.7.2　店铺运营数据分析

店铺运营中一切的问题都是有规律的，这些规律可以通过分析各种店铺运营数据而得出。这些数据影响着产品的市场表现，例如最优类目数据、产品数据、竞争对手数据、店铺数据和单品数据等，还包括常说的点击、访问和转化等数据，这些数据综合在一起影响着产品的销售。

整个网络销售平台是人为搭建的，通过不断升级和优化达到最公平的规则，为好的产品提供一个优秀的售卖平台。平台往往需要通过庞大的数据库计算和系统的呈现，了解一些比较容易掌握的数据规律，跟随这些规律来优化产品和店铺，有利于我们的权重增长和排名提升。

下面我们就电商平台店铺运营数据的内容进行3个方面的学习：店铺运营的重要数据、转化漏斗模型和影响转化的因素。

1. 店铺运营的重要数据

反映店铺运营情况的重要数据有很多，这里重点介绍点击率、收藏率、加购率、转化率这4个数据。

1) 点击率

点击率是衡量商品引流能力的数据，其计算公式为：

$$点击率 = （点击量 \div 展现量）\times 100\%$$

要想提高点击率，就需要提高点击量。

商品的标题、单价、销量、主图等都能影响点击量。以标题为例，当商品标题中没有包含有效关键词，即没有包含消费者会搜索的关键词时，消费者无法通过关键词搜索到该商品，商品没有展示机会，当然也不会有点击。因此标题设计得是否合理，直接影响着商品的点击量。

除此之外，我们如何判断淘宝点击率是否正常？这主要是取决于行业的均值，也就是淘宝上千千万万的卖家。他们的点击率的平均数值是多少，然后淘宝会以他们的平均数值去做一个大致的参考，因为只有这样才能判断出产品的点击率是否正常，是否有人为地刷点击或者说是用软件去刷点击。比如说行业的点击率均值是3%，那么店铺的点击率是5%，或是2%，又或是10%，这都算是正常的。

2）收藏率和加购率

收藏率指收藏人数与访客数之比。加购率指加购人数与访客数之比。商品的收藏率和加购率越高，说明该商品的意向消费者越多，这部分消费者促成成交的概率也越大。一般来说，消费者收藏某件商品或将某商品加入购物车的原因，是其已经对商品产生了购买兴趣，但出于某些原因的考虑还未下决心购买。与直接点击查看商品的流量相比，收藏加购的流量更有可能形成转化。对于商家而言，收藏率、加购率比较高的商品，应该充分发挥其转化优势，适当通过调整价格、赠送礼品、打折优惠等方式刺激收藏、加购，提高消费者的购买意愿，促使其下单购买，实现流量的转化。

3）转化率

淘宝转化率就是所有到达淘宝店铺并产生购买行为的人数和所有到达店铺的人数的比率，其计算方法为：

转化率 =（产生购买行为的客户人数 / 所有到达店铺的访客人数）× 100%

影响淘宝转化率的因素有宝贝描述、销售目标、宝贝的评价、客服等。图 8-70 所示为影响淘宝转化率的因素。

2. 转化漏斗模型

一个店铺运营有几个关键因素非常重要，其中包括产品、价格、客户来源、浏览产品与下订单的关系，但是对于这些我们一般用订单漏斗模型原理解析，订单漏斗模型的价值，在于其量化了完成订单过程各个流程节点的奏效。

订单漏斗的最终目标是使潜在需求客户达到实际购买消费的目的，通过对漏斗各流程转化率分析，发现各流程节点转换率是否存在问题，提出解决方案从而提高用户消费转化率。漏斗模型分析原理通俗点说，就是从起点到终点有多个环节，每个环节都会产生用户流失，依次递减，每一步都会有一个转化率。图 8-71 所示为电商平台店铺的转化漏斗模型。

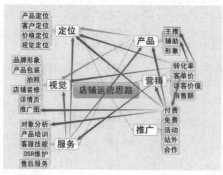

图 8-70　影响淘宝转化率的因素

图 8-71　电商平台店铺的转化漏斗模型

订单漏斗分析通过 5 步完成。

（1）商品页面数据，包括浏览指标、贡献用户数、日均流量、人均访问量、平均停留时间、平均访问页数等。

（2）加入购物车等相关指标，包含加入购物车买家数、加入购物车次数、加入购物车商品数、加入购物车时间节点。

（3）提交订单，分析订单的数量、金额、买家数和订单转化率指标。

（4）支付订单，分析订单支付转化情况和对应成本、销售额、销售利润分析指标，包含支付金额、支付买家数、支付商品数、支付买家转化率、支付金额转化率、各订单支付时长分析。

（5）完成交易，核心分析交易失败的原因和退款原因指标，具体内容如表 8-5 所示。

表 8-5 完成交易后交易情况及具体分析指标汇总

交 易 情 况	具 体 分 析 指 标
交易成功	分析交易成功的订单数、买家数、商品数
交易失败	分析交易失败的订单数、各订单金额、订单商品数、订单买家数，分析失败原因
退款统计	分析商品退款买家数、退款金额数、退款占比

3. 影响转化的因素

影响电商平台店铺转化的因素包括 5 个方面。

1）客户群体

从顾客的购买心理来看，买家在淘宝上购买商品的时候，通常希望自己所看到的商品是自己想要购买的商品，这样既能节省时间也能节省精力，所以流量的精准度才是首要核心因素。

受千人千面的影响，淘宝给每个人、每个店铺都打上了标签，让更多符合店铺标签的人群进店购买，所以店铺的标签做得越精准，淘宝分给店铺的流量就越多，反之店铺的标签做得越混乱，淘宝分给店铺的流量就越少，因为标签混乱淘宝压根不知道该匹配给店铺什么样的流量。

2）商品主图

现在大部分的流量都来自手机端。买家打开淘宝，搜索到的产品第一眼看到的便是主图，买家会把那几张主图仔细看，其中表现最为明显的是鞋子、衣服、包包等类目。

许多卖家都有一个误区，认为自己重视什么顾客就重视什么，而不了解买家真正重视的是什么并且没有去分析客户的主观意向。从无线端的特点来看，买家重视的不仅是产品的细节和各个角度全方位对产品的展现，而且更多的还想看到产品的卖点和对赠品的展现以及一些活动的呈现，那么这些顾客重视的焦点都要尽量经过主图展现出来。做好无线端主图的优化对于产品的转化非常重要。图 8-72 所示为某电商平台的"茶具"商品主图。

图 8-72 某电商平台的"茶具"商品主图

3）详情页

现在主要的流量来自无线端，无线端买家停留的时间不会像在 PC 端上那样浏览产品，所以卖家在做详情页时构思和方式要有所改变，不能再用做 PC 端详情页的思维去做无线端的详情页。卖家一定要充分考虑到无线端的特点，无线端购物的顾客时间上碎片化，所以 PC 端和无线端的详情页要分开做。图 8-73 所示为某保温杯的商品详情页（部分），包括功能、优势以及参数信息，使用图片与文字结合的方式，美观又清晰。

4）销量和评价的影响

销量好的产品一般排名会比较靠前，好评度较高。顾客在网上购物时会比较重视产品的销量和评价，挑选销量高、评价好的产品购买。由此可见，销量和评价会直接影响产品的转化，为此短期内快速提高销量和好评度显得尤为重要了。图 8-74 所示为某商品的消费者评价界面。

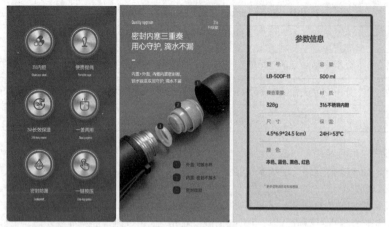

图 8-73 某保温杯的商品详情页(部分)

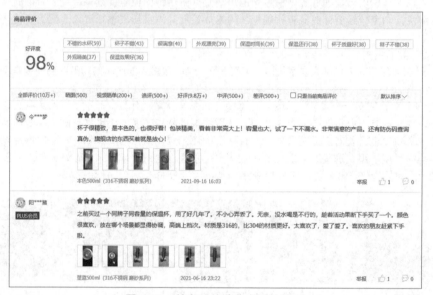

图 8-74 某商品的消费者评价界面

5)客服的服务

顾客疑惑的问题都是通过客服来处理的,一个好的客服不仅能很好地处理买家的问题,还能引导顾客自动下单。顾客的问题大多数是详情页里得不到答案的问题,所以可以把一些详情页中不能回答的问题设置成接近完美答案的快捷短语,能大大减少客服咨询的工作量。

课堂讨论: 结合具体的电商平台店铺的数据,分析其如何提高转化率。

8.8 本章小结

网购早已成为我们日常生活中不可缺少的一部分,现如今的短视频带货和直播带货更是丰富了网购的形式,但是万变不离其宗,所有的网络购物依旧建立在电商平台店铺的基础上进行,因此运营好电商平台店铺至关重要。而店铺的一切问题都可以从数据中分析出来,从数据出发可以让我们找到店铺经营中的关键问题,并且及时作出调整。

　　本章首先学习了电商平台店铺数据分析概述,包括其含义、作用、常用方法、常用指标以及分析步骤;其次进一步了解电商平台店铺数据分析的常用工具,并在此基础上掌握了电商平台店铺数据分析的主要内容及相关方法,包括市场行业与选品分析、竞争对手分析、商品定价分析、店内流量分析和运营与销售数据分析等内容。

第9章 短视频数据分析

短视频制作并没有像微电影一样具有特定的表达形式和团队配置要求，其具有生产流程简单、制作门槛低、参与性强等特点，与直播相比更具有传播价值，超短的制作周期和趣味化的内容对短视频制作团队的文案以及策划功底有着一定的挑战，优秀的短视频制作团队通常依托于成熟运营的自媒体或IP，除了高频稳定的内容输出外，也有强大的粉丝渠道；短视频的出现丰富了新媒体原生广告的形式。不止在抖音、快手、视频号等专业的短视频平台，短视频同样是微博、微信公众号等社交媒体的常客，当然也包括小红书、大众点评等社区分享平台，甚至在淘宝、天猫、京东等电商平台，短视频凭借其有趣的内容表现以及极强的带货能力，备受短视频运营者、品牌商、广告主、MCN机构以及消费者的青睐。短视频在各类新媒体平台中应用广泛。截至2020年12月，中国短视频用户规模为8.73亿，较2020年3月增长1.00亿，占网民整体的88.3%。

有人认为，只要每天发视频就一定会"积少成多"，总有一天"从量变到质变"。确实有人这么做了，但事实上更多的结果都是没有流量，点赞量也非常少。这种情况就是"为了发而发"造成的，其实每个发布出去的视频里都包含着非常重要的数据指标，比如视频完播率、点赞、评论的数据等，以及通过视频内容转化成粉丝的数据。运营人员可以利用这些实际的数据，通过不断分析，去优化视频内容。在内容优化的基础上，进一步实现短视频带货，推动短视频流量的变现。

短视频数据分析是每个运营达人以及电商从业者的基本功。学会数据分析，并制定出相应的执行方案，并进行测试。总结来说，一个再好的短视频也会需要数据分析，数据分析有许多用途，也会对视频的播放量、账号关注量以及带货数据的提高有极大的帮助。

9.1 短视频数据分析概述

随着短视频行业的蓬勃发展，越来越多的人涌入这个行业，如何取标题、如何剪辑等运营技巧也层出不穷，数据分析更是受到越来越多运营人员的重视。

9.1.1 短视频数据分析的含义与作用

短视频是指在各种新媒体平台上播放的、适合在移动状态和短时休闲状态下观看的、高频推送的视频内容，时间为几秒到几分钟不等。内容融合了技能分享、幽默搞怪、时尚潮流、社会热点、街头采访、公益教育、广告创意、商业定制等主题。由于内容较短，可以单独成片，也可以成为系列栏目。目前，许多短视频还具有强大的带货能力，能够实现流量的变现。图9-1所示为短视频拍摄现场。

图9-1 短视频拍摄现场

在运营短视频的过程中,运营人员除了要关注创作更有价值、更有特色的优质内容,还需要掌握一些技巧。做短视频运营,并不是简单拍个视频,配一下音乐,发布到平台就完成了,数据分析是必须学习的,这样才能更好地运营一个账号。因为短视频数据分析直接决定了我们的内容方案、引流方案、变现方案、账号布局、内容布局、粉丝布局等部分。

那么,什么是短视频数据分析呢?

从微观角度来说,即只针对短视频这一新媒体形式本身,短视频数据分析是指根据视频的播放量、点赞量、评论量、分享量以及涨粉数,对账号内容和发布情况进行调整,包括视频主题、内容、文案、类型、封面、标题等。

从宏观角度来说,短视频数据分析则需要从多个方面入手,包括搜索数据分析、账号数据分析、视频数据分析、同行数据分析、粉丝数据分析、热门视频分析。

总的说,短视频数据分析可以带来两方面价值:一是整体情况;二是数据优化。我们可以通过数据的分析来看整个账号的情况,而不是仅局限在单个视频或几个视频上。比如有没有通过视频的推送带来账号整体的粉丝增长,或者让整个账号的流量有明显的提升。

再者就是要作数据对比并进一步进行数据优化。比如前一条视频的点赞量比较低,我们就要去分析是什么原因导致的流量降低。还有点赞代表的是什么含义?转发又代表什么含义?播放代表什么含义?通过这些指标表现不断调整视频的呈现形式,这就是短视频数据分析的价值。表9-1所示为短视频数据分析的价值情况。

表9-1 短视频数据分析的价值情况

价值类型	内容
整体情况	粉丝增长、播放量趋势和粉丝用户画像数据等
数据优化	数据对比,包括播放量、点赞数、转发量等

除此之外,针对短视频数据、短视频账号数据的分析还将帮助品牌方对短视频KOL进行筛选,正确选择最适合的账号开展营销活动;还可以帮助MCN机构把握行业动向,有效且系统地管理旗下的短视频账号。

值得注意的是,时下短视频展现出的强大带货能力,紧紧吸引了短视频运营者、品牌方和MCN机构的目光,其带货数据的分析更是展现出了极大的价值。

图9-2所示为抖音和快手两大短视频概念图。

图9-2 抖音和快手两大短视频平台概念图

课堂讨论:你喜欢在哪个平台观看短视频?为什么?

9.1.2 短视频数据分析的常用指标

对于新媒体运营人员来说,有一项必须修炼的能力就是数据分析,不论作微信公众号、自媒体、微博还是短视频都需要数据分析。通过对运营账号后台数据进行统计分析,不断优化选题内容,提升粉丝黏性,增强自身竞争力。

在运营过程中,每项数据都是有存在的意义的,每项数据都代表了用户对内容的一个反馈,作为运营人员,我们必须要清楚地知道这些数据代表了什么,并且能够通过这些数据给出一个优化的方向。

在学习短视频数据的常用指标前,我们首先来了解一下短视频的算法机制。若能够把推荐机制了解清楚,就能够为爆款视频的打造奠定一个坚实的基础。因为只有在平台的规则之下进行内容创作、产出和运营维护,才有可能得到平台的青睐并推荐给广大的用户群体,为吸引大量粉丝用户群提供有效的保障。先来看一张抖音视频质量算法图,如图9-3所示。

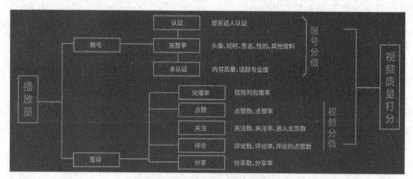

图9-3 抖音视频质量算法图

抖音的算法其实是一个漏斗机制,跟今日头条的去中心化的推荐算法原理基本一致。它分为4个步骤:双重审核、冷启动曝光、数据加权和精品推荐池。

第一,双重审核。

在抖音上,每天都有数量庞大的新视频上传,单纯地依靠机器审核很容易被一些了解机制的人钻空子,靠人工审核也不可能,所以,双重审核是筛选视频内容的第一门槛。机器审核一般是通过提前设置好的人工智能模型来识别视频画面和关键词,它主要有两个关键作用:①审核作品、文案是否有违规行为,如果疑似存在,就会被拦截进入人工审核阶段,等待人工审核;②抽取视频画面,帧节点与大数据匹配,如内容重复的,会进行低流量推荐,或者降权(仅少数人可见)。人工审核主要是针对机器审核筛选出来的作品进行二次审批,如确定违规,将会进行删除视频、降权通告、封号等处罚。

第二,冷启动曝光。

比如每天在抖音上有100人上传视频,抖音会随机给每个视频设置一个平均曝光量冷启动流量。假如你今天上传了一个视频,通过双重审核了,系统将会分配给你一个初始流量池。

第三,数据加权。

数据加权即综合地评定用户的视频内容,包括点赞、关注、评论、转发等各个维度的数据,比如说抖音先是给100万个视频的1000次曝光率,通过分析,从中挑选出各指标超过10%的视频,每条再平均分配10万次的曝光率,以此类推。抖音会结合视频发布者的账户分值来决定第二轮的推荐及推荐力度,如转发率、转粉率、点赞率、完播率,这些都是有影响的。

第四,精品推荐池。

经过前面三步的筛选,视频会进入精品推荐池,曝光率大大提升。进入精品推荐池后,视频标签就会弱化,比如说,原本你的视频只会推荐给某一类用户,但是标签弱化之后,所有用户都有机会刷到你的视频,这样会很大程度提升流量。所以,只要有一定的流量,就可以触发抖音的计算方式,加大视频的权重占比,提高视频的曝光率。

在了解了抖音短视频的算法推荐机制后,我们进一步学习短视频数据分析的常用指标。

1. 固有数据

这是指在视频制作、发布的过程中产生的且不可通过外力进行改变的固定指标。比如说,发布时间、视频时长、发布渠道等,这些都是视频发布后既有的固定属性。

固有数据也是短视频的基础属性,因此非常重要。

2. 播放量相关指标

视频拍摄完成后发布到各个渠道，接下来最关注的就是"播放量"。视频的播放情况要通过两个方面来进行评估：实际的结果量，也就是累计播放量；同期相对播放量、对比播放量。

这里简单介绍短视频播放量相关指标的两个重要指标：播放量和推荐量。除此之外，播放量相关指标还有累计播放量、昨日播放量、分日播放量、分时播放量、周期播放量、渠道播放来源、播放人数、人均播放数和播放终端。

1）播放量

播放量是分析视频时最直观的数据。播放量可以直接说明一个短视频的好坏。短视频的播放量意味着内容的曝光量，也就是说通过播放量估计有多少人看到了这个短视频。

对于运作短视频运营的人来说，对于视频播放量的分析绝不仅仅就是看看播放数据，而要通过分析播放量高的短视频进而找到共同的规律。找到规律意味着揭开了"流量密码"，打开了成功的大门。比如，我们通过收集前 50 个播放量高的视频，分析视频的选题内容、视频的标题关键词，可以得到用户对于哪些选题内容比较关心？标题多少个字最好？标题中有哪些关键词的视频推荐量比较大？这些问题都可以通过视频播放量发现，这些通过数据分析发现的规律可靠性更高，对指导我们日后的工作有着重要的参考价值。

图 9-4 所示为抖音短视频的播放量数据，在视频预览页的左下角。

图 9-4 抖音短视频的播放量数据

2）推荐量

推荐量是指平台将短视频推荐给大众的数量。在短视频的首次推荐中，如果点击率低，系统会认为该短视频不适合推荐给更多的用户，便会减少二次推荐的推荐量；如果点击率高，系统则认为视频受用户喜欢，将进一步增加推荐量。

因为这种扩大推荐的机制，作者想获得更多的播放量，就必须努力把各维度阅读数据维持在高位水平，视频首先会被推荐给一批对其最可能感兴趣的用户，这批用户产生的播放数据，将对视频下一次的推荐起到决定性作用。

3. 互动数据

短视频播放后，观众进行观看，进一步就会和观众、粉丝产生了一些互动。互动数据比较好理解，平时经常会提到的点赞、评论、转发和收藏，包括顶、踩、弹幕等，都是观众和短视频互动产生的数据。对于推荐平台，会结合我们的播放以及互动情况，综合评估决定是否为该短视频提供更多的推荐量。

1）点赞量

用户的点赞量会直接影响视频的播放量。以抖音短视频平台推荐机制为例，视频的点赞量越大，意味着用户的喜爱程度越高，那么视频的推荐量也会呈几何增长。

2）评论数

用户有的时候尽管觉得你的视频不错，但是他最多也就给你点一个赞而已，想要他进行评论，就必须给他一个评论的动力。所以有的账号会引导用户留言，有的账号会在视频当中留下一个问题和用户讨论,也有的账号会故意作出有争议的问题或者槽点,让用户忍不住在评论区进行吐槽,表达自己的观点。

3)收藏量

收藏量也是衡量一个短视频成功与否的标志之一。尤其是一些教程类的短视频,用户的收藏说明该短视频对于他有一定的价值和意义,收藏短视频的意义在于帮助自己存起这些对自己有用的视频,这样可以让自己以后再看的时候可以随时看。

另外,视频的收藏量也直接说明了用户对于这些选题内容的喜爱程度。对于规划,我们的短视频选题内容也有很高的参考价值和意义。所以那些还在为你的短视频选题苦恼的用户们应该多去自己的账号后台看看视频的收藏量情况,参考视频的收藏量规划视频选题内容。

图9-5所示为抖音短视频的点赞量、评论数和收藏量,在视频界面的右侧显示。

图9-5 抖音短视频的点赞量、评论数和收藏量

4)转发量

转发量代表了一个分享的行为。转发量比较高的内容,一般来说都是热度比较高或者质量比较高的内容,用户或是出于跟风的目的,或者是出于分享的目的转发视频。

这个数据更多的是在微博这样主要讲究分享互动的渠道更有意义。同时,微博这个渠道又是一个讲究粉丝运营的渠道。简言之,关注你的人越多,你的微博就有越多人转,就会带来更多新的粉丝,如此循环。除了实际地去看评论反馈的内容之外,两个关键数据是,一个新视频发出来后,涨了多少粉丝,以及这个视频有多少转发量。

另外,转发分享的意义还在于,可以吸引更多精准的粉丝。对于一些社交电商或者线上销售的行业来说,转发分享可以为它们带来更多精准的粉丝,提升粉丝量和营销的精准性。从长期来看,对于粉丝转化效果也非常不错。

课堂讨论: 结合具体案例,思考你在什么时候或者面对何种内容时会对该短视频进行点赞或评论或分享?

4. 相关数据指标

关注数据表现的最终目的无非是想要解答两个问题:一是视频能不能上热门;二是视频怎样才能上热门。要知道这两个问题,就要先了解短视频的相关数据指标。

1)完播率

判断一个短视频是不是优质的视频,首先要看的就是这条视频的完播率。完播率不仅仅在一定程度上代表着视频的质量,也关系着视频是否能够被系统推荐。

完播率的计算公式为:

$$完播率 = 完整的播放数 / 总播放次数$$

完播率越高,说明用户对短视频越感兴趣,更有继续看下去的意愿,也就更有可能推荐给更多的人观看。

那如何提升视频的完播率呢?

缩短视频时长,视频节奏不拖沓,视频开头吸引人或者留下悬念,都是能提升视频完播率的有效办法,在后续章节会详细进行介绍。

2)粉赞比

粉赞比体现的是一个短视频账号的吸粉能力,也就是粉丝数在点赞数中所占的比例。

粉赞比的计算公式为：

$$粉赞比 = 粉丝数 / 点赞总数$$

3）赞播比

点赞说明看到短视频的人对内容表示认可，所以赞播比体现的就是短视频受欢迎的程度。

赞播比的计算公式为：

$$赞播比 = 点赞数 / 播放量$$

4）赞评比

评论和点赞都是用户看到短视频后，对内容作出下一步的动作。

赞评比的计算公式为：

$$赞评比 = 评论数 / 点赞数$$

我们可以通过赞评比来衡量短视频在目标用户中的受欢迎程度，以及视频的互动效果率。

5. 转赞比

高转发数是打造爆款短视频的关键部分。

转赞比的计算公式为：

$$转赞比 = 转发数 / 点赞数$$

一般而言，短视频的转发数大多会比评论数要高，而且差值越多越好。这个数据在垂类（垂直领域，互联网行业术语）比较强的行业中表现得更为明显。同时，转赞比也是短视频平台用来考量视频贡献值非常关键的指标。

9.1.3 短视频数据分析的目的

不论是品牌方还是个人又或是MCN机构，制作短视频的根本目的并不是涨粉和迎合市场，大家的最终目的是一致的：获客与变现。因此，短视频数据分析的目的也是获客与变现，围绕用户将该目的进一步细化，可以总结为3个重点。

1. 确定目标用户

在运营短视频账号以及拍摄短视频之初，需要对目标用户进行调查和分析，例如，哪个年龄段的用户最有可能成为我们的忠实粉丝？他们的性别比例如何？来自哪个城市？收入水平是什么样的？有什么爱好？倾向于何种视频内容？

在诸多问题中，结合具体数据分析出粉丝的共性。

2. 确定合适的时间

在对用户进行分析的时候，其实已经对用户的活动时间进行了分析，他们平常的短视频使用习惯是怎样的？喜欢什么时间刷短视频？喜欢在哪种场景下刷短视频？这个时间就是我们发布短视频的时候，即短视频账号活跃的时候。

除此之外，在运营的过程中，也会根据发布过的短视频的数据进行分析，看看潜在用户的活跃时间，了解视频在哪个时间段获得的推荐和流量最好，然后根据这份数据，寻找到更加适合发布视频的时间。

3. 确定合适的方式

确定了目标用户和合适的发布时间，接下来就该考虑用什么样的方式，出现在目标用户的眼前，吸引到他们的目光。

同理抖音的算法和推荐机制，即通过标签来帮助我们推荐内容给目标用户。我们应该通过对视频的数据分析，及时调整内容的方向，优化标签，生产出更符合目标用户需求的内容。

9.1.4 短视频数据分析的使用策略

短视频的时间较短，碎片化阅读成为了其优势，但同时，如果想在这么短的时间里抓住用户的眼球，就要求内容有足够的创新力。那么，经过分析的短视频该如何投入使用呢？

1. 用数据确定内容方向

通常情况下，短视频内容制定都会有大致的规划及走向，但是我们不能完全掌握用户真正喜爱的方向，甚至有些用户的喜好会偏离我们的认知。所以，我们不能凭借主观判断来断定内容方向。

这时候就要借助数据的力量了，用数据来反映我们前期所做内容的效果，看看哪些内容的数据是比较好的，哪些内容是不怎么受用户喜欢的等，根据这些数据来决定短视频内容生产的方向。

一般情况下，内容制作团队会选择自己喜欢的或擅长的内容方向进行创作，因为喜欢才能做得长久，才能持续不断地产出内容。比如喜欢宠物，就可以做萌宠类的视频，先拍一些看看数据，再进一步决定创作的细分方向，其中数据主要指播放量和点赞数。

初期通过播放量和点赞数就可以判断用户对哪些视频感兴趣，他们喜欢的内容有什么特点。

2. 内容持续发布后，通过数据指导运营

内容方向确定后，运营是整个短视频生产线上最为重要的环节，上线后的运营工作琐碎繁杂，需要通过数据让运营精细化。

1）根据数据调整发布时间

内容的发布时间和形式是非常关键的，有时候相似的一份内容不同时间发布出去，产生的结果却是截然不同的。所以这时候也要借助数据来分析一下，看看哪些时间段是用户浏览的高峰期，哪些时间段发布的效果差强人意。

将这些规律摸清楚之后，在下次发布短视频的时候就可以选在一些特定的时间段中，增大曝光率。

每个视频平台都有流量高峰时间，找出各个短视频平台的流量高峰规律后，尽量选择在流量高峰时间段发布，让自己的内容获取更好的曝光量。

2）用数据指导运营侧重点

短视频制作团队在最初的时候通常都会有人力不足的情况，因此需要有很清晰的侧重点。例如，是应该在和内容匹配且数据高的渠道下功夫，还是应该着重全网的渠道铺设？

刚开始的时候如果运营力量充足，可以把所有的平台先铺上，通过数据工具的统计数据来判断哪些平台重点运营，哪些平台次运营，哪些平台只要发布就好，哪些平台需要放弃。

3. 用数据调整视频内容

用数据来指导内容策划是一件非常科学也很省心的事情，通过数据来一次次地优化内容，用户会越来越喜欢视频发布者的内容。

以抖音为例，抖音会根据算法进行推荐，不受编辑资源影响，完全靠用户行为判断，所以数据会更加有价值。抖音平台中，所有的数据参数对于推荐量和播放量都是有影响的，比如播放完成率、收藏数、转发数、评论数、退出率、播放时长等。

通过上述数据，我们总结了一些数据指标较高的短视频内容特点，如表9-2所示。

表9-2 数据指标较高的短视频内容特点汇总

数据指标	内容特点
收藏量高的短视频内容	・实用点非常多，但节奏很快 ・内容量多，一次看不完

续表

数 据 指 标	内 容 特 点
转发量高的短视频内容	• 内容非常实用 • 内容非常酷炫 • 紧跟热点 • 对朋友有帮助的
评论数高的短视频内容	• 紧跟热点 • 用户参与性强 • 有槽点或可聊性强

数据对于短视频内容创作和运营的指导作用无需多言，其使用策略也有很多，需要创作者们潜心研究，精耕细作，才能让更多的用户喜欢你的内容。

📌 **课堂讨论：** 结合所学知识，思考短视频数据分析和诊断可以用于解决短视频的哪些问题？

9.2 短视频数据分析常用工具

短视频的发展驱动着短视频带货运营数据分析平台的快速发展，但平台不平衡，运营商需要精心选择适合自己账号的数据分析平台，以达到辅助运营的目的。目前，短视频数据分析的常用工具有热浪数据、新抖数据和新快数据、清博大数据、TooBigData、短鱼儿数据、飞瓜数据、卡思数据和乐观数据等。

9.2.1 热浪数据

依托于天下秀数字科技（集团）股份有限公司多年数据积累与技术沉淀推出的"热浪数据"是短视频直播电商一站式数据服务平台（短视频直播电商 SaaS），提供各垂类社会化媒体平台数据分析服务，为品牌主、中小商家、内容创作者、MCN 机构提供多维度及全场景的数据支持；帮助用户快速聚焦带货播主、实施监测投放效果、快速掌握竞品动态、为内容创作提供热门素材引爆流量，助力用户实现商业价值增长。图 9-6 所示为热浪数据的主界面。

热浪数据的核心优势主要呈现在 4 个方面。

1. 360° 识别红人商业价值

通过红人标签、用户画像、直播数据分析等，帮助品牌方客观全面判断红人商业价值全貌，辅助进行商业决策。

图 9-6　热浪数据的主界面

2. 高效查找优质带货红人

通过红人直播数据、销售数据、热门带货视频等电商数据情况综合评估红人带货能力，快速、精准找到高契合度合作红人。

3. 洞察平台热门趋势

分钟级更新平台爆款（视频、音乐、热词、话题），助力追热点的路上不"断网"，轻松获取更多平台流量加持。

4. 分钟级监测红人直播/视频数据

实时了解红人数据变化（互动趋势、带货销量、涨粉趋势、直播互动热度、进入直播间路径等数据），优化投放策略。

9.2.2 新抖数据和新快数据

新抖数据是新榜旗下的抖音短视频 & 直播电商数据工具。提供热门视频、音乐 BGM、话题挑战赛、神评论、魔法道具等创意素材，抖音号及 MCN 机构排行查找，种草带货，直播电商、LBS 打卡探店，品牌营销策略，运营数据下载，DOU+ 投放实时监测等全面的在线数据服务。在新抖，我们还可以找到丰富的情报、深度的报道、知识百科、导航、交流社群等。图 9-7 所示为新抖数据的主界面。

图 9-7 新抖数据的主界面

新快数据是新榜旗下快手数据产品，是免费实用的快手数据工具，聚焦快手直播电商带货、选号投放、快手号运营等领域，全方位助力追直播。实时直播数据大屏，秒级追踪销量变化，多维交叉选号比号，助力账号运营及直播销量提升。图 9-8 所示为新快数据的主界面。

图 9-8 新快数据的主界面

9.2.3 清博大数据

榜单查询功能和新榜数据相似,可以查询微信、微博、头条、抖音、快手等主流以及一些非主流平台(如梨视频、西瓜视频、美拍等)Top 账号榜单,不同的是,其只有一个综合榜单,没有新榜的分类那么细。另外清博大数据还提供舆情报告、数据报告、热点订阅等功能,同样,其提供的高级功能如"活跃粉丝预估""分钟监测"等功能都是需要付费的,清博大数据提供的功能也不如新榜多,可以作为补充或与新榜配合使用。

图 9-9 所示为清博大数据的新媒体指数类型。

图 9-9　清博大数据的新媒体指数类型

9.2.4　TooBigData 数据分析工具

TooBigData 数据功能丰富,汇集抖音各大实用功能,如抖音网红排行、热门短视频、热门挑战、热门音乐、热门带货分析、账号诊断等功能,而且绝大部分的数据都是免费可以查看,如抖音热门带货分析,在 TooBigData 上可以免费查看到 Top100,对于一般用户够用了,做抖音带货的朋友可以多关注。

另外,在 TooBigData 上还可以查询快手的 Top 网红和热门视频,免费查询到的数量会比抖音更多,如可以查询到游戏类的 Top1000 账号。图 9-10 所示为 TooBigData 的主界面。

图 9-10　TooBigData 的主界面

9.2.5　短鱼儿数据

短鱼儿数据是大数据驱动的短视频直播产业链服务商,帮助企业驱动业务决策。短鱼儿数据分为"内容版"和"电商版"。

"内容版"为内容生产商、品牌方、商业化公司提供内容创意库、内容数据跟踪及分析、电商效果、营销效果评估及建议综合性解决方案,帮助企业驱动业务决策。

"电商版"则赋能商家达人，高效电商变现，深度挖掘短视频热卖商品及带货达人，实现精准选品、高效转化的电商变现。图9-11所示为短鱼儿数据的主界面。

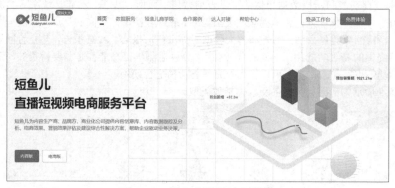

图9-11　短鱼儿数据的主界面

9.2.6　飞瓜数据

飞瓜数据是一个专业的短视频热门视频、商品及账号数据分析平台，大数据追踪短视频流量趋势，提供热门视频、音乐、爆款商品及优质账号，帮助账号运营者完成账号内容定位、粉丝增长、粉丝画像及流量变现，如果你是做专业的抖音营销，或帮客户代运营抖音，那么，飞瓜数据是必备。此外，还有热门视频及音乐、热卖商品及带货账号，这些数据分析功能都整合在一个工作台的界面，可以查询包括抖音、快手、B站、微视、秒拍等主流短视频平台数据，功能全面。图9-12所示为飞瓜数据的主界面。

图9-12　飞瓜数据的主界面

飞瓜数据包括以下特色功能。

（1）热门素材：可以搜索到当前热门音乐、热门话题、热门视频、热门评论，帮助运营者快速发现短视频平台最新热点，把握短视频热门趋势，选取更多有效素材进行创作，追热点、生产爆款视频快人一步。

（2）播主查找：可以实现播主排行榜、单一播主搜索，方便研究竞品数据和对标账号。

（3）数据监测：可以实现我的账号、我的商品、视频监控、账号对比功能。

（4）电商分析：这个功能可以将带货能力数据进行分析，包括电商视频搜索、好物榜、热门店铺排行榜、电商达人销量榜。帮助电商企业进行选品和销量分析。

除此之外，通过飞瓜数据还能搜集到品牌排行、品牌对比、淘客推广排行等数据，挖掘短视频热卖商品及优质带货达人。

9.2.7 卡思数据

卡思数据是国内权威的视频全网数据开放平台，依托专业的数据挖掘与分析能力，为视频内容创作者在节目创作和用户运营方面提供数据支持，为广告主的广告投放提供数据参考和效果监测，为内容投资提供全面客观的价值评估。

卡思数据涵盖抖音、快手、B站、美拍、秒拍、西瓜视频、火山小视频等，主要功能是网红榜单查询、行业资讯、平台玩法等，免费版的榜单查询，可以查询到Top100的网红榜单。如果需要更多高级功能，就得付费了。专门的卡思商业版，分为：①红人智选，帮助广告主进行一些网红分析；②监测分析，对账号的一些数据进行分钟级的监测，实时把控数据变动；③榜单查询，各短视频平台的红人排行榜；④电商带货分析，热销商品榜和热门带货视频榜；⑤创意洞察，分析热门视频素材。图9-13所示为卡思数据主界面。

图9-13 卡思数据主界面

9.2.8 乐观数据

乐观数据是一款短视频数据分析监测平台，利用数据挖掘和分析能力，追踪热门视频和音乐，为短视频创作者提供创意参考，账户数据分析。用户可以通过它查询24小时内最热门视频，可根据领域、点赞数进行筛选，提供视频创意，让创作者的创作有思路。对短视频账户进行监控，通过对账户的粉丝、点赞、评论、转发等数据进行统计分析，跟踪增长因素，对视频内容进行调整，另外还具有网红排行榜，让创作者对自己的内容创作进行定位；电商带货分析，同样是对热销商品进行排行。

乐观数据2.0版本则以短视频为主体对象，开放了多种功能。

"创意直击"模块提供全网的抖音视频大数据，快速发现抖音最新热点，把握短视频热门趋势，追热点、生产爆款视频快人一步。表9-3所示为乐观数据2.0版本的"创意直击"功能汇总表。

表9-3 乐观数据2.0版本的"创意直击"功能汇总表

功　　能	内　　容
热门视频	实时更新全网最火视频，省时省力找到爆款视频，可以作为模仿对象，快速产出，也可以作为创意源点，参考创作思路
劲爆音乐	实时更新百万热门音乐，为短视频插入更具有流量潜力的音乐

功　能	内　容
前沿话题、热搜榜	了解抖音平台最新热点和话题，巧妙融入内容创作中，并获取更大的流量和推荐
热门评论	发现抖音最热的优质音乐，与内容形成完美的结合

除此之外，乐观数据 2.0 版本还有以下功能。

（1）"数据洞察"模块实时跟踪需要关注的短视频账号相关数据，数据资源更广泛、精准。

（2）"视频号管理"模块分组管理多个短视频账号，随时了解这些账号的粉丝数据，第一时间发现爆款视频内容及火爆情况演变。

（3）"视频监测"模块单位时间内的视频点赞、评论、转发数据全输出。

（4）"商品变现"模块，从"热门商品""热门品牌""电商达人搜索""昨日带货榜""短视频好物榜""热门店铺排行"等 7 大领域多维度分析商品变现的底层逻辑，为短视频播主选品带货提供数据参考。

课堂讨论： 你还知道哪些短视频数据分析工具？请与同学们进行分享。

9.3　短视频数据分析优化

短视频数据分析优化建立在短视频数据漏斗模型上。

漏斗模型是数据分析的一种常见模型，对应了营销的各个环节。每个任务目标都需要多个步骤方可达成。将任务流程化，建立漏斗模型，根据提升难度进行排序，就形成了层层缩减的漏斗。对于这一指标来说，漏斗层级自上而下依次是完播率、点赞数、评论数、收藏数和转发数。

图 9-14 所示为短视频数据漏斗模型。

那么，我们该如何提升这些数据指标呢？下面我们就以此来学习。

图 9-14　短视频数据漏斗模型

9.3.1　提升短视频的完播率

一个短视频如果用户点开但看不完就划走了，说明该视频的内容不吸引人或者没有什么价值。提升短视频的完播率有以下几种方法。

1. 在作品中植入引导作品完播的元素

一般在封面文案引导，比如"作品更后有彩蛋"或者"作品更后有惊喜"等。

2. 打造作品垂直度，使作品曝光到精准用户面前

短视频作品的垂直度是短视频创业的重中之重，常说的封面标题很重要，也是建立在垂直度统一的情况下，才能吸引精准用户，否则吸引来的就是泛粉。

3. 保证作品有内容有价值的前提下，适当缩短作品时长

适当缩短作品时长是为了防止视频注水，视频注入过多没用的内容，会有意想不到的赶客效果，因此应删掉那些没用的内容。

4. "爆点"前置，直奔主题

在各大短视频平台，视频前几秒的内容很重要。最好在开头给用户一个强吸引力的东西，不要拖泥带水，快速切入抓住用户注意，先提高 5 秒完播率。因为用户只有几秒的判断时间，如果开头拖沓，没有吸引力，大部分用户就不会看完视频。

5. 只讲重点

短视频浓缩就是精华。切记在视频里不要多余的话，不要太多铺垫，只需要讲重点，将最精彩的部分提前，这样才能吸引用户看完整个视频。

6. 制造冲突

可以在视频里面设置有争议的观点，制造矛盾冲突，吸引用户发表自己的观点，讨论留言。

7. 脚本构造

脚本一定要有起承转合。无论是什么样的脚本，都应该留有悬念、有否定、有质疑、有"后面有干货"的预期，这样用户才会有兴趣继续看下去。

8. 画面精致

应该尽可能提高视频的画面质感，画质、配色、角度等都需要注意。

9. 注意背景音乐

多用当下热度高的背景音乐，往往比不配音乐要好很多。

9.3.2 提升短视频的点赞数

点赞数是体现用户对短视频内容是否喜爱的关键指标，提升短视频点赞数有以下几种方法。

1. 在结尾处刺激用户点赞

数据显示，抖音大部分用户的点赞时刻是接近视频结束时，这就需要我们的视频对用户有强烈吸引力，并能让用户把视频看完。当用户看完时，我们需要设置一个点，刺激用户点赞。

例如，把最具有启发的内容放在结尾位置，触动用户的心弦，让用户认为这么好的内容，必须点个赞；或者在结尾处加入转折，给人一种出其不意的感觉，让人看完视频后觉得这个创意有意思，值得点赞。

2. 在视频中进行暗示

很多视频创造者通常会让用户做一个关于视频的小承诺，比方说会在标题和视频内容里加一句"看完一定要点赞"等。等用户看完之后，点赞的几率就会大大提高，因为用户一旦继续往下看了，这就相当于做了一个小小的承诺。

3. 做有价值的内容，提醒用户点赞收藏

很多用户常常会遇到这样的问题，看到一个非常不错的视频内容，下次还想再找来看的话，很难找到。有经验的用户通常会选择点赞，在下次要找的时候直接翻开点赞列表就可以看到了。

4. 从众心理

个人受到外界人群行为的影响，在自己的知觉、判断、认识上表现出符合于公众舆论或多数人的行为方式就是从众心理。很多人都会看到别人正在做，就觉得这一种行为是恰当的。所以，当一个视频的点赞量很高的时候，大部分人也会下意识地点赞。

9.3.3 提升短视频的评论数

一个短视频评论数的多少意味着用户对短视频内容感兴趣的程度。我们可以通过以下方法提升短视频的评论数。

1. 增加信息量

在短时间内表达大量观点，这就大大增加了信息量。观点越多，用户获取的信息就会越多。当信息较多时，难免会有一些观点能与用户产生共鸣或者引发争议，这时，用户就会通过评论来表达自己的观点。

2. 制造话题

在视频中制造话题，能非常有效地引发用户互动。当用户认同时，用户就可能会表示"还真是这样"；而当用户不认同时，用户就可能会在评论区里表达自己的看法。无论用户是否认同，只要你制造了话题，用户都会更愿意参与评论。

9.3.4 提升短视频的收藏数和转发数

如果你能有效地增加评论数，其实也就能理解应该如何增加转发数。我们可以通过同样的思路来增加转发数，这个思路就是增强话题感，引发用户的表达欲望，特别是增强用户的认同感。所谓认同感，是指这条视频让用户感同身受，说出了用户一直想说的话。当视频的话题感足够强时，用户就会转发，让更多的人看到自己认同的东西。

除此之外，我们还可以使用以下几种方法来推动用户对短视频进行收藏或转发。

1. 传递同等价值观

在引发用户转发的时候强调的是一种内容的共鸣。传递同等价值观，这样可以提升用户的认同感。所以，富有正能量的视频内容其实是很受欢迎的，加上适当的幽默感和恰到好处的表达，就能够博得用户的好感。另外，内容不能脱离目标用户的身份，应设身处地设想内容，营造贴合他们身份的环境，引起目标用户强烈的共鸣。

2. 有用的内容

这种技巧是比较好操作的，即内容对用户有用就可以。一个推荐书单、一个游戏攻略或者一个下载地址都可以成为对用户有用的东西。比如做生活类的短视频栏目，每天更新一个实用的小技巧，这样的内容都能得到不错的转发量，因为这个技巧对用户是有帮助的。

3. 培养用户的参与感

培养用户的参与感是模仿最重要的作用。具有一定争议的话题，同样能够引起用户的投票和讨论。但是要注意在评论区做好引导，如果策划得好，这种类型的短视频转发量也会比较高。

4. 感染自己的粉丝用户

要注意感染自己的粉丝用户，简单来说就是不要高高在上。另外，也要注意在评论区经常与粉丝用户互动，增强粉丝用户的黏性。

> **课堂讨论：** 思考还可以使用哪些方法对短视频数据指标进行优化。

9.4 短视频数据分析实例

在了解了短视频数据分析的概述与常用工具后，下一步便是要将工具的使用投入到对应的短视频运营过程中去，帮助我们解决现实中出现的问题。

9.4.1 新抖数据助力短视频带货选品

短视频在带货能力上展现出了非凡的天赋，不仅诸多品牌商和广告主选择使用短视频进行品牌营销，许多短视频创作者也希望通过短视频创作，进而实现流量的变现。在此，有一个问题总是困扰着短视频创作者们，那就是究竟该如何挑选商品。

以新抖数据为例，学习如何使用该平台的"商品"功能，助力短视频创作者完成带货选品工作。需要注意的是，新抖数据主要针对抖音短视频平台，因此我们的示例数据等均来自抖音平台。

在新抖数据平台的"商品"功能页签下，包含了5个小功能，即"查找商品""热门商品排行""热门带货视频""种草视频搜索"和"抖音·商品分享热榜"，如图9-15所示。

图9-15　新抖数据平台的"商品"功能页签

1. 查找商品

"查找商品"功能通过检索商品、店铺或品牌名称等关键词，并且可以对商品品类、平台来源、价格、佣金比例、更新时间、昨日销量、昨日浏览量、近30天销量和近30天关联达人等内容条件进行筛选，查找自己的目标商品。

需要注意的是，数据中"更新时间"是指每日14点更新昨日销量和浏览量数据；"销量"是指商品在抖音上销售的订单数量；"浏览量"是指商品在抖音上被浏览的次数；"近30天关联达人"是指新抖统计到的该商品在近30天关联的视频或直播对应的达人，相同达人已去重。图9-16所示为"查找商品"功能的检索界面。

图9-16　"查找商品"功能的检索界面

通过上一步检索后，可以看到对应的商品显示列表，其中信息包括商品、价格、佣金比例、近30天关联达人、昨日浏览量、昨日销量、近30天销量和操作等信息。短视频运营者可以根据上述信息，选择适合的商品。图9-17所示为"查找商品"功能的商品显示列表。

图9-17　"查找商品"功能的商品显示列表

2. 热门商品排行

"热门商品排行"功能可以通过筛选商品品类、来源平台、统计时间段、排序字段等条件内容，查看抖音热门商品排行榜。热门排行榜中包含排名、商品、关联视频、关联直播、抖音浏览和抖音销量等信息。

短视频运营者可以针对排行榜上榜商品,结合个人具体情况,选择较为热门的商品进行短视频带货,更有利于在抖音平台获得流量,从而赚取更多的佣金。图 9-18 所示为"热门商品排行"功能界面。

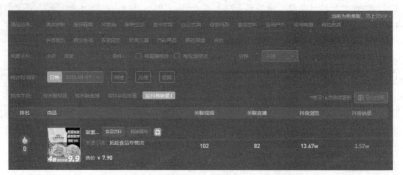

图 9-18 "热门商品排行"功能界面

3. 热门带货视频

"热门带货视频"功能下包括"搜索带货视频"和"带货视频排行"两个功能,我们主要来看"搜索带货视频"功能,通过检索商品名称和视频描述进行检索,查看较为热门的带货视频。图 9-19 所示为"热门带货视频"功能的检索界面。

图 9-19 "热门带货视频"功能的检索界面

通过检索后,可以看到相关的热门带货视频,包括排名、视频信息、分享、评论、获赞以及预估销量等信息。短视频运营者可以通过查找同类型或同款目标商品的热门带货视频,找寻这些视频能够成为热门的原因,进一步总结其中规律,应用到个人短视频创作中。图 9-20 所示为"热门带货视频"功能的"搜索带货视频"界面。

图 9-20 "热门带货视频"功能的"搜索带货视频"界面

4. 种草视频搜索

"种草视频搜索"功能是通过检索种草标题或视频描述，展示相关的抖音视频。该功能有两个使用细节值得我们关注：第一，可以对检索结果进行高级筛选，包括数据表现、观众画像和作者类别；第二，短视频内容显示规律可分别按视频获赞数、评论数、分享数排序。上述两个细节可以帮助短视频运营者通过该功能，更加细致地了解相关可借鉴视频的详细信息，以便于匹配个人实际条件或特殊需求，更好地服务于个人短视频创作。值得注意的是，"种草视频搜索"功能中统计样本是指有种草标记的视频。

图 9-21 所示为"种草视频搜索"功能的主界面。

5. 抖音·商品分享热榜

"抖音·商品分享热榜"功能是针对抖音品牌，汇总相关带货视频的数据，总结商品分享热榜。其中数据来源来自抖音官方的小店达人榜，排序规则则是按前一天成功分享商品的数量进行排名。该功能有利于帮助短视频运营者更全面地掌握抖音平台中短视频商品分享的热门方向，进一步辅助个人进行选品工作。

图 9-22 所示为"抖音·商品分享热榜"功能的界面。

图 9-21 "种草视频搜索"功能的主界面

图 9-22 "抖音·商品分享热榜"功能的界面

课堂讨论： 结合某款数据分析工具，思考其哪些功能有助于短视频带货选品工作？为什么？

9.4.2 通过短鱼儿数据把握短视频创作热点

对于短视频创作，其中技巧无外乎以下几种。
（1）坚持原创，持续输出；
（2）各类火爆 BGM 特效不要错过；
（3）善于发掘身边的"热点事"；
（4）学会"蹭热点"；
（5）选题要新颖有创意；
（6）保证内容的垂直度；
（7）保证内容质量和更新频率；
（8）互动裂变。

其中，"增热点"这一技巧大家应该都不陌生，但是对于稍纵即逝的流行风向以及短视频用户变幻莫测的趣味偏好，把握行业热点似乎是一件非常困难的事情。下面就从"蹭热点"出发，通过讲解短鱼儿数据这一款短视频数据分析工具，帮助大家掌握如何通过数据牢牢抓住短视频的创作热点。

在短鱼儿数据平台中，"素材/视频"页签下汇集了诸多抖音平台的热门内容，用于帮助短视频运营者学习热点、把握热点、追逐热点，最终实现流量的导入。该页签下包含4个功能，即"热门视频""热搜话题""热门音乐"和"影视综艺榜"，如图9-23所示。

图 9-23　短鱼儿数据平台的"素材/视频"页签

1. 热门视频

"热门视频"功能可以通过检索关键词或视频链接查找热门的抖音短视频，同时可以在分类、视频筛选、点赞数、评论数、分享数和视频时长等标准维度上进行筛选，帮助短视频运营者找到最适合他们的短视频内容，用于分析其中的创作规律，归为己用。

下面以"美食"为关键词在抖音热门搜索视频中进行检索。图9-24所示为"热门视频"功能的主界面。

图 9-24　"热门视频"功能的主界面

通过检索可以查看与"美食"这一关键词相关的热门的抖音短视频，视频可以按照发布时间进行查看，便于更好地掌握内容的时效性。同时还可以按照"点赞最多""评论最多"和"分享最多"查看视频，以便于我们可以针对性分析用户喜欢的内容、乐于评论的内容以及乐于分享的内容各自具有什么属性。

就短视频本身而言，会展示其发布时间、标题、点赞量、评论量、转发量、发布者和粉丝数等信息。

图9-25所示为"热门视频"功能的"美食"检索界面。

图 9-25　"热门视频"功能的"美食"检索界面

2. 热搜话题

"热搜话题"功能可以展示抖音热搜话题前 50 名,可以通过统计时间段进行查看。值得注意的是,最新榜单与抖音 App 热搜榜单一致;若选择了时间范围,则数据来自近 N 小时里,按热度峰值排序的话题。

除此之外,榜单中包括了排名、内容、热度指数、首次上榜时间、上榜次数和关联视频等信息。这里有两个概念需要注意:一是首次上榜时间,指该话题第一次登上"抖音热搜话题 Top50"榜单的时间;二是"上榜次数",指从首次上榜时间到最近一次更新时间里,该话题总共出现了多少次。上榜次数越多,说明该话题的热度持续时间越长。

短视频运营者可以通过该功能了解抖音的热搜话题,也可以结合话题查看相关的优质视频,把握创作方向。

图 9-26 所示为"热搜话题"功能的主界面。

图 9-26　"热搜话题"功能的主界面

3. 热门音乐

音乐是短视频重要的组成部分,不少名不见经传的音乐都是依靠抖音短视频而广为大众熟知,大放异彩。"热门音乐"功能可以展示在某一时间段内,抖音热门音乐的热度排行,其中包含 3 个详细榜单,即"热歌榜""飙升榜"和"原创榜"。图 9-27 所示为"热门音乐"功能的筛选栏。

图 9-27　"热门音乐"功能的筛选栏

以"热歌榜"为例,榜单展示了热门音乐、总使用次数、分类以及相关热门视频等信息。其中的"分类"信息特别值得我们关注,可以看到排在前两名的音乐分别是《门没锁》和《11》,对应的分类分别是"搞笑、帅哥、穿搭"与"剧情、情感、穿搭",可见不同的音乐类型会匹配不同的短视频内容。由此,我们可以通过该音乐的标签判断其搭配的短视频内容类型,更好地为内容选择配乐。同时,该功能中的"试听"功能,也为短视频运营者提供了极大的便利。

图 9-28 所示为"热门音乐"功能的"热歌榜"界面。

4. 影视综艺榜

短视频与影视综艺同为视听内容,因此其中存在诸多联系,例如,一些短视频内容取材于影视综艺内容、一些影视综艺内容会使用短视频的方式进行营销推广。"影视综艺榜"功能可以查看"电影榜""电视剧榜"和"综艺榜"的热门内容,该功能提供了影视综艺的排名、影视名称、热度值和相关热门视频等信息,短视频运营者可以通过该功能,把握抖音平台上热门的影视综艺内容。图 9-29 所示为"影视综艺榜"功能的主界面。

图 9-28　"热门音乐"功能的"热歌榜"界面

图 9-29　"影视综艺榜"功能的主界面

课堂讨论： 思考还有哪些短视频数据分析工具的哪些功能可以帮助我们进行短视频创作？

9.5　本章小结

短视频在短短几年间火遍互联网,成为网民们喜闻乐见的娱乐方式之一,更成为各大新媒体平台的"宠儿"。尤其是其身上呈现出的"带货"属性,又吸引着短视频运营者、品牌商、广告主和 MCN 机构。上述各方对于短视频的愿景,都离不开数据分析与数据诊断的支持,由此我们在本章围绕短视频数据分析的主题,首先学习了短视频数据分析概述,包括其含义、作用、常用指标、目的和使用策略,其次进一步了解了短视频数据分析的常用工具,在此基础上掌握了短视频和带货选品与把握热点进行创作的方法及技巧等内容,全面掌握短视频数据分析的相关知识。本章精选多家中国互联网企业的典型案例,注重讲述中国企业故事,传播中国新媒体发展正能量。

第10章　网络直播数据分析

随着网络信息的暴增、产品信息的公开化，越来越多掌握了产品信息的用户对于广告持予理性化对待，强调选品自主性。用户开始广泛搜寻产品信息、决策方法，并作出合理的购买行为。后疫情时代，居民对于手机移动端的依赖性空前提高，网络直播崛起，用户在网络直播间在线时长大幅度提升。用户通过主播的介绍话术进行广泛"种草"以及信息搜集，最后在电商平台进行转化。网络直播在环境以及众多资本入场的助推下赢得一片繁荣。

网络直播产业加速发展，人才、资源快速整合，行业估值不断提升，投资者、投机者也纷纷入局，网络直播带货成了疫情时代背景下万人瞩目的风口。

那么，想要在众多的网络直播平台中脱颖而出，提升忠诚用户的转化率与活跃度、快速增长，是否有系统的经验和方法呢？最近火热的数据驱动、数据增长等方法，如何适用于网络直播领域呢？通过数据分析，真的就能更深入理解用户、挖掘出用户新鲜有趣的体验吗？

想要解决上述问题，就要从网络直播数据分析出发，通过数据挖掘问题，结合提问提出优化方案，推动直播间更上一层楼。

10.1　网络直播数据分析概述

网络直播是在移动互联化的语境下，通过互联网媒体介质，将某人某物某事件当下发生的即时状况展示给终端用户以满足用户各种需求的一种新的高互动性互联网新态势。这种传播方式吸取和延续了互联网的优势，利用互联网的直观、快速，表现形式好、内容丰富、交互性强、地域不受限制、受众可划分等特点，加强活动现场的推广效果。

目前网络直播的变现方式有以下3种。

第一种是基础薪金。网络直播平台会根据主播每小时的网络直播人气支付薪水。例如，每小时的人气在5万以上的主播，一小时付多少钱。针对这种变现模式，网络主播的收入跟人气成正比，人气越高，收入越高。

第二种是用户礼物。网友花钱买礼物送给网络主播，网络主播在平台层层扣款后拿到分成。这种模式不仅依赖于主播的人气，更依赖于网络主播的个人魅力。

第三种是商业变现。例如，接广告、卖东西等，赋予其电商的性质。目前，第三种变现方式中最常见的形式，也是时下最火热的电商途径，就是网络直播带货。如今，不管是哪个购物软件或短视频软件，都能看见网络直播带货的身影。网络直播带货带来的巨大流量和高销售量让其在2022年持续火爆。本节所分享的网络数据分析则主要针对"网络直播带货"这一形式展开。

图10-1所示为直播带货现场。

10.1.1　网络直播数据分析的含义与作用

直播电商在2016年左右出现，在2019年至今达到

图10-1　直播带货现场

一个爆发期，预计未来几年还会有增长趋势。直播电商的直接参与者主要有：直播平台、品牌商、MCN 机构、第三方服务商等。

在互联网平台做网络直播带货和在传统电视购物频道带货的一个巨大区别，就是粉丝的可控化和数据的可视化。我们能够通过数据的方式来衡量网络直播的效果，因此，网络直播数据分析非常重要。

网络直播数据分析主要是指通过对直播间数据的搜集与分析，判断直播间存在哪些问题，对具体问题进行优化，进一步提高直播间的流量和销售额。图 10-2 所示为抖查查数据大屏。

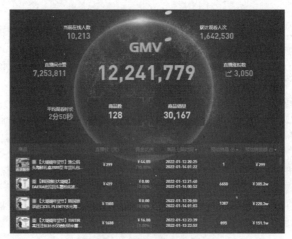

图 10-2　抖查查数据大屏

之所以做数据分析，是为了发现并解决直播运营中出现的问题，从而推动直播业务增长。根据想要解决的问题类型，可以将网络直播数据分析的作用分为 4 个方面，如图 10-3 所示。

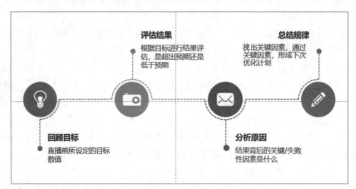

图 10-3　网络直播数据分析的作用

1. 回顾目标

回顾直播前所设定的目标。

2. 评估结果

根据目标进行结果评估，是超出预期还是低于预期。

3. 分析原因

结果背后的关键 / 失败性因素是什么？商家在直播的过程中，也许会遇到用户流量有时很多，而有时却大量流失的情况，出现这种波动后，可以通过数据分析来找出原因。

4. 总结规律

找出关键因素，通过关键因素，形成下次优化计划。在某些情况下，直播运营人员还可以通过数据推测平台算法，发现其中的规律，对直播内容做相应调整。

常言道："知己知彼，百战不殆。"直播运营人员要充分利用数据分析的方法来了解自己、了解竞争对手，及时调整直播策略，方能运筹帷幄。

总之，网络直播数据运营工作要求商家或个人从开播第一天就养成看数据、分析数据的习惯。所以，从这个角度上说，无论你要做多少场网络直播，每场网络直播结束后都要做数据分析。

课堂讨论：你平常观看带货直播吗？分享你的个人经历。

10.1.2 网络直播数据分析的常用指标

直播带货的过程中，对整个直播带货过程结合相关数据进行复盘是一项重要的任务，只有做好严谨、全面的分析后才能让下次的直播带货效果更好。需要注意的是，直播带货的效果需要结合相关数据指标进行判断，因此本节主要介绍网络直播数据分析的常用指标。

直播数据分析的常用指标包含4个类型：人气指标、互动指标、商品指标和订单指标，如图10-4所示。

图10-4 直播数据分析的常用指标

图10-5所示为某商家抖音直播"电商罗盘"数据。

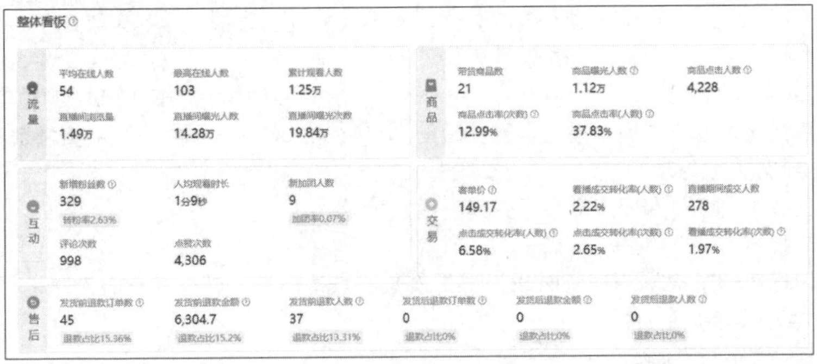

图10-5 某商家抖音直播"电商罗盘"数据

1. 人气指标——直播间流量体现

人气指标包括直播间累计观看人次、直播间累计观看人数、最高在线人数、平均在线人数、进入直播间人数和离开直播间人数。

1）直播间累计观看人次

累计观看人次指累计进入该直播间的次数，俗称场观或 PV（Page View），该数据反映了这场直播在哪个流量层级。例如，2020 年快手春晚直播间累计观看人次 7.8 亿，理塘丁真的本场直播间累计观看人次达 1459.4 万。

图 10-6 所示为理塘丁真本场累计观看人次统计数据，达到了 1459.4 万。

2）直播间累计观看人数

累计观看人数指累计进入该直播间的人数，俗称 UV（Unique Visitor）。

需要注意的是，当累计观看人次和累计观看人数数值越大，一定程度上说明观众对于直播间黏性越大，离开了还会回来。图 10-7 所示为某主播累计观看人次的数据，达到了 85.5 万。

图 10-6　理塘丁真本场累计观看人次统计数据　　图 10-7　某主播累计观看人次的数据

3）最高在线人数

最高在线人数（Peak Concurrent Users，PCU）指该场直播最高同时在线人数。我们可以分析在该时段内直播间主播使用了怎样的销售话术或者是直播间运营人员采用了哪些运营手段，探索吸引用户观看直播的元素。为河南洪灾捐款捐物的国货品牌鸿星尔克的直播间在其善行消息传开后的 52 小时里，淘宝直播间销售额突破 1 亿，观看人次超过 1.5 亿，最高直播间在线人数破 80 万，新增粉丝 530 万，成了当时的网红。图 10-8 所示为鸿星尔克直播间直播数据。

4）平均在线人数

平均在线人数（Average Concurrent Users，ACU）指累计进入该直播间的人数。与最高在线人数做对比，差距较大说明直播间流量承载力不稳定，或流量不精准等。

图 10-8　鸿星尔克直播间直播数据

5）进入直播间人数

进入直播间人数即本场直播进入直播间的用户数量。

6）离开直播间人数

离开直播间人数即本场直播离开直播的用户数量。

2. 互动指标——用户兴趣体现

互动指标包括用户平均停留时长、评论次数、点赞次数、转发次数、新增粉丝数、新加团人数和本场掉粉数。

1）用户平均停留时长

平均停留时长又叫平均驻留时间或平均观看时长，指本场平均每个用户的观看时长。时间越长代表直播间整体内容越吸引用户，观众黏性越高。图 10-9 所示为某直播间平均观看时长的数据统计。

2）评论次数/弹幕次数

评论次数是指直播间的用户的评论数量，所有评论会以弹幕的形式展现在直播界面，主播可以根据评论内容与观众进行互动。一般情况下，该数据指标等同于弹幕次数。图 10-10 所示为淘宝直播的评论（弹幕）区域，在直播页面左下角。

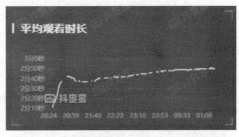

图 10-9　某直播间平均观看时长的数据统计

3）点赞次数

点赞次数是指用户对直播间的点赞互动行为数量。评论次数和点赞次数的数量体现出一个直播间受欢迎的程度以及其热度，数量越大，直播间受欢迎程度越高，热度越高。图 10-11 所示为淘宝直播的点赞次数，在直播页面右下角，可以看到该直播间累计点赞次数达到了 557.48 万。

图 10-10　淘宝直播的评论（弹幕）区域

图 10-11　淘宝直播的点赞次数

4）转发次数

直播间转发次数即本场直播中，该直播被用户转发到其他平台的次数。

5）新增粉丝数

新增粉丝数指在本场直播期间，该主播所增加的粉丝数量。这里补充一个概念，转粉率。转粉率的计算公式为：

$$转粉率 = 单场直播新增粉丝数 / 累计观看人数$$

转粉率数据反映直播间整体内容是否有价值，也反映新增长的潜力，是一项非常重要的直播间数据指标。目前，电商直播的行业平均转粉率大致为 3.5% 左右。

6）新加团人数

新加团人数指在本场直播期间，加入主播粉丝团的人数。

7）本场掉粉数

本场掉粉数指在本场直播期间，该主播流失粉丝的数量。

3. 商品指标——商品兴趣体现

商品指标包括带货商品数、动销商品数、商品曝光人数和商品点击人数。

1）带货商品数

带货商品数是指本场直播期间，该主播销售的商品总量，该数据直接反映了直播间的直播效益以及主播的带货能力。

2）动销商品数

动销商品数是指上架的全部产品中，有销量的产品数量，其计算公式为：

$$商品动销率 =（动销品种数 / 仓库总品种数）\times 100\%$$

3）商品曝光人数

商品曝光人数是指直播间内讲解商品卡展示、闪购商品展示、点击购物车后的商品列表的商品展示去重用户总数。曝光人数数量越大，说明用户对商品感兴趣。

4）商品点击人数

商品点击人数指直播间内讲解商品卡展示、闪购商品展示、点击购物车后的商品列表的商品点击去重用户总数。点击人数越多，说明用户下单欲望越强。

4. 订单指标——变现效率体现

订单指标包括直播期间成交金额、直播期间成交人数、直播期间成交件数、直播期间订单生效数、GPM、UV 价值和直播看客单价等。

1）直播期间成交金额

直播期间成交金额是指在直播期间全渠道关联店铺商品的支付成交总额，又称直播期间累计 GMV（Gross Merchandise Volume）。该数据指标最直观地反映了本次直播最终整体成交转化结果。图 10-12 所示为某电商主播直播间的销售数据，其中预估销售额达到 1000 万。

排行	基本信息	观看次数	粉丝增数	商品数	客单价（估）	销量（估）	销售额（估）	开播时段	操作
01	化妆教程 年货节 零... 所属主播：李佳琦Austin	0.59亿	703	165	78.20	0.10亿	1000万+	起：2022-01-10 18:06:59 止：2022-01-11 01:00:48 时长：6h53m49s	

图 10-12　某电商主播直播间的销售数据

2）直播期间成交人数

直播期间成交人数是指在本场直播期间，在该直播间下单并完成支付的汇总去重人数。成交人数越多，说明直播间整体转化能力越强。

3）直播期间成交件数

直播期间成交件数是指在本场直播期间，直播间能成交的商品件数。例如，一个顾客在本次直播中完成了两个订单，则视为成交两件。

4）直播期间订单生效数

直播期间订单生效数是指在本场直播期间，已经生效的订单数量。

5）千次观看成交金额（GPM）

千次观看成交金额是衡量网络推广或者电商视频带货效果的重要指标。通俗地说，就是带货直播被观看一千次，所产生的购买量和成交金额是多少，反映每千次观看带来的成交金额，一定程度代表了流量效率。千次观看成交金额的计算公式为直播间（或短视频）关联商品在直播间的直接成交金额和播次数之间的比值乘以 1000，表示每千次观看带来的成交金额。

在现代电商推广中，所需的展示量通常也需要资金购买，如果千次观看成交金额效果不佳，甚至难以支撑流量费用，则说明推广效果不佳，视频或者直播仍然需要优化，如果千次观看成交金额可观，就代表一个推广的成功。

抖音用一年的时间，完成了传统电商平台不可能完成的事。从 2021 年 1 月到 2022 年 1 月，抖音电商的商品交易总额增长超过 50 倍，如图 10-13 所示。这意味着全新的线上零售赛道已初具规模。

6）UV 价值

UV 价值表示平均每个观看用户给直播间贡献的成交金额。数值越高说明用户贡献的价值越大，一定程度代表了人群质量及精准度。

图 10-13　抖音电商的商品交易数据图

UV 价值计算公式为：

$$UV\ 价值 = 直播交易额（GMV）/ 观看用户数$$

7）直播看客单价

直播看客单价其实就是指平均每个买家支付的金额，反映平均每个用户成交金额的水平，越高说明用户质量越高，越有购买力，直播看客单价的计算公式为：

$$直播看客单价 = 直播交易额 / 直播交易笔数$$

除了上述 4 类网络直播数据的常用指标外，我们再来简单了解一下直播间的相关转化率。

转化率包括直播间点击率、曝光转化率、点击转化率、创建转化率、成交转化率和带货转化率。

第一，直播间点击率（Click-through Rate，CTR）。

直播间点击率的计算公式为：

$$直播间点击率 = 直播间点击数 / 直播间页面展示$$

影响直播间点击率的因素有 3 种：直播间观感（直播间主播、背景、贴片、音乐、动线）；直播间文案（发布直播间的有效文案）；直播间内容（高精准流量切入直播间时，主播的表现力、话术、对应商品）。图 10-14 所示为淘宝直播封面页。

第二，曝光转化率。

曝光转化率的计算公式为：

$$曝光转化率 = 直播间商品曝光人数 / 进入直播间人数$$

该数据指标一定程度上反映了直播间商品或预览封面图的吸引力。

第三，点击转化率。

点击转化率的计算公式为：

$$点击转化率 = 直播间商品点击人数 / 直播间商品曝光人数$$

该数据指标一定程度上反映主播讲解商品能力及商品性价比。

第四，创建转化率。

创建转化率的计算公式为：

$$创建转化率 = 直播间创建订单人数 / 直播间商品点击人数$$

该数据指标一定程度上反映主播引导促单能力。

第五，成交转化率。

成交转化率的计算公式为：

$$成交转化率 = 直播间成交订单人数 / 进入直播间人数$$

该数据指标反映整个直播间人货场互相匹配的转化能力。

第六，带货转化率。

带货转化率为观看直播的用户产生购买行为的一个带货指标，可以直观地反映出该主播直播间的带货能力。带货转化率的计算公式为：

$$带货转化率 = 直播带货转化率 = 直播期间销量 / 直播间总人数$$

结合上述所学知识，下面我们来简单了解一下直播间数据漏斗转化模型。

对于直播间的数据指标来说，漏斗层级自上而下依次是直播间展示人数、进入直播间人数、商品曝光人数、商品点击人数、创建订单人数和成交人数。图 10-15 所示为直播间数据漏斗转化模型。

课堂讨论：你还知道哪些网络直播数据分析的指标？

图 10-14　淘宝直播封面页　　　　图 10-15　直播间数据漏斗转化模型

10.1.3　网络直播数据分析的要点

网络直播数据分析有 4 个要点。

1. 数据是内容质量的展现

在网络直播数据分析里面要关注的第一个要点就是，数据是内容质量的展现。对于大部分直播平台，其本身就是一个内容的平台，是以优质的内容作为主导，那么优质的内容体现在哪里呢？其实就是体现在过程数据上。

直播间消费的过程路径如下：用户进入直播间并停留，再听主播介绍产品，点击商品详情页最终下单形成一个消费闭环。以上路径中的各项过程数据，都反映了整个直播间状况的一个数据反馈。所以针对直播间的各项指标数据来做一个针对性的提高优化，以获取更多、更精准、更优质的流量，去助力直播，卖出去更多货品。

2. 消费者决策路径

网络直播消费者的一个决策路径可以概括为：观看→增长 / 停留→点击→成单→复购。

首先还是来看一下，用户在进入直播间去形成一个完整的消费路径是如何的。

用户先进入直播间推荐页上，发现画面还不错、主播也不错，就会点进来产生一个观看的行为。当用户发现商品不错，就会产生一个停留意识，对商品产生兴趣，继续给主播点个关注甚至加个粉丝团，这也是对于直播间产生一个认可的行为。

接着，用户点击上架商品的链接，其实点击已经能监测出用户对于商品感兴趣了，或者勾起了对商品的购买欲望，如果根据数据促单或者放大优惠逼单促单，价格在用户心理承接范围之内，最后用户就会在直播间成交。

如果用户在收到货之后，发现性价比等商品质量都是比较好的，也会重复地在直播间进行复购。

所以说，整个消费者的决策路径，还是要去关注每一个节点，用户的消费路径其实就像一个漏斗，从观看往下漏，观看产生兴趣，然后产生购物欲望，再到实际购买以及复购。图 10-16 所示为消费者的决策路径。

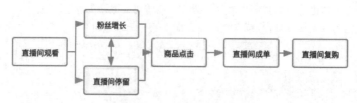

图 10-16　消费者的决策路径

3. 权重是怎么来的

不少主播或商家都有这样的疑问：观看都没有人看，会有人点进我们的直播间吗？或者说，数据分析如何提高直播间的权重？

权重其实就是在整个系统从"学习你"到"成为你"的过程。

首先在冷启动阶段，就是账号的初期阶段，系统会有一个学习账号预测标签的过程。在这个阶段，系统根据预测的标签来进行一个随机的推流，而这些流量进到直播间之后，迎来了一个新的学习阶段，系统会不断验证标签对应用户群体的转化情况。得到一个大致的标签后，不断地去优化这个标签，就到了第三个阶段，明确了账号最终的标签，系统就会知道那些用户才是更精准的流量，再去精准地推送这样的流量。

所以，我们要持续关注过程数据，提升转化效果，运用好最终的账号权重去实现直播间在线人数的一个飙升。

4. 用户购买行为漏斗

在前面的课程学习中也有提到的用户购买行为的漏斗模型。

从上到下来看，首先展示量是可以通过投放来增加用户观看的次数，如果我们能监测到点击量/投放量的数据，可以进一步优化投放的技巧。

用户进到直播间，停留了之后就是商品点击的次数，以及订单的创建数、成单数。

从整个漏斗模型来看，我们要去重点关注的其中有4个数据，分别是直播间点击率、商品点击率、创建转化率和成交转化率。

针对这4点，我们列举相关的优化及思考方向，如表10-1所示。

表10-1 漏斗模型下相关数据的优化及思考方向

数据类型	优化及思考方向
直播间点击率	从展现到点击有多少用户通过直播间画面的刺激，而愿意进入直播间的，这个可以是做数据优化一个重点思考和关注的地方
商品点击率	用户在进入直播间后，有没有意向去点击一个商品查看详情，也是要关注去做的提升
创建转化率	用户点击商品后，有没有去实际创建一个订单或者有没有购买意向
成交转化率	订单创建完后，用户没有付款就没有最终成为消费用户，那这个时候就需要看一下订单的付款率

10.1.4 网络直播间数据分析的误区

关注数据是直播相关人员的一项必不可少的基础工作，只有将数据看明白，研究透彻，才能对直播间的趋势进行判断，对内容进行优化，更好地提升直播间效果。

然而，在实际的直播间数据分析过程中，我们通常会陷入一些误区。

1. 直播间带货数据不好是因为没有流量

对于很多主播来说，他们认为直播间卖不动货的原因是没有流量。

可以明确的是，直播间的流量一直不高或者出现流量数据下降的情况，一定是因为直播间的数据不好。

那和流量多少有没有关系呢？这就需要我们对直播平台的推荐机制进行简单了解。

大致的推荐机制是这样的，主播开播后进到直播间的用户，在直播间里产生了停留并且发生了购买行为。这一行为过程一旦被平台监测到，就会认定该直播间是一个优质的直播间，继而继续推送更多流量。

针对上述推荐机制可知，如果说数据表现不好，那流量也会出现这种不高以及下降的趋向，那卖不出去货肯定不是因为没有流量，而是因为直播间可能不具备电商基本的"人货场"素养，只有直播间有效地引导用户进行驻留并产生购买行为，带货数据才会好起来。

总结来说，直播间带货数据不好，流量不高只是一系列原因中的一个表象，也可以理解为流量不高不是导致带货数据不好的直接原因，二者都是核心问题所导致的结果。直播间带货数据不好的核心问题是直播间整体存在问题，即不能引导用户进行消费。所以针对带货数据不好的问题，应该从整体提升直播间数据的角度进行优化，那么带货数据不好的问题和直播间流量低的问题都会得到解决。

2. 数据分析重点只围绕于GMV、UV价值、场观

一场直播最终卖了多少钱？直播中平均进来的用户消费了多少钱？这一场直播吸引了多少用户进来观看？这3个数据是我们进行直播数据分析必然会关注的问题，但不能成为我们唯一重点关注的部分，因为这3项数据都是结果型数据。虽然结果型数据可以明确地告知我们最期待的信息，但是并不能全面地告诉我们过程中的情况。

对于直播带货数据分析工作，应该更看重其过程而不是只关注结果，因此许多知名直播间都会有细致的直播复盘环节。

我们要多去关注开播期间，有没有为每一个进来的用户做到一个实时有效的产品介绍，用户有没有点击商品、有没有在直播间停留甚至有没有与主播进行互动等信息，只有对这些有效的数据进行监测，用户消费行为的判定才能最终形成，才能给我们提供直播间优化方向并不断进步。

3. 用户就是流量，用户就是GMV和KPI

这是很常见的一个误区，许多人认为直播带货数据分析中，用户就是流量，就是GMV和KPI。但实际上人不能代表流量，也不能代表销售额。

我们该如何理解这句话呢？

给大家举个例子，比如在直播间卖的是一个客单价在150～350元的高设计感首饰，那对标的人群就是24～32岁的女性，并且需要具备一定消费能力的。

如果将三四线城市或者消费水平不高的女性引入该直播间，实质上这种用户是无效的。因为她们的日常消费习惯可能就在100元以内，甚至没有佩戴首饰的习惯，因此她们不会下单购买；又或者引来男性进入直播间观看，他们也许会因为主播的颜值进入直播间，但实际上也是不会产生消费行为的。

通过上述案例，我们可以总结到，人数多不是重点，精准用户才是重点，所以说直播间带货要的是精准的用户、精准的流量，对于直播间来说不垂直的流量，不能给直播间贡献销售额和KPI。

课堂讨论： 在了解了上述数据分析的误区后，你又对直播数据分析有哪些新的认识？

10.2 网络直播数据分析常用工具

短视频和直播同为时下火热的带货形式，许多短视频平台都包含了直播功能，直播平台也涵盖了短视频业务，因此在第9章中介绍的短视频数据分析常用工具也适用于网络直播数据，包括热浪数据、新抖和新快、清博大数据、TooBigData、短鱼儿数据、飞瓜数据、卡思数据和乐观数据等。

本节主要侧重于直播数据分析的常用工具展开学习，需要注意的是，部分工具同样适用于短视频。

10.2.1 抖音电商罗盘

抖音电商罗盘为抖音电商官方权威多视角全方位统一的数据平台,支持商家、达人、机构三类角色查看对应的数据内容,实现内容数据和交易数据的融合,助力品牌升级,帮助商家和达人达到高质量的增长,为消费者提供更个性化、更生动、更高效的购物体验。

对于商家来讲,抖音电商罗盘除了基础的数据指标,还提供经营诊断和服务诊断能力,助力商家提升经营质量。

对于达人来讲,抖音电商罗盘可以帮助达人全面了解直播、短视频带货及涨粉数据,通过合作商家和商品的效果分析,帮助达人调整合作策略;

对于机构来讲,通过抖音电商罗盘可以全面了解所有绑定达人或商家的内容生产及成交数据,帮助机构提升规模化创收能力。

抖音电商罗盘从内容流量、商品供应链及用户私域三大命题出发,为各个角色在内容提升、服务提升、流量投放、选品营销、人群转化等各个方面提供智能化数据指导与分析支持。

图10-17所示为抖音电商罗盘的主页面。

图10-17 抖音电商罗盘的主页面

10.2.2 知瓜数据

知瓜是直播电商营销服务平台,帮助用户了解淘宝直播平台流量趋势,定位账号内容,寻找优质播主,用数据实现价值最大化。图10-18所示为知瓜数据的主页面。

图10-18 知瓜数据的主页面

知瓜数据提供3项特色主打功能。
(1)提供专业的主播资源对接;
(2)精准人货匹配;
(3)专人对接服务海量货源专供。

10.2.3 抖抖侠

抖抖侠是一站式数据化短视频直播运营平台，更是国家直播行业标准委员会单位，抖音直播带货业务战略合作伙伴。抖抖侠平台提供以下功能：抖音号估值、抖音号权重查询、抖音号诊断、视频去水印、一键上架商品橱窗、直播监控、挂车验证、直播间权重、高佣商品搜索和一健店铺铺货等。图10-19所示为抖抖侠的主页面。

图 10-19 抖抖侠的主页面

10.2.4 蝉妈妈数据

蝉妈妈数据依托专业的数据挖掘与分析能力，构建多维数据、算法模型，蝉妈妈带货助手为网红达人、供应链商家、MCN机构提供直播/短视频电商一站式数据解决方案。图10-20所示为蝉妈妈数据的主页面。

图 10-20 蝉妈妈数据的主页面

蝉妈妈数据提供诸多引领行业变革的功能。

1. 毫秒级实时直播监控

领先行业的毫秒级精度大数据算法，实时监控达人直播&带货数据。

2. 首发直播转化率

行业首创直播间用户转化率即刻呈现，优化直播运营策略。

3. 首发UV价值数据

行业首创直播间UV价值，客观呈现直播间观众付费能力。

4. 首发直播间平均停留时长

行业首创直播间用户平均停留时长，精确反映直播间用户黏性。

5. 抖音小店数据分析

行业首发抖音小店数据分析功能，抖音小店排行榜等产品功能。

6. 率先支持App端数据查询

行业首家发布App端数据平台，直播数据查询触手可及。

10.2.5 小葫芦

小葫芦主要做和直播相关的数据分析，如抖音、快手、斗鱼、虎牙等主流直播平台的收入榜、弹幕榜、涨粉榜、点赞榜、土豪榜，可以免费查询到的榜单数量比较多，对于一般用户够用了。另外，小葫芦还提供一些和直播相关的小工具，如直播助手、直播互动插件、直播数据统计工具、弹幕助手、直播录制助手等，做短视频同时又做直播的用户，小葫芦是个不错的选择。图 10-21 所示为小葫芦的主页面。

图 10-21　小葫芦的主页面

小葫芦提供直播核心分析功能覆盖了直播全流程，包含了 3 个不同阶段。

1. 播前准备

建立本场直播商品列表，预设播中活动玩法；自定义直播间重点参数，提前录入商品卖点等。

2. 直播中控

预设上架，快速下架，播中无需增减商品；实时用户画像提示，提炼关键弹幕，提高直播间权重等。

3. 播后复盘

打通数据与直播间行为壁垒，数据行为——对应；直播视频实时存储，复盘直观又精准。

10.2.6 抖查查

抖查查是直播短视频电商聚合服务平台，旗下涵盖直播代运营服务、短视频拍摄服务、流量服务、课程服务、资源对接服务、全方位助力直播的运营变现。

抖查查提供直播代运营服务，其拥有主播梯队培养体系、千万 GMV 直播间操盘经验及拥有头部账号运营、实操经验的团队。抖查查为品牌和供应链提供在电商直播中高成本、低增长、弱体验三大问题全线解决方案的官方优质服务商。图 10-22 所示为抖查查的主页面。

旗下直播代运营服务包括 4 个优势。

1. 团队管理

由电商职业经理人担任项目产品经理（PM），超强选品逻辑和选品数据模型，与合作品牌接洽售前售后工作，实时监督团队每天的工作进度，及时沟通协调。

图 10-22　抖查查的主页面

2. 时间管理

输出数据报表进行分析和反馈，定期开展研讨会议，高效、负责地完成客户期望目标。

3. 主播管理

签约多名播音主持专业、面对面与顾客直接销售的销售冠军出身的优质人才，进行专业抖音主播培训及定期考核梯队制度。

4. 结果管理

全方位诊断策划，进行定制化品牌风格、定位和产品卖点挖掘，最终实现以结果为导向、品效合一的合作。

10.2.7 灰豚数据

灰豚数据是淘宝直播领域专业可视化数据分析监测云平台，为商家与主播及机构提供精准、可靠、高效的淘宝直播数据分析。图10-23所示为灰豚数据的主页面。

灰豚数据旗下包括6项核心功能，即掌握抖音全局直播流量、主播销量榜、直播好物热榜、分析主播带货能力、快速了解同行投放情况和直播带货数据实时监控。下面仅详细介绍分析主播带货能力与快速了解同行投放情况。

图 10-23　灰豚数据的主页面

1. 分析主播带货能力

分析主播带货能力这一功能下又包含多个分析维度，如表10-2所示。

表 10-2　主播带货能力的分析维度

分析维度	具体内容
带货商品分析	抓取主播带货商品，快速获取销量等关键指标
直播转化分析	分析近期直播情况，多角度洞察主播带货能力
直播互动分析	便捷查看直播间互动内容，第一时间了解需求
粉丝画像分析	了解主播分析属性，寻找优质人群是带货关键步骤

2. 快速了解同行投放情况

快速了解同行投放情况将从3个角度对同行数据进行分析，如表10-3所示。

表 10-3　同行数据的分析维度

分析维度	具体内容
商品数据分析	支持搜索商品，查看爆款商品合作主播信息，提供销量数据等
品牌数据分析	分析品牌整体直播带货情况，提升自我品牌带货能力
竞店数据分析	直接查看同行业竞店直播投放数据情况，调整直播运营方向

10.2.8 萤火虫数据

萤火虫数据是一个淘宝直播大数据分析平台，提供直播间流量和用户行为的数据分析，拥有好用的淘宝直播插件，支持查看直播间实时数据，拥有视频回放切片工具。

萤火虫数据旗下功能包括以下 6 种。

1. 大盘数据

大盘数据模块展示的是全网主播的大盘数据，包括各个直播频道和标签的数据情况，以及单标签下流量前 50 的直播间，帮助主播和运营者了解全网直播趋势，从而更好地找准自己的定位。

2. 榜单数据

榜单数据从暴涨量、粉丝量、直播流量和每小时直播流量纬度对主播进行了榜单排行，其中暴涨榜单统计的是主播每小时 UV 的暴涨倍数，可以帮助运营者筛选潜力主播。

3. 主播分析

主播搜索、排名查询、实时数据、主播排行榜等可以帮助运营者多维度查找主播，了解主播实时数据和带货能力。

4. 商品分析

商品搜索、商品热销榜、商品人气榜等可以帮助运营者筛选爆款商品、掌握商品运营策略。

5. 各类榜单

昨日流量／粉丝暴涨主播的榜单收录，粉丝量榜／每小时流量榜等榜单数据快速查看。

6. 主播复盘

针对会员主播（萤火虫）的历史单场直播，复盘各时间段的用户行为数据，从而整体分析标签／开播时段／直播时长对流量／涨粉的影响。

10.2.9 火烧云数据

火烧云数据是 B 站大数据分析平台，依托短视频数据和直播数据挖掘与大数据分析能力，为品牌方、MCN 机构、传媒公司提供 B 站 UP 主的作品内容数据分析、粉丝数据分析、商业价值评估和投前投后监测等。图 10-24 所示为火烧云数据的主页面。

火烧云数据平台包括以下功能。

图 10-24　火烧云数据的主页面

1. 博主查找/投前决策

挖掘潜力博主，快速匹配优质博主，博主实时行业排名，掌握博主粉丝画像、数据表现信息。

2. 商品/带货数据分析

通过商品销量榜单、直播监测、博主带货数据分析，全面掌握 B 站热销商品趋势，助力博主快速选品，助力品牌方匹配优质带货博主。

3. 账号运营/投后管理

便捷管理多账号，实时追踪新视频每万次播放的涨粉数、数据变化趋势，账号运营更精细；全网热点速递、B 站热点话题、热门视频分析，创作更轻松。

4. 品牌营销

实时追踪品牌曝光动态，掌握竞品品牌营销节奏、投放策略；查看排行，全盘掌握竞品在 B 站上的营销矩阵，让品牌营销更有的放矢。

10.3 网络直播数据分析与诊断

前面我们已经学习了网络直播数据分析的常用指标，本节将在此基础上，从用户、带货和运营的角度，对部分常用指标以及相关数据进行详细分析，并结合具体情况，提出相应的优化策略。

10.3.1 从用户角度分析网络直播数据

首先先来了解一下，什么是用户行为，用户行为即反映用户在直播间的转化意向度。

1. 场观人次/场观人数：直播间的重复进入率

场观人次和场观人数反映的是直播间的一个重复进入率。

通俗地讲，在整个直播过程中，可能有 20 个人看了直播，但是他们来来回回进入 40 次，平均场观人数就是 40:20。这样的数据比值可以反映出直播间的两个特点：产品黏性和主播黏性。

1）产品黏性

对于头部主播来说，他们的产品有巨大的价格优势，用户知道他们直播间的产品价格便宜，加上对产品认可，用户没事便进来看看，看其直播间在卖什么产品。因为产品黏性，在需求频次上有非常大的优势，所以用户就会重复进入他们的直播间。

2）主播黏性

出于主播的人设，老粉丝会蹲守在直播间。老粉丝可能在主播开播的时间段内没有什么事，就是愿意在直播间互动而成为直播间的一份子，也会重复地进进出出很多次。

2. 用户停留时间：新、老粉丝停留指标判定

用户停留时间这一数据中，我们需要重点关注两个维度：老粉丝停留时间和新粉丝停留时间。

老粉丝停留时间这项数据是老粉丝对于直播间的一个黏性指标，如果粉丝的停留时间越短，就证明直播间的复工率越低，内容能保持用户黏性的水平也就很低。

想要直播间能够做到一个长效发展，积累用户是非常关键的部分，比如说定期举行抽奖活动、举办小型购物专场等，目的也是为了让老粉丝重复地来店里复购，也反映了直播带货能力以及货品能力的一个非常重要的反馈依据。

新粉丝停留时间，也就是引导用户转化成为新粉丝停留在直播间。该数据反映的是主播吸引住新用户的能力，其实现在有许多运营得不错的账号，在运营过程中都遇到了"粉丝瓶颈"。

从直播间的长效发展上来讲，没有新粉丝源源不断地进来，整个直播间上的长期存活率肯定是会比较弱的，所以既要关注于老粉丝的停留时间，也要看有没有对新粉丝的引导，能不能够让新人留在直播间里。

3. 互动数据：直接影响进入流量的构成

互动数据通常指点赞、评论、购物车点击、商品点击等，可以通过直播话术对互动数据进行提升。

我们要做的是让屏幕面前的用户能够真实感受到，主播在直播间是一个真实的人，并多做一些互动。比如做一个优惠活动，就可以问用户："宝贝们觉得这波活动价格合不合适？""给到你们的价格优不优惠？""我这波给你们争取的福利真的是拼了很大的力气"等。同时，引导用户进行抽奖、下单购买等话术，都属于潜意识的引导，便于用户进行互动，增加在直播间的参与度。

4. 弹幕情况：因商品停留量及用户带动情况

直播间的弹幕情况，需要关注首次发言率和商品相关的弹幕率。

首次发言率，该项数据反映的是新用户进入直播间有没有被主播所带动。

商品相关的弹幕率，此项数据要看的是，有多少人停留是因为直播间的商品，开播肯定是希望能卖出货品的，所以希望有更多的用户是因为产品而留下。

综上，如果直播间的这些用户行为反馈的数据越好，必然会得到更多的流量，积累下来一定会有一定量的用户沉淀，继而做运营做转化。

课堂讨论： 从用户角度出发，谈谈你认为网络直播数据分析的重要性。

10.3.2 从带货角度分析网络直播数据

上节中我们从用户角度对直播间数据进行了分析，并结合具体情况提出了部分优化措施，本节将从带货角度出发，分析网络直播数据，了解直播间目前在平台中所处的状况，以及账号的阶段性发展变化应该如何来进行观测。

1. 带货转化率：直播效果的精确呈现

前面我们学过带货转化率这一数据指标，该指标直接衡量一个直播间的带货效果，结合其计算公式，我们可以推断出有转化关注能力的主播、有穿透力的场，以及有吸引力的产品这3个元素是提高直播间带货转化率的关键。

2. 商品曝光率、商品点击率和创建订单率：带货数据的三驾马车

用户从浏览商品到下单的过程有3个要点，即商品曝光率、商品点击率和创建订单率。

商品曝光率是在直播过程中，一款商品有多少次被展示在观众用户面前，这是带货的过程数据中的决定性因素。而商品曝光率面对用户的触达，关键就是主播以及运营有没有及时地讲解。一方面，就是我们平时看到的直播页面中的商品框；另一方面，助播或者运营拿起手机对着观众营销商品。

商品点击率反映的是观众点击商品的几率。提升商品点击率的关键要点有两点：一是主播的讲解介绍能力，有没有具体的展示以及针对用户的痛点进行的产品营销；二是产品吸引力，在开播前需要判断出直播间的爆款产品，连同主播的话术，具体到不同的商品上，同样不同的商品也会给观众带去不一样的产品冲击力。

创建订单率，即用户看了商品之后点击购买的几率，也是可以侧面看出观众想要购买商品的欲望。一些头部主播，后台的创建订单率甚至是可以做到30%、35%以上的，这样的高创单率更多考核的是主播的逼单促单能力。

3. 付款率：真实、针对性活动营销

提高直播间的付款率，可以考虑推出一些秒杀的福利活动以及鼓励主播进行逼单促单的行为。

这样的路径实现，要从用户角度考虑两个问题。

（1）我为什么现在就要买？

（2）我为什么要从你这买？

这两个问题就是能非常有效地提高主播的带货数据，是直播间带货指标整体优化的核心。

4. UV价值：用户消费力的直接表现

UV价值反应的是平均每位进来直播间的用户花了多少钱。影响UV价值的因素有许多种，这里我们简单了解一部分。

1）客单价

直播间客单价越高，对应的UV价值也会偏高。

2）主播转化能力

主播的转化能力对 UV 价值的形成也是至关重要的，如果产品或者流量架构基本相同，那 UV 价值确实反映了主播的转化能力。

3）直播间流量来源

如果直播间流量是来自精准标签的直播推荐的话，那对应的 UV 价值会高一些；如果流量来源是第一客单价秒杀带来的一部分自然流量的话，UV 价值肯定会受到一定程度的影响。

4）短视频流量

如果短视频足够精准，用户冲着产品进入直播间，UV 价值相对来说也会高一些。

5）付费流量

如果投入一些精准付费的流量，UV 价值必然会有效提升。

总体来说，UV 价值是能在一定程度上反映主播的转化能力，但不是全部，因为还受客单价、流量来源两个部分影响。

综上，带货数据直接反映直播间的盈利能力，是带货直播的核心目标，提升带货数据维度指标，在达成直播间销售额的同时也可以适应电商平台需求，获取更多的流量。

> **课堂讨论：** 从带货角度出发，思考主播如何提升直播间的销售量。

10.3.3　从运营角度分析网络直播数据

从用户角度和带货角度对网络直播数据进行分析后，我们需要站在大局的角度，进一步思考直播间应该如何长效地运营。下面从运营角度出发，结合相关数据进行分析并提出部分优化意见。

1. 涨粉数据

这里的涨粉数据有别于之前两个角度的涨粉数据。从运营角度出发进行分析，我们需要关注的涨粉数据有两个方向：总粉丝的增量以及直播涨粉的数量。在上述两个方向的基础上，我们就可以判断出直播间是否能够有源源不断的新粉丝加入进来，整个账号能否继续呈健康的发展态势。

大家都知道，直播间的流量构成是由老粉丝和新粉丝构成的，并且对于内容平台来讲，是否要给直播间推更多的流量，在一定程度上肯定是以新粉丝进入直播间后所呈现的停留数据、购买数据以及各项过程数据达成最后的推流条件。从阶段性的指标上来看，就需要监测直播间是否是在正向发展增长粉丝的情况。

2. 总场观

总场观反映的是一场直播当中总共的观看人数。监测该项数据，一方面是为了了解直播间的场观在整个行业处于什么位置；另一方面也是继续记录每场直播的数据，用来监测直播间的基础场观是否有波动。同时，也可以基于直播间场观数据，推断还有哪些运营手段可以优化。

直播间拥有足够的曝光量才能持续营销用户，达成销售目标，所以说监测直播间的场观数据并改变营销行为，对于一个专业的直播间来说同样十分重要。

3. 流量占比来源

直播推荐的流量来源占比，其中一部分来源就是人们平时刷视频会出现的直播间流，都是来源于直播广场中；另一部分是粉丝用户的推荐信息流。剩下的都是一些流量比较小的入口，例如，复制链接进入的、他人分享进入的、商品跳转进入的、看视频点头像进入的，等等。以及一些高端的付费玩法，比如品牌方投放开屏广告，这种方式比较适合预算较充足的商家朋友去尝试及实践。

这么多的流量来源，为什么要分析它们呢？这是因为流量来源不同，对应的直播间的稳定性也不同。如果直播间的短视频流量占非常大的部分，在这种情况下，就要保持账号的短视频内容输出，并且这样的直播间是比较稳定的，短视频的权重池要比直播间的流量池稳定性更高。整个直播间的数据考核指标太多，还存在一定的不稳定性，所以短视频的流量来源相对来讲还是会更稳定一些。

4. 退货率

退货率反映的是客户收到货后的满意度，单独对这项数据进行分析，是因为它十分重要。

在这项数据指标下，需要特别注意的是要去规避消费者收到货之后的"质量退货率"，一些消费者在退货的时候选择了质量退货选项，碰到这种情况，一定不要同意质量退货，当然前提是商品真的没有质量问题。

尽量不要让用户选择质量退货率，是因为它会影响主播的带货口碑和小店的 DSR，当然这样也能督促运营者把好产品质量关。

货品其实是店铺能够长期发展的决定性因素，只有货品质量好，平台才会认为运营者的直播间是优秀的直播间，消费者才愿意停留、购买、复购。

除此之外，再来学习一下直播间产品数据的 4 个维度，如图 10-25 所示。

图 10-25　直播间产品数据的 4 个维度

> **课堂讨论：** 结合相关资料，思考运营一个直播间有哪些注意事项。

10.4　实例：使用抖音后台数据工具查看直播间数据

现在抖音直播带货是一个热门趋势，它可以突破抖音对购物车数量的限制，大批商家通过直播带货实现流量变现了。那么，如何做好抖音直播就成了抖音电商玩家的需求。

那么，我们该如何查看抖音直播间的数据呢？一般可以通过第三方数据分析工具，也可以使用抖音后台数据分析工具。

本节我们就来学习使用抖音后台数据工具查看直播间数据。

抖音后台数据分析工具的接入路径为如下。

- 点击个人主页右上角的菜单按钮，选择"创作者服务中心"；
- 在"创作者服务中心"界面选择"全部分类"；
- 在"全部分类"的功能列表中选择"直播中心"，便可以进入抖音后台数据分析工具界面。

图 10-26 所示为抖音后台数据分析工具的接入途径。

1. 数据总览

数据总览中收获音浪、观众人数、新增粉丝和开播时长 4 项数据，还包含直播诊断功能，帮助主播直观了解直播的整体效果，并结合相关问题提供针对性诊断意见。

图 10-26 抖音后台数据分析工具的接入途径

图 10-27 所示为数据中心的数据总览界面。

1)收获音浪

音浪是抖音平台使用的一种虚拟币,抖音所有模板的总收入是以音浪的方式呈现的,在抖音提现的界面会看见音浪。抖音音浪积累到一定数量,可提现到自己的银行卡或者收付款账号。

音浪一般是粉丝给主播的打赏,音浪越多,人气越高,收入越高。

音浪收入不是我们个人能够决定的,作为一个新人,音浪收入上涨是一件非常困难的事情,尤其是带货主播音浪收入就会更低一些。

收获音浪页签下包含送礼数据和送礼观众来源。其中,送礼数据又包含收获音浪和送礼人数;送礼观众来源则包含直播推荐、视频推荐、关注、同城、个人主页、商业化、搜索和其他共 8 种类型。图 10-28 所示为收获音浪页签的数据内容。

图 10-27 数据中心的数据总览界面

图 10-28 收获音浪页签的数据内容

2)观众人数

观众人数页签下包含观众看播数据和观众来源。观众看播数据中包含观众人数、平均观看时长、评论人数和点赞次数等信息;观众来源同送礼观众来源,包含直播推荐、视频推荐、关注、同城、个人主页、商业化、搜索和其他共 8 种类型。图 10-29 所示为观众人数页签的数据内容。

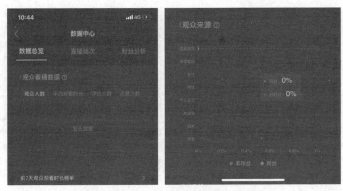

图 10-29 观众人数页签的数据内容

3）新增粉丝

新增粉丝页签下包含直播新增粉丝数据和直播新增粉丝来源，其中，直播新增粉丝来源同观众来源和送礼观众来源一样，包含直播推荐、视频推荐、关注、同城、个人主页、商业化、搜索和其他共 8 种类型。

直播新增粉丝来源分别关注的点是直播涨粉以及视频涨粉的占比，不同的来源对应不同的转化路径。比如说通过直播涨的粉，是因为在直播过程中的内容展示吸引到用户，才成为粉丝的，那按照这样的直播内容来转化就肯定没问题。

如果是通过短视频涨粉，可能在这个视频当中是有某一个爆款让这条视频火爆起来，在直播间就需要去做一些针对性的爆款讲解。

同时，粉丝来源也决定了整个账号的下一阶段发展路径是什么，到底是应该从直播的内容上优化，还是更大程度上发力于视频运营。

其实，每场直播都有一定的流量曝光，因此直播过程中涨粉是件比较简单的事情。当然，我们更应该多关注粉丝来源，了解视频涨粉和直播涨粉的占比情况。图 10-30 所示为新增粉丝页签的数据内容。

图 10-30 新增粉丝页签的数据内容

4）开播时长

开播时长页签下包含开播次数和开播时长（分钟）两类数据，如图 10-31 所示。

2. 直播场次

直播场次仅显示最近 10 场直播的数据，具体包含收获音浪、新增粉丝、观众人数、送礼人数、评论人数和点赞次数等信息。图 10-32 所示为数据中心的直播场次界面。

3. 粉丝分析

粉丝分析页签下包含粉丝变化趋势和粉丝画像两类数据。

图 10-31 开播时长页签的数据内容　　图 10-32 数据中心的直播场次界面

1）粉丝变化趋势

粉丝变化趋势包含累计粉丝、净增粉丝和流失粉丝的相关数据,帮助主播更全面地掌握粉丝变化趋势,以便于对直播内容和直播策略进行调整。图 10-33 所示为粉丝变化趋势界面。

2）粉丝画像

粉丝画像包括粉丝活跃时间分布、粉丝兴趣分布、粉丝性别分布、粉丝年龄分布和粉丝地域分布等信息,便于主播全面掌握粉丝特征,更好地优化直播内容。

以粉丝活跃时间分布为例,关注该数据其实是要明确两事:第一,粉丝们都在什么时间段活跃,这样才知道什么时候直播才能最大化地消费粉丝,让粉丝最大程度地进到直播间,并产生购买行为。第二,避开老粉丝的活跃时间来进行直播。因为很多直播间一进来 80% 都是老粉丝,那这样用户的反馈和整个直播间的进程都被老粉丝带着走,所以需要选择避开老粉丝的活跃时间来进行直播。毕竟直播间权重还是存在的,避开了老粉丝直播,直播间肯定还是会进来差不多的人次,这个时候再去做一个精准的新粉引导,优化粉丝层级。

图 10-34 所示为粉丝画像的粉丝活跃时间分布和粉丝地域分布。

 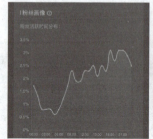 

图 10-33 粉丝变化趋势界面　　图 10-34 粉丝画像的粉丝活跃时间分布和粉丝地域分布

10.5 本章小结

直播电商数据分析需要围绕"带货"这个核心目标展开。其中就涉及"人、货、场"这 3 个概念,也就是抖音直播的流量、商品和直播间。本章围绕网络直播数据分析的主题,首先,学习了网络视频数据分析的含义、作用、常用指标、要点和分析的误区;其次,进一步了解了网络直播数据分析的常用工具,在此基础上从用户、带货和运营的角度对网络直播数据进行分析与诊断,并针对性地提出了部分优化策略;最后,结合实例,学习使用抖音后台数据工具查看直播间数据,全面掌握网络直播数据分析的相关知识。通过本章的学习,可以提升网络直播从业人员的行业素养,倡导建立法治意识,培养良好的职业道德和行为素养。